扎卡里・卡拉貝爾◎著　葉家興、葉嘉◎譯
ZACHARY KARABELL

當經濟指標統治我們

從GDP、失業率、通貨膨脹、貿易差額……反思我們的經濟生活

LEADING INDICATORS

A SHORT HISTORY OF THE NUMBERS THAT RULE OUR WORLD

獻給珍妮佛、丹尼爾和尼可拉斯

Contents
目　錄

推薦序

數字的迷思

陳添枝｜前經建會主委、台大經濟系教授

有人相信數字不會說謊，但有人相信數字會說謊。例如馬克・吐溫（Mark Twain）就說：「世界上有三種謊言，它們是謊言、滔天大謊言、統計數字。」馬克・吐溫的意思是說，人很容易被統計數字迷惑。謊言惑人，因為它造假；統計惑人，卻是因為它真實。

本書從歷史的觀點分析許多經濟學統計指標的緣起、演進，以及它們帶來的諸多誤導的問題。全書的主要訊息是：統計指標必須與時俱進，而且因地制宜，才能發揮指引決策的作用。如果墨守成規，或迷信數字而不明就裡，可能造成決策的失誤。

在台灣，一般民眾對經濟統計數字也多存疑慮，甚至完全拒絕相信。我們常常會聽到「民眾對數字無感」或者「數字和感覺相差甚遠」等評論。政府也曾經為此，要求統計部門編製民眾有感的統計數字，例如「庶民經濟」的指標，但結果是無疾而終，民眾無感依舊。

其實所有經濟統計數字均有學理依據，不是憑空創造。如果對舊統計數字不滿意，必須找出不滿意的原因，依學理尋求改進或創造新指標以為替代，這是經濟學者的天職。由本書所描述的各種經濟指標的創建歷史，均可看出這個道理。指標的改善是一件很重要的工作，但這是專業的工作。對指標的使用者來說，最重要的是瞭解指標的意義，能有效加以應用。畢竟各國政府花費巨額經費所蒐集建置的各種指標，若有可用之處，應善加利用。私人機構所蒐集的數據和指標也很多，但往往十分昂貴，有錢才用得起。

對指標瞭解深刻，應用才能得心應手。例如通貨膨脹率，一般常用的指標是消費者物價指數。一九八〇年代末期，我國央行大幅增加貨幣供給量，但並未造成消費者物價指數大幅攀升，有違經濟理論的預期，國外學者多搖頭不解。但其實生活在台灣的人都知道，當時貨幣供給造成的物價上漲，主要反映在房地產這類資產的價格上，而非消費商品上；資產價格暴漲，終於在一九九〇年代引發嚴重的房地產泡沫，造成巨額銀行呆帳。

又例如晚近國外學者多有質疑台灣在二〇〇〇年以來GDP仍相當程度成長，為何薪資不漲。此問題仍有待學者進一步分析，目前尚未有令人滿意的答案。不過，簡單來說，GDP衡量產出，薪資衡量收入，衡量的基準不同，資料來源不同，中間必定出了什麼衡量落差問題。有些問題已經被指出，例如計算實質GDP和實質薪資時，兩者所用的物價指數不同。這固然言之成理，但尚不能完全解釋GDP和薪資的差異。這部分有待國內學者的努力。

有些做決策的人，憑藉經驗發明自己的獨門指標。例如一九五〇年代時的台灣省糧食局局長李連春有超凡的「目測」能力，只要看看稻田結穗情況，就可以預估當年稻米的收穫量。又例如中國總理李克強不相信GDP數據，而主張以用電量、鐵路運輸量和銀行貸款餘額三項指標來衡量經濟動能。這些可能都有道理，但各種「撇步」如果能科學化、大眾化，使成為一般決策者參考，應該更有價值。李連春的目測神功，並無傳人。李克強當上總理後已不再談自己的獨門指標，反而被外國媒體消遣中國的統計數字連總理都不相信。

晚近由於通訊、偵測、記錄技術的演進，數據更加唾手可得，也更加豐富而即時，運用這些新而多元的數據，一定可以創建更有用、更即時的經濟指標，協助決策者做更精準的決定。「天下武功，唯快不破」，我們也可預期未來的產業競爭優勢，不僅來自技術和組織，而且來自對數字的快速掌握和運用。數字進入生產的時代似乎即將到來。

推薦序

國民所得代表什麼？

瞿宛文｜中研院人文社會中心研究員

一個社會應該保持經濟成長似乎是大家的共識，而經濟成長又幾乎被當成是成長的同義詞。因此，任何行為（例如環保抗爭）若被指為是會妨礙經濟成長，似就成了無可辯護的罪過。但是大家真的清楚經濟成長的意義嗎？

目前被用來衡量經濟成長的指標主要是國民生產毛額（Gross National Product，GNP）。若從GNP中減去資本折舊與間接稅則為國民所得，再將其除以一國人口數即是平均個人國民所得。GNP是以「國民」為計算基礎，而另一個通用指標——國內生產毛額（Gross Domestic Product，GDP），則是計算該年在該國國內所生產的價值，不計入國民的海外所得。總之，GNP或國民所得這組概念，會因包不包括某些項目（如國外所得）而有不同的名稱，除這些細微的差別外，其基本概念是相同的。

為了簡化，筆者用國民所得（或平均個人國民所得）來代表GNP和相關概念。簡言之，GNP是指一年中（或一個時期中）一個國家的國民生產的商品及勞務的價值，或是國民一年中從事商品生產所創造之價值總額。計算方法通常有兩種，一是將國民全年之薪資所得與非薪資所得（包括利潤、利息、地租等）總合計算而得，也就是由「所得面」來測量一年中國民從事生產活動的成果。

另一則是由「支出面」來看，一國一年之總產值不是消費掉、或是省下來投資、就是外銷到國外去，這方法將最終消費及投資支出、政府的（最終消費與投資）支出及外銷額加總起來，最後再減去進口額。

無論計算方式如何，國民所得測量的是一國的生產能力，而且是為「市場」生產商品的能力，這些商品必須是公開的、被登錄的。譬如，你為某生產電腦的公司工作，你的生產活動所得（薪資）當然會被包括在國民所得中，但是你為社區所做的無償服務勞動則不被算進去。

假如你在後院自己種菜，再將菜賣給市場，那麼你的種菜活動會算在國民所得裡面。但如果你將菜消費掉或分贈親友，則不被包括。另外若將菜送給某醫生而換得免費醫療，則這兩種勞動的交換理應被包括在國民所得中，但因不是公開的，不能登錄，所以實際上不被算入。同樣地，所有的黑市交易、或逃稅行為也被排除在外，但這種排除與「非商品」的不予列入是不同的。

家庭的勞務若是不計酬的，那也不被計算在國民所得中，但當家庭增加在市場上購買這些勞務的開支（如主婦少下廚而多買了些外帶），則國民所得會因此增加。也就是說，即使商品化程度很高的資本主義經濟中，商品化程度的變動仍會存在，並且產生誤導。

若用同樣的觀念與架構去測量非資本主義經濟的成長（包括計畫經濟、自給自足的經濟或市場機制很不發達的一些第三世界國家），並且將其做國際比較時，會產生基本問題。這是因為這些經濟體不依賴市場機制，產品交易的價格也不是由市場決定。譬如當年蘇聯工業化的計畫經濟，詳細記錄了產量，但是它們產品之間的價格結構主要由計畫決定，和國際上的價格產生很大的差異，這問題也不是完全能由對價格做調整來解決的。

而在市場機制不發達的落後國家中，統計資料品質原本就不好，有很多生產活動不經過市場，並且沒有紀錄。在這種情況下所「推估」出來的國民所得數值之有效性很有限，拿來與高度商品化的資本主義體制下的數字做國際比較更值得存疑。

做國際比較時，牽涉到各國之間的匯率轉換，以及用「適當的」物價平減指數來對各國之國民所得數字做平減，以取得「真實的」國民所得。國際均衡匯率照理說應使各國貨幣的實際購買力均等，但這在高度資本主義化國家間（其商品互相高度流通）都不一定達到，何況是（其商品流通度不高的）非資本主義經濟。

其次經濟成長的成本並沒有從國民所得的計算中扣除。台灣的居民早已感受到這些成本與代價。諸如環境的污染、都市化帶來的生活空間縮小、工作強度的提高、上下班交通時間的增加等等。當國民所得增加時，這些成本也在成比例地增長，但國民所得只計算成長之利益（生產活動的市場價值）而不計算其負面的成本，悲觀的人甚至認為當我們將成本從國民所得中扣除後，經濟成長將幾乎全部消失。

這些成本面的因素，因為沒有現成的市場價格可方便地用來對應，要與國民所得中商品的總值相比，雖比較困難，但並不意味其不存在。

此外，拿國民所得來當作經濟成長之指標時，是假設這社會所生產、售賣出來的產品是直接可欲的，因此其量的增加即是成長，即是福利的增加，但是有很多產品並不具有這種性質。譬如軍事及警察費用，就維持既有的社會秩序而言，這方面的基本支出或許是必要的，但是在目前的計算方法下，結果會是這種費用越高，則經濟成長愈快。也就是說，若社會治安惡化，必須增加公共及私人警衛支出，國民所得的水平反而因之提高。曾有人主張將這類費用從國民所得中扣除，但至今一般仍是被包括在其中的，因為國民所得的計算原則就是計入為市場所生產的價值。

另外，在解釋平均個人國民所得時也要注意到分配的問題。國民所得毛額除以國民數是平均個人國民所得。但眾所周知，經濟成長的利益並不是平均分佈。以往，台灣在這方面比其他落後國家的紀錄要好，但近年來分配明顯有惡化的趨勢。

以上所談的是國民所得的構成及其意涵。而現在國民所得被用來測量經濟成長，並且進一步地，有不少人把「經濟成長就是成長」視為理所當然。生產固然重要，但實際上人的福利、經濟的成長也可以有不同的定義、不同的指標、不同的測量方法。因此有人提出成長的指標應以人的生活品質（quality of life）為出發點。其中除了物質生活水平外，也包括了生存空間、生活環境、交通條件、社會治安、社會正義、人性尊嚴等等。這些因素並不被納入國民所得的計算裡。所以國民所得雖然測量了一些重要的經濟活動，但絕不是一個全面性的、代表人類成長的一個指標。

既然把國民所得當作經濟成長的指標有如許的缺點，為何不用其他的指標呢？這方面確實有人嘗試過，聯合國發展計畫推出的「人類發展指數」（Human Development Index，HDI）就是其中之一；它以受教育年數、平均壽命及（經購買力平減過的）實質平均個人國民所得加權平均而得。諾貝爾經濟學獎得主托賓（James Tobin）也曾將GNP做了很多修正（去除軍警費用、扣除一些成長的成本、加上休閒的價值等），提出了經濟福利指標（measure of economic welfare）。此外，也有學者提倡建立綠色國民所得帳（Green national product）來追蹤計算自然環境的狀態。

這些嘗試目前的普及度不高，部分原因包括在選擇上的爭議及統計上的困難。不過恐怕更重要的原因是國民所得這種指標比較適合資本主義制度的需要。在市場經濟制度中，生產活動是由追求利潤的動力所驅動，利潤則來自商品的生產與買賣，因此用國民所得來記錄商品生產、交易的情況是很有需要的，而用以測量經濟成長也符合這制度的邏輯。數百年來資本主義市場經濟制度確實帶來了生產力的革命及物質生活水準的飛躍，然而人們的生活品質是否得以提高原本就是不確定的，不是這制度的目標。

國民所得將繼續被用來測量我們的經濟成長、被用來做國際比較。然而我們在讀這些數字的時候，要小心解釋。要瞭解其意義之有限。最重要的是，要認識到這指標原來就不是為測量經濟福利或生活品質而設計的！

推薦序

古地圖無法導航——從GDP到GPI

葉家興｜香港中文大學財金系教授

如果本書作者卡拉貝爾懂中文，看到馬總統競選時以六三三（平均每年經濟成長率百分之六、失業率降至百分之三以下、二〇一六年平均國民所得達三萬美元）為政見，看到在野黨抨擊馬總統執政內GDP的數字不達標時，他一定會狂笑。用他書裡的比喻來說，就好像兩個人拿五十年前的地圖，爭吵從基隆到屏東到底走哪一條路才對。

護理之母南丁格爾有句名言：「如果要想瞭解上帝在想什麼，我們就必須學統計，因為統計學就是在測量上帝的旨意。」南丁格爾率先應用統計在公共衛生領域，為醫療系統帶來根本性的變化，防止了無知與獨斷釀成的災難。世俗化一點來看，南丁格爾口中的「上帝」，就是不明朗和未知的世界。但上帝也許永恆，而未知世界卻不斷變動。既然世界不斷變動，幫助我們理解這個世界的統計指標，是不是也應該與時俱進？

統計學（Statistics）英文字源裡的國家（state），似乎意味統計是國家用來統治、影響輿論的工具。不過，我們現今所熟悉的GDP、通貨膨脹率、失業率等等，出現的時間其實不長，大約在一九三〇年代經濟大蕭條後才被提出。當時的這些指標計算方式，多少反映當時社會的情景。然而，沿用了近一個世紀的指標，仍然反映二十一世紀的現實嗎？

也許指標已經過時，但政治人物依然以改善這些指標為目標，因達成目標而自誇，因未達目標而受批評。這些指標形成了人民對國家的期待，成為人民對於「經濟」的想像。「經濟」是國家的治理責任，反過來也成為國家說服民眾、操作輿論、影響政策的指標。不管推動者與反對者，在討論我們的重大政策（如兩岸服貿議題）時，也常常圍繞著GDP、通貨膨脹率、失業率……打轉。

作者是美國著名的經濟評論家，他在本書裡描述了當前經濟指標出現的時代背景，然後再一一說明，為何他認為這些數據已經遠離當初創造它們的時代，例如：在生產供應鍊分布各國的全球化時代，嚴守國界計算的GDP，其描述現況的能力相對不足。GDP成分中的淨出口（出口對GDP為正項，進口對GDP為減項），就完全錯誤計算了如iPhone等外包生產普遍的全球化貿易的真實面貌。在當今大數據的時代，我們有沒有可能用一組像航空儀表板一般的立體指數，來度量我們經濟所處的狀態？

本書嘗試培養讀者對於GDP等主要經濟指標的批判思考，建立歷史深度的理解。作者在書中提到的內陸小國不丹所使用的「國民幸福總值」（Gross National Happiness），也越來越受到各國政府重視。近年來經濟合作發展組織（OECD）倡導「走出GDP」（Going Beyond GDP），廣獲聯合國、世界銀行及各國政府的認同。二〇一三年，OECD提出美好生活指數（Your Better Life Index）架構，而台灣主計處也在同年完成首次國民幸福指數統計，並公告指出與OECD三十四個會員國及二個夥伴國相較，台灣排名為三十七國中的第十九名。

二〇一四年主計處發布國民幸福指數，台灣又比二〇一三年進步一名。統計中發現台灣在「物質生活條件」面向，表現明顯優於「生活品質」面向，後者又以「環境品質」領域敬陪末座。整體而言，官方報告認為台灣幸福指數亞洲居冠，台灣人比日本人、韓國人幸福。不過，網路一片「你信嗎？」的留言。

在媒體上，政府公布的幸福指數與傳統經濟指標相比，似乎得不到更多的重視。畢竟。「幸福」的衡量，主觀成分過重，指標中包括什麼、不包括什麼，可能都會大幅影響排名。幸福指數也不像GDP等指標，讓人可以直觀體會其含意。

相形之下，本書裡未著墨的「真實發展指數」（Genuine Progress Indicator）可能更有潛力作為GDP的補充，甚至替代GDP。「真實發展指數」（GPI）最早由研究機構「重新定義發展」（Redefining Progress）提出，強調希望從生活感受來看待經濟富足與永續性。例如，養育子女、家事勞動、志工活動等不被計入市場活動，但對社會產生正面影響的要素，應該列入GPI的組成。反觀，對社會產生負面影響的要素，如污染、毒品、暴力、犯罪等，則應從GPI中扣除。有興趣的讀者，可以參考維基百科條目中GPI詳細的加項與減項。

日本自一九五五—二〇〇〇年人均GDP與GPI指數的比較：這段期間，日本人均GDP成長八倍，但人均GPI只成長百分之六十左右；並且，人均GPI在一九八五年之後的十五年，基本上不再呈現成長趨勢，保持在一四〇萬日圓（以一九九〇年價格計算）上下擺動。

同樣的結果也在美國呈現，美國公共電視台比較一九六〇—二〇〇四年美國人均GDP與GPI，發現（以二〇〇〇年美元計價）兩者在一九六〇—一九八〇年有亦步亦趨的成長，但其後雖然人均GDP從二三，〇〇〇美元持續增長到三七，〇〇〇美元，但人均GPI始終保持在一五，〇〇〇美元上下，非僅不再出現成長，近年反而有輕微下滑的態勢。

雖然世界各國的GDP仍呈現增長，政治領袖也以此為經濟施政的目標，但觀察世界各國實質薪資二十年不動的現實，房價的飆高卻無情地貢獻了GDP。然而，這種帳面上GDP增長，GPI卻無動於衷的現象，恐怕不是這個年代的社會中堅所感受到的富足與永續。

致力GDP增長的政治領袖，或許真如卡拉貝爾所言選錯了標的：數字好看人民也無感，數字難看政敵卻猛批。或許GDP等經濟指標早已落伍，放眼未來的未知世界，我們車上的GPS導航系統，需要不斷更新地圖資訊；因為古地圖無法導航，也不能告訴我們下一步何去何從。

引言 Introduction

如果說，我們關於經濟生活的很多假設是錯誤的，你會做何感想？如果說，這些假設一直左右我們的國內經濟政策，決定我們國際戰略的核心，甚至引發了二〇〇八至二〇〇九年的金融危機，殃及世界各國，你又會怎麼想？如果，這些「如果」都是真的，那該怎麼辦？

我們活在一個由經濟數據所定義的世界。我們對自身和社會狀況的評估皆基於這些數據。不論是國家經濟增長的速度、物價上漲的幅度、收入水平還是就業現狀，世上一切皆由數字統治。我們也把經濟統計數字視為成敗的絕對標誌。殊不知，這些數字在一個世紀前並不存在，多半在一九五〇年也還未誕生，如今卻被奉為圭臬，神聖如自然定律。

就拿最近的兩個例子來說。二〇一二年，失業率是美國總統大選的核心議題。

許多報導都提到，沒有一位總統曾在失業率超過百分之七．二的情形下連任。當年夏秋兩季，每月公布的失業報告成了眾所矚目的事件；每一次的數字都引來經濟正在復甦的斷言，以及經濟尚未復甦的批評。直到十一月大選日，失業率從來沒有下降到百分之七．二的關鍵水平，在歐巴馬總統連任成功之際，數字始終徘徊於百分之八左右。歐巴馬的勝利，似乎已經打破了頑強的歷史規律。但果真如此嗎？其實不然，原因將在書中詳述。簡單地說，我們對機率和可能性的觀感是錯的。這樣的數字從何而來？現在應該如何理解？這正是本書的主題。

另外一例，是一個廣為認知，並且對社會和政治均影響深遠的「事實」：美中貿易赤字。沒有哪項議題能比這個數字更重要，而兩國至少從二〇〇一年開始關係緊張，也是由此而起。美國國內，所有人無分政黨，全都有志一同譴責中國不公平的貿易做法，認為那不僅拖累美國的工資水平，導致製造業工作的流失，也傷及全球金融體系。但是，如果說，真正的貿易赤字其實很小，甚至可能不存在，事情又會怎樣呢？這說法似乎古怪，但事實正是如此。我們仰賴政府每月編制的貿易數字，數字也顯示貿易赤字的確存在。然而，正如以下章節所述，這些統計數據所描述的世界，和真實生活的世界之間常有差距。我們生活的世界實際上迥然不同於統計數字描繪的世界。

日復一日，一連串的經濟統計數據紛紛發布，如同豪雨傾灑不斷：國內生產毛額、失業率、通貨膨脹、貿易、消費信心和消費者開支、股票市場和房地產市場指數。這一組又一組的統計數據密切影響著我們對現實的認知。在此可稱之為「主要指標」，視之為洞察經濟實況的情報。但真相是，所有指標只適用於各自被創造的年代，只能測量當時世界的經濟。但世界，無疑是恆常變幻的。

想知道從過去到現在，變化究竟有多大，不妨看看二〇一三年中的某某數據。那年某日，您可能沒有注意到，美國經濟產出一夕間竟增加了四千億美元。

您可能會想，既然美國的國內生產毛額（GDP）為十六兆美元以上，即使是溫和的進展，也可能帶來數千億美元的增幅。不過，那並不來自於正常的經濟增長。是的，GDP驟升的確不是由於經濟活動激增，而是某一天，那四千億美元就這麼出現了。說出現也不對，顯然那是一直存在的。在二〇一三年七月卅一日，負責計算美國經濟規模的政府機構「美國經濟分析局」(Bureau of Economic Analysis，BEA)，突然宣布改變衡量國民產出的方式，其結果便是四千億美元的上調。

從經濟分析局描述修改計算方式的用字來看，您或許可以稍加寬慰，原諒自己的輕忽。其實在新數字公布前幾個月，美國經濟分析局就預示了即將到來的變化。但是，當公告標題「二〇一三年國民收入和生產總額全面修訂一覽：定義和表述的改變」映入眼簾，沒有多少人會正襟危坐，予以重視。其後，在七月的官方宣布中也幾乎沒有任何吸引之處。BEA公告描述的新方法中，重新計算的GDP將包括「有系統地進行以增加知識存量的創造性工作，以及使用此知識存量所發現和開發新產品，包括改善現有產品的版本或品質，或發現或開發新的或更有效的生產流程。」[1]

這些拗口的字眼，掩蓋了我們理解經濟方式的深刻轉變。經濟大蕭條的年代以前，沒有一個國家在計算國民產出。一九三〇年代的全球經濟危機，促使美國和英國努力發展統計數據，以便對社會實況形成一些清晰理解。國民所得和國民生產總值是當時誕生的兩個最重要的統計數據。到了二十世紀中葉，世界上所有國家都已經使用這些數字。

然而，這些數字當年衡量的世界，基本上是各民族國家生產物品的世界。當時經濟體的基礎是商品的產出，是基於工業、農業和製造業。此後幾十年，美國及其他許多經濟體的性質發生了巨大變化：遠離工業，走向服務業；遠離工廠製造，走向創意發明。

多年來，這些統計數據的人員已認識到，創意和智慧財產權是當今經濟的核心。但是，當年創建的統計方法，並未把研究和開發（R&D）之類的活動計算為國民產出的一部分。這意味著，直到BEA在二〇一三年宣布統計方法的改變之前，一家製藥公司為了開發救命和保健的新藥，投入數十億美元，這筆花費僅被視為一項費用開支，而不是可能產生巨大的未來回報的投資。當某公司為其工廠買了一台機器人設備，它算作GDP的一部分。當蘋果公司花了一大筆錢，研究開發iPhone，卻不算在GDP裡。

同樣沒有計入GDP的還包括電視節目、電影和音樂製作等創意活動。所有這些投資，包括女神卡卡寫歌的花費、蘋果公司研發下一代iPad的花費、輝瑞（Pfizer）藥廠研發新藥的花費等等，加在一起，BEA發現美國經濟的規模被低估了四千億美元。光是這一金額，已超過世界上一百多國的國內生產毛額。

經濟指標已與我們的生活緊密交織，塑造我們對世界的觀感，使得我們已忘記在大部分人類歷史中，並不存在經濟指標，沒有這些數字，也沒有「經濟」。現在，「經濟」是我們生活的核心因素。二〇〇八至〇九年的金融危機鞏固了這一事實。我們與經濟連結的主要途徑是透過數字，由政府、行業組織、及許多公司定期發布的統計數據。主要指標已構成領航我們生活的數據地圖。

所以，負責記錄關鍵數據的機構一旦決定重新定義其中某一數字，我們對現實的感知必然隨之改變。BEA的冗長公告及四千億美元的「調整」暗藏一個事實：

這些改變勢將影響我們對集體和個人生活的評估。雖然大多數人不太重視日復一日的經濟數據公布，但數字排山倒海而來，任何人都難以置身事外。我們已被經濟統計淹沒，世界各國也幾乎都是看數字而論成敗。

如今，不僅美國總統大選取決於經濟統計的表述，歐洲經濟政策也因為深受債務與GDP兩者關係的影響，鎖入螺旋式下降的循環。當然，還有中國，執政的共產黨所設定的經濟增長目標，成為黨的領導自證正當的基礎。世界各地領導人無不以強勁的經濟數據來大肆宣揚政績，反對者也到處使用疲軟的數據來批評在位者。

主要指標如此盤據我們的世界，遠遠超乎當初指標設計者的想像。數據的創立乃為達成有限的目標，但現在卻成為絕對的度量衡。當GDP高於最初估值的消息傳出，不少人報以嘲笑。某報導標題就寫道：「美國GDP：看起來更富有，但不要上當。」批判雜沓而來，有人指控歐巴馬政府透過數據灌水以美化政績，也有人認為新的計算方法只不過在帳面上擴大了貧富之間的鴻溝。

說我們在統計上比想像中富有，確實並未讓任何人在實際中更加富裕。如果說，五年前的你，資產其實比自己以為所擁有的多出一千美元，你的銀行帳戶並不會突然多了錢，你也不會因此重新評估過去的作為。為了保持國內生產毛額的完整性，BEA不僅改變目前的計算方法，更修改了一九二九年以來的所有數字。所以，現在華納電影公司在一九五五年花費在大片中的投資、惠普科技和福特汽車公司在二十世紀全盛時期的資金和研發預算，都包括在那些年的GDP裡。但是，你的父母或祖父母如果回到當年，並不會因為這些修訂，而更有能力負擔一幢房子或一輛新車。

事實上，將知識投入計算在指標之內，確實會再度拉開眼下勝利組與失敗組之間已然明顯的鴻溝。雖然GDP是一個國家的數字，卻不是所有的國民都有同樣的感受。這是統計學的一個經常被忽視的局限性：經濟指標把我們視為一個總體，加以衡量；但我們卻視數字為個體行為的量度，並據此採取行動。實際上，經濟指標不能衡量個體，其目的也不在於此。指標乃是衡量一個國家經濟體的工具，而不是個人經濟生活的計算方式。最近的修正說明，從事創意工作的人持續獲利，甚至超過了數字所顯示。事實上，有關修訂使我們集體看起來更富有，統計上也能增加「人均收入」，但不代表每個人的財富會有相同幅度的增長。

上述例子都能充分說明數字如何塑造人們對現實的觀感。近一個世紀以來，人們一直創造統計數據來衡量經濟生活，二十世紀中期開始，人們對世界的認識便由那些數字所塑造。然而，我們的統計地圖已經老舊。我們渴望擁有簡單的數字，作為瞭解複雜世界的基礎；我們忘記了那些指標自有歷史，也各有因緣。指標的歷史恰恰說明其優點和局限，就像我們的個人歷史一樣。首先，必須瞭解我們如何走入由幾個主要指標所定義的世界，然後才能評估這些指標能否繼續為人們所用。

這些數字的歷史並不廣為人知，恐怕只有那些有意汲古融今的學者和專業統計人員才會關心。這些數據得以創建，得以成為衡量所謂「經濟」的工具，其動力正正源自征服未知的熱情，與追求更多的社會正義和公平的願望。我們的主要指標是雄心萬丈的改革運動的產物，也是為了管理而量化的科學動機的後代。

各項指標的發明，旨在衡量二十世紀中期民族國家的工業生產。在那個年代，其作法是精闢睿智的。然而，本世紀已大不相同。工業的民族國家已經讓位給服務業為主的富裕已開發國家，以及新興市場的工業生產經濟體。上世紀的統計數據並非設計來捕捉這些景況。無論統計人員如何努力，這些數據無法跟上如今的世界變化。

本書將述說這些數字及其創造者的故事。我們會看出，統計數據從某些決策者在經濟大蕭條和二戰期間使用的有限工具，竟演變為主要指標，不僅用於世界上每一個國家，甚至還支配人類生活的各個層面。然後，我們將展示，統計數據如何決定國家排名，如何引發有關政府數以兆計美元投入（或不投入）的辯論，以及為何所有社會都以此衡量經濟繁榮，而只有一個小國不在此列。

透過追蹤這些演化，我們將看到在今日使用這些指標來領航，就像用一九五〇年代的地圖找路。你可能會到達目標，但更可能是你會失於迷途。故此，經濟政策往往不能提供承諾或預期的結果，也就沒什麼奇怪的了。依靠老的配方來應對新的現實，當然不會奏效。

那麼，尋找新的公式、更好的指標、新的統計數據，成為一種誘惑。尋找更好的數字，如尋求新的技術以改善生活，是值得肯定的。但是相信幾個簡單的數字和一些基本的平均數，可以捕捉國家和全球經濟體系的多面性，不啻為一種神話。與其尋求新的簡單數字來代替古老的簡單數字，我們更需要善用資訊時代的力量，建造我們這個時代的地圖，回答我們需要回應的問題。

在此之前，我們需要回到過去，回到最早嘗試以數字瞭解世界的年代，回到上一個千禧年的開端，回到一場有名的戰役。這場戰爭不僅帶來此消彼長的政權更替，更催生了最早嘗試衡量世界的種種努力。

CHAPTER 1

《土地清冊》掀起的餘波
The Ripples of Domesday

如歷代英國學童所學的歷史，公元一〇六六年，諾曼第王朝的威廉公爵二世越過英吉利海峽，意圖奪取撒克遜國王哈洛德二世的江山。那年十月，天氣開始涼爽乾燥，天色陰沉，兩軍在東蘇塞克斯郡（East Sussex）的黑斯廷斯（Hastings）交戰。撒克遜國王戰敗被殺，威廉王的部隊大獲全勝，開展了諾曼第王朝統治英格蘭的新時代，威廉王亦永享「征服者」的稱號。

二十年後，在征服者威廉王的統治下，國家一片太平，但這並不代表可以安枕無憂。他們身處的世界稱不上和平，不論是要攻伐外敵，還是平息內患，都需要大量資源。但是威廉王的國家究竟有多少資源和土地？農作物能有多少收成，牲口能養活多少人？總人口有多少，實際和潛在的財富又有多少？要回答這些問題，威廉王跟歷來所有的統治者一樣，踏出了第一步。他廣派人手走遍國內每一個角落，既查且訪，希望找到答案。

編史官如此記載：「威廉王派人到每一個郡，查明各郡共有多少土地，當中有多少土地和牲畜屬於國有，各郡人民每年的繳納中又多少是合法徵收等等。他也要求記錄每位大主教擁有的土地數量，還有教區主教、修道院院長、伯爵，以至每位擁有土地的國民，他們的土地、牲畜數量、財產總值多少（可能我描述得太詳細了），都一一記錄在案。調查極為嚴謹詳細，連一頭公牛、一頭母牛、一頭豬也不放過。而且，所有調查結果都直接上呈給他審閱。」

到了一〇八六年，調查工作終於完成，他們視察過每位貴族的莊園，審查過每個村落，核對過村民的數目。當每個縣、每個教區的資料都已上呈和經過審閱，所有結果被記錄在一本極厚的手稿中。這手稿叫作《土地清冊》，又稱《末日審判書》（*The Domesday Book*），以最後審判日命名。威廉王的一位近身侍臣解釋：「最後審判是異常嚴格的一次判決，不容許以任何手段掩飾事實。這本手稿書如其名，跟最後審判一樣，是要大公無私地揭示社會實況。」[1]

以編撰嚴謹和全面而著稱的《土地清冊》，當中其實有不少破綻。郡與郡之間沒有統一調查時所問的問題；某些位於北部的郡因為曾遭暴徒蹂躪，沒包括在審查之中；貨物在計算時最受重視，人卻較不重要；因為種種原因，教會作為一股強大的勢力和大地主，在很多地方竟然沒納入審查之列——部分主教及神職人員不肯與威廉王派來的代表合作，又或有調查員認為教會並不完全受國家控制，故沒有必要審查教會所擁有的土地和房產。

無論如何，《土地清冊》仍是自羅馬時期以來，唯一記錄了大英帝國經濟生活統計結果的文獻。其實，希臘、羅馬、波斯、巴比倫、埃及，以至中國歷朝古人皆有這方面的紀錄。國家財產總值、武器數目、穀麥數量、什麼要徵稅、應徵收多少稅、該添置什麼軍備……這些都是統治者心中重要的數字。眾多統治者所採用的審查方法各異，當中有好有壞，但都有一個共通點，就是儘管已奇謀百出，還是只能夠得到一個暫時的、充滿未知數和瑕疵的梗概。數千年前如此，今天亦是如此。不同的只在於瑕疵的所在，是出於計算模式的不足和混淆，還是誤以為創造出來的統計數字能顯露總體變好、變壞或差強人意。

《土地清冊》亦揭示了運用統計數字與經濟指標經常遇到的兩難局面：對「重要」的定義決定了統計當中要包括什麼因素。任何一位來自商界或政府的人都會說：有計算在內的範疇才會加以處理，沒有計算的，便乾脆當它不存在好了，以免引起注意。《土地清冊》對封建制度下的「諸侯」嚴加審查，卻沒有將教會的財產納入計算範圍，其實是低估了國家所擁有的財力、物力和潛在生產總值。此冊的編製既然是為了評核國王和國家的權力，不計算教會的勢力看似有理，但卻使國力顯得比實際為弱。這一點，威廉的王位繼承人亦逐漸意識到，遂促使亨利八世決定徵用教會龐大的財富，將全國所有資源收歸國有。

往後數百年，英格蘭以至整個歐洲的君主都為自己的國家進行了不少清查工作，目的往往是為了尋求增加徵收稅項的方法，是對國家總產出最早、最基本的計算，亦可視作現代國內生產毛額（GDP）的雛形。可惜，持續的清查工作並沒有大大改善計算方法，人們似乎寧願將創意和想像力花在其他範疇上，例如探討如何量度宇宙的大小，探索世界的其他角落，思考地球是圓是平，研發新的導航系統，製造更先進的軍事器材，加深藝術和音樂方面的造詣，鑽研建築技巧……統計學並不像以上的範疇般新奇有趣，未能吸引人加以探索。

十六世紀，歐洲各帝國的勢力已擴展至大西洋；及至十八世紀，更遍布全球。為了生存，世界各國，小至荷蘭，大至西班牙帝國，都紛紛朝南美洲、北美洲的資源下手，後來更放眼亞洲和非洲。為了好好把握貿易帶來的機遇，政府對貿易這回事知道得越多越好。

古今的政府都必須有持續穩定的收入來源，才能正常運作，並提供人民所需的服務。在古代，收入主要來自對貴族土地的徵稅，以及進行貿易的關稅。數百年來，屢創佳績的不是政府，而是商人。商人完善了會計記帳、記錄收支的方法，連現代金融的先驅——銀行業務和信用票據的發展也是以他們為中心的。

不過，所有統治者均需要，甚至渴求，在商人的可觀收入中分一杯羹。應運而生的，便是營商制度的演變，不少帝國都試圖壟斷遍布全球的殖民地貿易，並拒絕外來勢力干預和外國商人進駐。政府嚴格限制國際貿易，只開放部分港口進行交易，同時嚴密監察這些港口。所有貨物都必須經過記錄、評核、徵稅才能入境。為此，英國國會於一六五一年通過了名揚海外（或是「臭名遠播」，視乎你如何看整件事）的航海法（Navigation Acts）。這條法例實施了數十年，限制其美洲殖民地的貿易必須使用英國的船隻，而且當地英國商人亦必須向英國王室繳交英國稅項。法國和西班牙也通過同類的法例，以致幾乎沒有人能自由貿易，要進行貿易不但要經過重重障礙，更須繳付大量的苛賦。

當貿易逐漸成為政府的主要收入，以便支應各國之間頻繁的戰爭時，貿易因而被嚴格監管，也因此海盜便越見猖獗。海盜大肆搶掠，膽大妄為（你若是西班牙人，也許用「窮兇極惡」更合適），其中德瑞克爵士（Sir Francis Drake）和沃爾特・雷利（Walter Raleigh）更截劫西班牙國王的銀船。海盜還引起美洲殖民地的不滿，其不滿情緒由十八世紀一直醞釀，很快便爆發，群起反抗大英帝國對美洲殖民地的貿易管制及徵稅。

開放貿易，徵收稅項、關稅，設立分類帳，以上措施在確保國庫充盈方面的確有效，卻不是現代的統計學，也不是良好的指標，反而於社會各個層面都窒礙了科學和數學的發展。

縱使如此，數學仍能脫離哲學，成為獨立的一門學科，十七世紀的偉人牛頓和萊布尼茲亦開始探索微積分的奧妙。自此，就有人思考機率的本質意義，察覺到有必要深入瞭解機率，才能準確量度這個充滿變數的物質世界——一個受生老病死、饑荒戰禍、變幻莫測的政治環境所影響的世界。十七世紀中期的兩位數學哲學家，巴斯卡（Blaise Pascal）和費瑪（Pierre de Fermat），正是研究微積分的代表人物。他們探索賭博的本質，還有所有涉及機率的遊戲的基本原理，亦即骰子的角色。費瑪以其未解又極長的數學定理聞名於世，卻為博彩玩意深深著迷；與費瑪通信來往的巴斯卡，晚年發布的論文單刀直入地探討人的存在，當中的思想至今仍極有影響力。不過，他對生命並沒有那麼嚴肅，有時也會抽時間玩玩十七世紀的擲雙骰。他倆的共同嗜好便是研究骰子，研究如何估計一個人口密集的城市的人口數目，為看似簡單的製表過程設計糾正錯誤的公式。他們不懂現代統計學的術語，不會用「抽樣誤差」一類的專有名詞，卻深明一個淺顯的道理：每當牽涉複雜的制度和量值大的數字，人總是會犯錯的。若果試圖將複雜的制度簡化成數字，犯的錯甚至更大。[2]

在十八世紀前，還沒有「統計」這個詞語。相傳「統計」一詞是由德國學者阿亨華爾（Gottfried Achenwall）所創，字源來自拉丁文和義大利文，本指「國家的數據」。當時「統計」這門學科剛剛誕生（嚴格來說，也不能算是一個獨立的領域，深奧難懂的統計學只有極小部分學者願意涉獵，而且這些學者大多身兼數職，同時是天文學家、煉金術師或工程師），幸得在英語世界有「法國牛頓」之稱的拉普拉斯（Pierre-Simone Laplace）為它注入現代的元素。當時是十八世紀末，正值法國舊王朝垂暮之年，整個國家即將為鮮血和革命所洗劫，拉普拉斯專研的領域是太陽系，就在這個時候，發表了他的代表作，並年復一年的加以鑽研。後來，拿破崙到處招募科學家助他鞏固政權，拉普拉斯得到拿破崙的賞識，寫下《機率的哲學小品》（*Philosophy Essay on Probabilities*）一文，對現今重要指標的制訂影響至深。

拉普拉斯在數百頁的論文裡，精闢地闡述機率如何處處影響著日常生活：從挑選陪審團成員、到估計人的壽命，機率都扮演了重要角色。大概沒有人不知道「平均數」的意思，但是拉普拉斯就指出這些看似簡單的數字，其實毫不簡單。以計算死亡率為例，並不是將死亡數字除以出生登記與死亡數字的總和便行。為什麼？因為這會嚴重誇大年輕人的死亡率。這個邏輯很簡單，卻容易被人忽略：嬰兒及學步的孩童的死亡率特別高，將他們包括在整體人口死亡率的計算內，便會大大縮短人的預期壽命。其實，一旦小孩熬過了前幾年的危險時期，預期壽命便會顯著延長。這件事看來簡單，其實不然。

要做到精確統計，面對的挑戰不少，拉普拉斯都嘗試一一提出解決辦法。他指出，一個大的樣本數才足以確保將生命的莫名變數計算在內。若果某個地區曾經經歷疾病、瘟疫或旱災等天災人禍，結果便會受影響，故有必要採用一個大的樣本數。他曾寫道：「計算死亡率，就是要計算人生的種種可能性。」要算得準確，簡單的算術和加減乘除並不足夠。拉普拉斯就曾經執筆歌頌機率對數學及社會的妙用，從此開創了現代統計學的新頁。[3]

在接下來的二百年，數理統計學發展日漸成熟，獨成一門學問，成為十九世紀中後期崛起的眾多學科之一。與此同時，一種政治意味較重、數學性較低的計算方法逐漸興起。在工業和科學範疇上，西方政府追求的是精密創新的精神，故比從前更加渴求瞭解社會的一切，而最能體現這種精神的就數美國，因為統計數字是構成其開國文件《美國憲法》的核心之一。

雖然《美國憲法》的頒佈距離《土地清冊》的編訂整整有七百年，從某個角度來說，兩者亦有不少相似之處。制訂憲法的人都察覺到有必要準確計算國家土地、財產和公民的數目。由於他們籌組的是代議政府，他們特別需要定期監察人口和收入的變化。他們都抱著一個信念，就是每位公民都應該有自己選出的代表，為自己在國會發聲，故此政府以比例代表制選出，但這亦代表他們要知道每個州的選民數目，否則便無從判斷每個州可獲得多少選舉人團票，每個選區又應佔國會多少議席等等。還有，這些數字對管理國家的稅制同樣重要，因為雖然當時的稅制尚未發展成熟，仍需要先掌握國家的財政狀況。

有鑑及此，制憲者於《美國憲法》中要求每十年定期進行人口普查。這個條目絕不是後來才加上的，他們很早便決定憲法必須包括這一點，甚至將這條目放到接近整份文件的開端，在第二條第一款便提及了，僅次於設立國會的條文。原文是這樣的：「眾議員人數及直接稅稅額，應按聯邦所轄各州的人口數目比例分配，此項人口數目的計算法，應在全體自由人民——包括訂有契約的短期僕役，但不包括未被課稅的印第安人——數目之外，再加上所有其他人口之五分之三。實際人口調查，應於合眾國國會第一次會議三年內舉行，並於其後每十年舉行一次，其調查方法另以法律規定之。」

若果大家對憲法的這部分有印象，大概是因為其中計算奴隸數目的方法非比尋常，此乃當年南北各州協商的結果。南方各州因為奴隸多，便希望將所有奴隸都計算在內，增加人口數目，以爭取較多議席；相反地，奴隸較少的北方各州則認為奴隸幾乎沒有法律權利和投票權，談不上是真正的公民，反對將奴隸當作人口的一部分。最後，雙方達成協議（那次的妥協算不上讓美國人引以為傲，卻是必須的），將奴隸當作「五分之三」個人計算。之後的七十年，南方的勢力相對強大，但是卻沒有如奴隸的主人所願，奴隸制度最終還是被廢除了。

首次人口普查於一七九〇年進行，是其時新成立的共和國第一個官方統計。當年，人口普查是聯邦政府最花費金錢和時間的調查工作，隨著人口的增長，國家經濟活動更頻密和多元化，普查工作便越趨複雜，所需費用亦更多。至今，政府還是維持每十年進行一次普查。一七九〇年八月的首個星期一，聯邦政府第一次進行人口普查，調配六百五十名聯邦執行官至十三州，花了整整十八個月來收集、整理資料，耗費四萬五千美元。相比之下，二〇一〇年的普查招募了超過六十萬名統計員，花了一百二十億美元，不過只需短短數月便完成初步報告，不消一年便完成報告的最後修訂，上呈總統和國會。

相對其他官方統計，人口普查牽涉範圍最廣泛，調查最全面，同時最費時。十九世紀的時候，調查再進一步，不僅是計算人口這般簡單。當時的美國總統湯瑪斯・傑弗遜（Thomas Jefferson）決心要跟歐洲的戰爭劃清界線，以免國家受戰火摧殘。此舉卻不利於他實現建立農業大國的目標，因為跟歐洲斷絕來往，便不能再依賴歐洲進口的製成品，美國必須發展國內生產。這就意味著，政府需要知道國家有什麼產出，又能生產多少。一八一〇年，人口普查加入對生產商的統計調查，美國終於能夠掌握工業化的發展進度。於往後的數十年，政府所需和收集的數據越來越多，不論是鐵路從業員的數目、麻州的製鞋廠數目、密西根州的平均家戶人數、堪薩斯城的教育和文學水平、一八五〇年的巴吞魯日（Baton Rouge）有多少自由的黑人等等，都一一記錄下來。[4]

早期的人口普查，只是派統計員到全國的每戶人家，逐一家訪，沒有抽樣調查，沒有運用任何統計方法，更無從檢查數據的準確性。一七九〇年的統計員在每一家戶都問了相同的基本問題，小心地把答案記下（當然是筆錄了），再將數據帶回當時的首都費城，以待整理。到了一八五〇年，美國的版圖擴展至加州，資料運送困難，加上國會要求大幅擴大普查的範圍，加入工業和家戶組成的調查，以致調查時需要問的問題極多，資料排山倒海地運到普查中心（中心於一八四〇年才正式成立），光是中心堆積的紙張也能將統計員壓得透不過氣來。

基於普查牽涉政治敏感的議題，亦對決定國會選區和議員的選舉結果有重要影響，故當普查中心未能有效處理得來的資料，便很容易成為政治對手的攻擊武器，以此為由來指控政府貪腐或意圖不軌。政府收集統計數字，繼續被誤解是為了協助黑暗勢力，志在扭曲事實，又或散播謊言，讓單一勢力控制數百萬公民。

不論是從前還是現在，真相都不免陳腔濫調，現實更是枯燥乏味。調查不但艱辛，且工作量多，再有熱誠、再勤奮的統計員也會吃不消。至十九世紀中葉，普查中心需要應付的工作已大大超出中心的負荷，數據太多，無法處理。一八五〇年，調查規模再次擴大，延伸至關於奴隸制度本質、奴隸及自由民的生活等瑣碎細節，統計員面對的難題更是嚴峻。更糟糕的是，其時南北關係緊張，奴隸與自由民的衝突越見嚴重，國家近乎撕裂狀態。

紐約州的自由黨參議員威廉・蘇爾德（William Seward）曾經提倡廣泛調查奴隸的日常生活，其後參與創立反對奴隸制度的共和黨，成為創黨人之一，更是林肯（Abraham Lincoln）總統戰時內閣的關鍵成員。不過，蘇爾德支持訪問黑奴，卻是引火自焚，被批評「盲目維護那些可鄙的奴隸，分化國家」；而普查工作的首席主任祖瑟・甘迺迪（Joseph Kennedy）則被指貪污昏庸，聘請過多的調查員，以得到更多的資助，中飽私囊，[5]最終被控多項罪名，包括名下擁有華盛頓市內兩座租予新普查中心的大廈，在受到民主黨操控的參議院調查後，被迫引咎辭職。

其實，在政府大幅擴張數據庫的過程中，這場小風波只是一段小插曲，政府仍然需要面對及時、準確地收集資料的挑戰。當然，牽涉到奴隸制度的爭議遠比分工問題嚴重。不說不知道，在美國歷史上，黑奴是首批獲政府詳細記錄生活點滴的國民。從這個角度來看，從奴隸蒐集回來的數據，對南方各州來說，是經濟生活最早、最重要的指標之一。從十七世紀開始，奴隸的出生、死亡、交易全都有記錄下來，直至美國內戰期間奴隸制度被廢除才結束。所以，奴隸制度可說是南方各州的經濟體不可或缺的一部分，所留下的紀錄亦讓我們更瞭解美國內戰前的南方，例如他們擁有多少財富和當時是多麼繁榮。

最後一次有區分黑奴和自由民的普查於一八六〇年進行，正是林肯當選總統，以及南方各州脫離聯邦政府的前一年。那次的普查為北方的美利堅合眾國（簡稱聯邦）和南方的美利堅聯盟國（簡稱邦聯）政府都提供了重要的資訊，彼此更清楚敵人的實力，知道對方能撥出多少資源應戰。那次的普查亦證實了一點：北方於物資方面大占優勢，不論是槍械、軍火、軍服，儲備都充裕得多；反之，南方雖然黑奴眾多，能以「每名黑奴等於五分之三名公民」的原則爭取到較多議席，卻對他們的形勢沒有任何實際的好處，因為黑奴不會獲發任何軍備，亦沒有任何作戰的理由，去保衛一直奴役他們的主人，讓自己繼續為奴。

二十世紀時，美國無處不在的許多指標都是以普查結果為根基的。美國內戰後，即使少部分州（特別是麻州）開始各自收集有關州內就業和勞工的數據，但十年一次的普查仍是唯一的全國調查，收集關於家戶、生活水平、教育、預期壽命等資料。這些普查報告包含大量珍貴資料，世世代代的統計學家就是從中窺探出國家的概況和工業化衍生的問題。

不過，普查還算不上是真正的統計，亦不是什麼指標，只是原始資料——大量的原始資料。這些資料固然是制訂未來指標的基礎，但需要先經過數十年的分析，再以抽樣法、新數學轉化和加強，才能制訂出有效的指標。

十九世紀的時候，政府普查的還有貿易產出和農業產出。農業跟貿易一樣，自古以來都對社會的運作起著關鍵作用。即使美國農業部直至一八六二年才正式成立，其實早於十八世紀便有統計棉花、煙草、麥和玉米的數量。十九世紀初，伊萊·惠特尼（Eli Whitney）發明了軋棉機，掀起第一波農業機械化的熱潮，農夫逐漸摒棄舊思想，不再只求三餐溫飽，而是希望收成愈多愈好，更會專挑最有利可圖的農作物來耕種。簡單來說，農業由一種需求、生活必需品發展成工業，代表調查著重的是市場、價格、穀類的交換，還少不了農作物收穫量的統計。

在十九世紀末之前，農業還算是美國最主要的經濟活動；可是到了二十世紀，工業化便有如洪水猛獸，且現代化發展急速，更有林林總總針對人力和產出的指標出現，農業便不再是人民關注和議論的話題。只要翻查美國歷史（又或英格蘭和歐洲歷史），便會發現關於農業耕種的記載少之又少，只是略有提及。從歷史文本中，你不難知道關於傑弗遜和亞歷山大．漢米爾頓（Alexander Hamilton）的事蹟——前者嚮往一個由自由農民建立的國家，後者則主張發展工業，追求城市化和金融發展。但是對於糧食的生產，如農作物、耕種和土壤方面的內容，卻似乎罕見記載。當然，你要是在愛荷華州、內布拉斯加州這些農業州長大，就另當別論了。

即使如此，在十九世紀的大部分時間，農業知識對國家的繁榮發展仍具關鍵影響。受到英格蘭人「農業社會」的啟發，在十九世紀初期，美國的各州亦陸續為自己的農業產出進行普查，當中又以麻州一馬當先。關於農業的初步普查於一八四〇年首次進行，到了一八六二年，農業部便正式成立，同年農地法案（Homestead Act）通過實行，更掀起一陣爭奪美國西部土地的潮流，人民紛紛到西部落地生根。成立農業部的宗旨，在於要運用科學化的觀察和計算來改善產出的監察，以及協助制訂更完善的政策。有趣的是，首任農業部部長剛巧就叫作艾薩克．牛頓（Isaac Newton）。

雖然過去的普查也有關於農作物，但與新成立的農業部所做的相比，可說是微不足道。農業部聘來一個強大的統計團隊，前幾任的長官更定期到歐洲，與倫敦、巴黎、柏林和維也納的同業切磋，交換統計策略和技巧，合力統一各國的統計方式，首次為這些數字的計算法則訂下國際標準，以一致的方式記錄社會狀況。到了二十世紀中期，這些普查所得出的指標不僅僅是西方政府的工具，也是世界上所有國家都用以評估國家情況的量度標準，這巨大的轉變全賴各國無間斷的合作。如我們有目共睹，聯合國將各國政府的專家共聚一堂，並且將有用資訊向全球發布。而這一切的發展，其實是以十九世紀的農業統計為先驅。

這些統計數字同時可視為一次預告：要如實地量度這個世界，真是談何容易。當局即使不惜工本，為了普查而聘請分佈國內各地的調查員，所費不菲，調查過程和結果仍然錯漏百出。農業部及其負責調查的隊伍都利用抽樣調查，但依照現代統計學家的標準，當時卻沒什麼「抽樣方法」可言。他們依賴各個州政府收集的數據，可是每個州都有自己的一套調查標準，上呈的資料，質和量均參差不齊。當局所聘用的人手亦嚴重不足，雖由十九世紀中期時任用的數百人，增至十九世紀末期的數千人，但區區數千人根本無法走遍美國每一個農場。即使他們能勉強走訪每一個農場，調查也會受到訪季節所限。要是正值冬天，農田空空如也，沒有任何農作物，就只有依賴農夫的一面之詞了。若剛巧是春天，調查員還可以數數播下了多少種子，只是無從得知收成的數量。另外，天氣型態會明顯影響估計數字，時至今日還存在這個問題。還有，為了交更少的稅，又或純粹出於對政府的不信任，部分農夫會故意少報農作物的數量。後來聯邦政府於二十世紀實行的措施，卻是付錢給農民，讓他們不耕種（以免農作物供應太多，降低價格），所以農民有了多報的理由。不論是多報或少報，農業的數據都極難收集，數據品質欠佳，準確度亦低。

出任美國農業部首席統計員多年的雅各・道治（Jacob Dodge）曾於一八八〇年代就其觀察所得說過：「溪水總漲不過其源頭，純粹數學和再精密的分析都彌補不了原本數據的謬誤。在現今的世代，不論是需時數年、花費數以百萬的普查，還是其他對農作物進行的官方或非官方調查，最大的難題都在於如何取得準確無誤的統計結果。」[6]從展開官方調查的那一刻起，單是運用收集到的數據，來計算出代表這個世界的數字，便是極難達到的一個目標。負責訂出這些指標的人自此便鍥而不捨，努力地完善計算法則，汲取過往的教訓，改革數學，開創嶄新的抽樣方法，採用最先進的技術收集和分析數據。

統計官員一直都知道這一切所牽涉的問題和破綻，不過一直無人在意，等到二十世紀，發布這些數字的有關部門才不再像從前般無人問津，這些數字亦開始受到政界和社會的關注。然而，公眾要求簡單易明的資料，複雜的數據無助於符合公眾期望。金融市場要為玉米和牛隻訂價格，並不需要瞭解在計算農作物和牲畜的過程中，所採用的方法有何侷限。政界人士要參考國內生產毛額（GDP），以評估通貨膨脹和未來經濟增長，卻沒有興趣知道抽樣誤差，或者多年期修訂到底是怎麼一回事。公眾想要的只是一個數字，一個等於真相，或是至少能代表真相的數字。

縱然這些統計數字未能如背後默默耕耘的一群英雄所願，達到預期效果，從十九世紀末至二十世紀初，有統計數據還是比沒有強得多了。即使是再不準確的資訊，跟完全沒有資料相比，毫無疑問地還是向前邁進一大步。正如早期的導航系統，雖然不及現代的全球定位系統完美，卻總比用原始的方法，光以眼睛辨認太陽月亮星星來定位可靠得多。社會一直像無頭蒼蠅一樣，了無目標地亂衝，現在即使只是依賴簡單的加法和計算，總算是對國力有個粗略的估算，而空前地嘗試將指標形式化，亦讓政府和市場能夠評估國家的優勢和短處，有助於制訂未來的計畫。

十九世紀後期的各種不穩定，更猶如一種催化劑，促使公眾渴求掌握有關經濟和社會生活更全面、更詳細的資訊。這種對數據的需求，並非出於希望瞭解社會日趨繁榮帶來的好處，而是人民都感到貧富懸殊越來越嚴重，且社會公義逐漸消失，加上工業化的步伐太快，帶來的影響好壞參半。要證明這一點，光是意識型態和好的論述並不足夠，數據也很重要，而最重要的就是就業。

CHAPTER 2

失業 Unemployment

身高六呎的史都華（Ethelbert Stewart）天生口吃，在美國內戰後的伊利諾州迪凱特市（Decatur, Illinois）找到了他的第一份工作。這份工作也算是一份優差，就在市內一間殯儀館裡幹活。因為口吃的毛病，他自小就留在家中由父母教導讀書寫字，免得在學校遭到其他孩子的無情欺負，況且老師大都沒有教導口吃孩童所需的耐性。史都華一直都有閱讀的習慣，即使在殯儀館上班的時候也是邊做邊讀，後來獲一間本地報社聘用，開始撰寫關於勞工的工作環境的文章。

滿懷抱負且憤憤不平的史都華成功爭取與《芝加哥論壇報》的勞埃德（Henry Demarest Lloyd）會面。勞埃德是傳媒界的代表人物，在一八八〇年代尤其活躍，曾狠狠地批評鍍金時代（Gilded Age）帶來的種種問題，例如貧富懸殊、壟斷獨大，還有工廠如蝗蟲般大批湧現，勞工的工作環境甚為惡劣。

史都華本來建議於《芝加哥論壇報》刊登一系列關於伊利諾州勞工問題的文章，可惜遭拒絕。史都華看反正文章都已經寫了，就向數間本地和勞工報社投稿。他的文章面世之後，不僅讓勞埃德驚為天人，也吸引了屬於改革派的州長的注意，一八八五年更獲州長委任為伊利諾州勞動局的秘書長。

雖然秘書長只是個小角色，卻開展了史都華的事業，他其後更成為聯邦勞工統計局（Bureau of Labor Statistics，BLS）局長，登上事業巔峯，當時是一九二〇年，身為局長的他要帶領一個經費不足的小部門，擔當著為經濟大蕭條訂立參數的重任，這使他成為全國的焦點。史都華的一生都在為勞動階層爭取權益，其中最為人津津樂道的功績，莫過於參與編製全國失業率數據，自此改變了我們對美國就業情況的理解。[1]

當史都華和一群志同道合的統計員於二十世紀初接手勞工統計局，就業和失業還只是含糊不清的概念，以致經濟大蕭條來臨的時候，沒有人知道情況究竟有多壞，因為根本沒有方法可以量度。到了一九三〇年，即使經濟倒退的跡象隨處可見，卻無人能夠肯定實際上造成什麼影響、又影響了什麼人。傳聞沸騰，卻全都沒有真憑實據。一九三〇年代以前，官方收集統計數字之無能，成為少數關心的官員之間，長期傳頌的笑話。一九二〇至二一年的經濟倒退特別嚴重，時任美國總統華倫・哈定（Warren

Harding）為此召開會議，就失業問題進行討論，豈料與會者對失業人數也存在極大的分歧，估計的失業人數由三百五十萬至五百萬不等，竟需要以投票表決。[2]

失業人數本應是一個事實，至少應該很接近事實，卻需要以投票通過。當時「失業」這個概念是新的發明，並不是簡單地計算有多少人有工作，又有多少人沒有工作。不過即使只是這樣，也不見得很簡單。究竟如何謂之「受僱」？全職？兼職？臨時工作？季節性工作？農夫算是有工作嗎？正處於空檔期的演員呢？只於耕種期工作的農場工人又如何？還有，利用什麼方法計算？問卷調查？誰來當調查員？數百萬的人口散落在數千哩範圍內，到底需要多少調查員，才能認真訪問每一個人，得到準確的結果？事實上，根本不可能聘請足夠的人手來定期進行調查，當中涉及的金額實在太高了，無法付諸實行。一九〇二年，美國人口普查局（Census Bureau）成立，聯邦政府無限期地定期撥款支持統計工作。普查默默地支撐著美國民主制度，幾乎沒有人質疑為何要為普查花費這麼多，大概是因為這項開支每十年才有一次。不過，計算失業率比計算人口複雜得多，人是實實在在的，工作則是看不見的，所以在十九世紀末以前，沒有人願意花時間去想這回事。

一談到「失業」這個話題，任何一位傳統經濟學家的回應都可能讓你意想不到：壓根兒就沒有「失業」這回事，社會上永遠都會有職位的空缺，理論上「失業」的情況不會發生，做工作與否，都只是個人選擇。但是倘若一位找不到有酬工作的朋友聽到這個答案，他很可能會忍不住惡言相向吧！

在十九世紀之前，「失業」仍是個很陌生的概念，大部分人根本沒有「工作」，更沒有薪水。他們要維持生計，多是依靠耕種、貿易、當僕人、加入軍隊。還有些人是工匠、鐵匠或搬運工人，但絕大部分人的糧食都是自己種出來的。當時的工廠寥寥無幾，規模不大，大多只有數十名工人，還有些散佈各地的礦場，當然也有當僕人的。無論如何，社會就是欠缺區分「有工作」與「失業」的概念，只關心生活富庶不富庶，是營營役役還是無所事事，經濟是好是壞。

以上的情況，一直到西歐的工業革命開始才有所改變。革命期間，蒸氣動力促使大型工廠誕生，同時鐵路的建造讓製成品能夠大批運送，這一切都讓人更關心工作和薪資的問題。隨著越來越多人上班、獲發工資，才造成越來越多人失業。即使如此，還是在美國內戰後，才有人認真思考要計算失業人數。

在十九世紀末以前，沒有工作的人都被視為游手好閒、好吃懶做，各鄉鎮更逐漸有法例禁止人民不務正業或乞討過日。在街上閒晃找工作，又或無家可歸，都是會被捕的。那時候的人，根本沒想過政府有責任為四肢健全、能夠自食其力的人提供經濟援助，因為這種慈善工作是教會或地方組織才會做的，與政府無關。

不過，這種思想到了一八七〇年代便開始慢慢改變，其中一個原因，是由於當時美國社會正處於鍍金時代，鐵路興起，工廠陸續建成，加上大量移民湧入，社會一片騷亂。同時期的歐洲亦經歷相同的轉變，卻與移民沒有關係。在往後的數十年，不論是在歐洲還是美國，人民都逐漸相信政府有責任舒緩失業問題。整個社會亦慢慢地有了共識，就是政府應以科學原則治理社會，當初正是這種科學精神讓十九世紀的工業革命得以進行。

當時各國的人民普遍都渴求有一個更專業的政府，能夠通過運用科學原理，提高社會的產出量，讓生活更安定。不過，大多數的國家在實行過程中都遇到了阻滯，都缺乏一個關鍵的元素——資訊。沒錯，政府一直都有記錄貿易和農業活動的情況，這兩種活動自古以來都是財富和權力的主要來源。可是，要以科學化的方式管理社會，便需要大量的數據，這正是大部分政府所缺乏的。現在我們視為理所當然的每種測度工具，不論是公共衛生還是經濟方面的數據，在十九世紀中期的時候都還沒出現。

對美國而言，經濟統計的誕生其實是改革整個社會和政治的一部分。當時的普羅大眾都對大企業、獨占市場的公司、鐵路公司和銀行抱著不信任的態度，懷疑其利潤與付出不相稱，是間接搶劫平民百姓辛苦賺取的錢財，故此要求進行有關的統計。在歐洲，這種公眾的疑慮助長了提倡社會主義的運動，令這些運動達至全盛時期，共產主義更應運而生；在美國，同樣的疑慮促使了工會的成立。工會相信勞工階層都未能分享到應得的經濟增長成果，卻苦無實證支持，所以希望展開統計調查，從而證明他們的觀點，同時引起更多關注。

參與統計工作的人主要有兩類：一類是學者，另一類便是技術專家或是像史都華般充滿熱誠的改革者。十九世紀末期有形形色色的協會出現，數之不盡，既有由學者成立的美國政治學會和美國經濟學會（一八八五年），也有由專業人士組成的美國製造商協會，此會由一群商人於一八九五年在克里夫蘭成立，主要關注美國差不多每十年便會經歷一次的嚴重經濟恐慌，擔心會窒礙經濟發展。還有比以上協會都成立得早的美國統計學會，此會早於一八三九年在波士頓成立。不過，若沒有與後來成立的其他協會合作，統計學會也未能發揮最大影響力，從而影響現代經濟體的統計方法。

倘若沒有一群滿腔熱誠的改革者，統計學和經濟學很可能還是不受社會重視的領域，跟鳥類學和爬山這些學問一樣，淪為陪襯。當時大部分美國人辛勤工作，收入卻極為微薄，工作環境亦甚惡劣，史都華為此義憤填膺，決意提倡改革。他相信只要能夠準確量度勞工的工作環境的惡劣程度、危險程度，以及反映出他們的困難處境，便可以改變現況，制訂和通過法例來保護員工的權益。否則，沒有實際的統計數字，一切都只是傳言，有權勢的人不難藉此反駁，反控那些對政府不滿的人造謠生事。

史都華本來在伊利諾州勞動局工作，後於一八九七年獲邀加入聯邦勞動局。勞動局經費不足，亦不算是十分活躍的部門，卻能於動盪的工業時代置身事外，不致為騷動所影響。該局的成立目的是為瞭解勞資關係緊張的背景，為工人爭取權益，同時與資方交涉，從中調停紛爭。勞動局跟不少其他部門一樣，都是當年進步運動的一部分，這項運動在十九世紀末期引起社會的密切關注，史都華可說是運動中的代表人物。時至今日，我們對眾多政府部門擁有無數公務人員已是習以為常，畢竟政府實行官僚體制已有一段長時間了；不過，在二十世紀之初，這些部門都只是剛剛成立，很多部門甚至還沒出現。自從一八八三年通過了公務人員法案，於政府任職不再是提供政治支持的回報，而是一門專業，加上當時渴望改革的情緒高漲，越來越多人投身政府，希望為社會帶來正面的影響。這正是史都華的理想，他敬業樂業，為自己的工作自豪。他在加入勞動局後的十年間，曾擔任不同崗位，從行政主管到調解人員都當過，直至一九一三年，他獲時任勞工統計局局長米克（Royal Meeker）委任為他的副手。

在勞工統計局成立之前，已經有部分州獨立開展統計工作。麻州一如以往地一馬當先，於一八六九年率先成立了勞工部門，收集關於就業和工作環境的資料。在接下來的二十年，共有十多個州緊隨其後，也各自成立有關部門，背後的推動力如出一轍，都是因為工會不斷敦促政府開展調查工作，收集情報，以支持他們的說法：工人工作環境惡劣，危機四伏，且工資過低，公司對工人漠不關心。所以，聯邦政府即使不情願，也迫於無奈要採取行動。當年臨危受命、意外成為總統的亞瑟（Chester Arthur）有鑑於此，便於一八八四年簽署通過成立勞工部及轄下統計處的法案。[3]

史都華入職的時候，勞工統計局已有三十年的歷史，但卻沒有進行就業統計方面的經驗。統計局有著崇高的使命，致力以統計數據反映社會實況，史都華也不用孤軍作戰，因為局內的同僚都跟他一樣，為自己的工作自豪，認為所做的可以造福世人，使世界更美好，深信統計數據能夠減少疾病，提高農作物收成，讓更多人得到溫飽，可享受的資源更豐富，令國家更強大。該局首任局長萊特（Carroll Wright）就曾說：「統計數據是恆久不變的符號，用來反映現況，是最適合不過的了。」萊特是美國統計學會前任主席，極力提倡獲得更完善準確的數據有助於增強國力。他窮其畢生心血，就是要宣揚統計數據的重要性，認為這些數據是建設一個良好政府和改善勞資關係的關鍵，能夠協助政界和商界制訂正確的政策，人民亦能通過比較過去跟現在的統計數據，從中得到啟示。[4]

可是，史都華不是那種習慣空談的理論派，凡事都要付諸實行。他對改變現況充滿憧憬，同時也是一位固執的實用主義者，將數字和數據都視作改變無知愚昧的工具，認為事實就是力量，一旦證據確鑿便不容反駁。他曾經這樣說：「勞工統計局一直堅守揭示真相的原則，任何不能夠接受真相的人，就……就只能算他倒霉！」史都華一心要維護統計局小小的勢力範圍，當有國會的委員會要求他交出個別汽車製造商員工的統計資料，他便以保密原則拒絕，即使是委員會主席要傳他到聽證會，他也不為所動，說道：「要是這樣，我便先把數據都燒光。」此後便沒有人再提起這件事。[5]

史都華說話幽默有料，從不多費唇舌，就如同統計學界的馬克．吐溫一樣。他不願花心力到處宣揚他的信念，卻相信統計數字能迫使人民正視社會上種種迫在眉睫的問題，例如關乎公義、公平和道德的議題。他曾義正辭嚴地說道：「美國的勞動階層有權知道產業正在經歷的變化，以及職業上應做出怎樣的調整，才能達到工作環境的安全標準，又不致影響賺錢能力。」史都華是提倡設立最低工資法的先驅，很早便察覺到立法其實是為了增加社會效用：若果人民要整天過著捉襟見肘的生活，身心都會受影響，國家便難以富強起來。

縱然如此，史都華還是不贊成過分依賴科學和數學，因為統計數據固然是一盞明燈，能提供一個方向和大概，他卻擔心人們整天都把精密計算掛在口邊的話，會走火入魔，引起「統計狂熱」。社會並非當真是一部機器，知道現在，並不代表我們能完全預計未來。他指出：「我們生活中最人性化的事情都不能用統計方法量度。」數十年後，羅伯特．甘迺迪（Robert Kennedy）也表達了相同的看法，強調的程度甚至更有過之而無不及。（見第三章）

至少，史都華在主張進步革新的議題上並不孤單。事實上，他在局內的很多同僚都在努力追求社會公義。有如史都華的前任局長米克，他極力為工人爭取因工作受傷的補償金，曾經說過：「我不是社會主義者，但若果社會主義能夠為工人提供生活保障和醫療福利，那麼我也不抗拒這種主張。」對工人福祉持相同立場的人士其實都特別關注一點，就是希望釐清當時一些較虛無飄渺的概念，究竟何謂「有工作」，又為什麼有些人會被視為「失業」？[6]

早在一八九〇年及一九〇〇年，普查便已問及關於「有酬工作」的問題，到了一九一〇年，這些問題更加詳細深入，以瞭解受訪者的職業和在過去一年的就業情況，亦即受訪者有否失業。十年後，第一次世界大戰結束不久，美國數以百萬的軍人退役回到家鄉，國家即將面臨一次始料不及的經濟大蕭條，當年的普查反而沒有包括關於「有酬工作」的問題。那次的大蕭條令當政者不再清楚國家的發展方向，更讓一向冷靜應變的哈定政府慌亂起來，促使當時還是商務部部長的胡佛（Herbert Hoover）——內閣裡最有魄力的重要官員，於一九二三年特別召開針對失業情況的會議。

胡佛曾是礦產行業的高層，又在第一次世界大戰時擔任美國食品管理局局長，故在答應加入哈定內閣之前早已名利兼收；而且商務部比絕大部分的聯邦機構為小，胡佛得到商務部部長一職只能算是效忠於黨的政治報酬，並不能讓他在官場上飛黃騰達，可見胡佛並不希罕什麼政治恩寵，只是一心想將科學和工業結合，再將科學應用在政府運作上。他對達成這個目標的投入程度，遠勝對任何一個人的關注。胡佛可謂集眾多優點於一身：機智靈敏，專注力強，做事嚴謹又有條理，更難得是有遠見；不過，他缺少同情心，且生性冷漠，教人難以親近。[7]

胡佛大力提倡的「效率運動」，正正是二十世紀初許多進步改革運動背後的強心針，亦推動了同期的商業和工業發展。「效率運動」的原意是要將科學原理應用於社會每一個層面的管理上，運動的支持者相信若果運動成功，便能為國家帶來長遠的繁榮安定，生產力得以提高，社會整體也會富裕起來，加上國家之間不用再動干戈，便可永享太平。在工業界，泰勒（Frederick Winslow Taylor）花了數十年的心血研究工廠運作，想出各種方法，善用每一個工人和生產程序，以求增加生產量。同樣地，胡佛致力研發更好的量度工具和管理制度，希望減少浪費，提高產出。胡佛為這一切付出了很多，一直備受推崇，更為此獲得不少財富，讓他更加確信「科學化」能夠改變美國，甚至改變整個世界。

不幸的是，胡佛成為商務部部長之時，正值美國經濟衰退，整個國家都處於水深火熱之中：生產量和物價都急劇下降，銀行的根基受到動搖，數以百萬的人失業。然而，沒有確實的數據，根本無法掌握失業人數，也不清楚會引致什麼後果。退伍軍人回國後數月還找不到有酬勞的工作，算是失業嗎？要是這樣，這是關乎制度的問題，還是國家從戰爭過渡至和平期間，一個艱辛而又必經的階段？雖然當時沒有人知道答案，一九二〇至二一年的經濟倒退仍是美國歷史上最突如其來的危機，回顧這段歷史的時候，唯一令人感到安慰的，是在一九二二年後，情況很快得到改善。即使如此，當時的哈定政府還是有必要讓人民看見政府為危機所付出的努力，胡佛身在其位，倉促之間便召開了針對失業情況的會議，領導其他官員商議解決辦法。

當時的社會氛圍，是多數的當權者都不認同政府應該採取激進、直接的行動來應對。而胡佛的主張，則是要建構一個新的經濟體系，但是當中牽涉的不是政府撥款救急，而是政府應該擔任協調的角色，與私人機構共同為大眾謀利益。他認為政府推出的措施不是重點，「自願參與」才是整個行動的精髓，縱然所有人都認為工作機會不足和失業問題嚴重，政府的角色也只應是鼓勵商業機構和其他組織正視問題。他認為市場失靈沒有得到解決，長遠會引致經濟的不景氣和倒退，失業問題也不是獨立的危機，而是市場失靈的徵兆。

由於缺乏就業情況的可靠資料，以致失業問題就被輕易地視為需要改變制度才能徹底解決的次要問題，而不是政府針對就業推出政策就可以解決的問題。對胡佛來說，失業問題來自制度的運行未能達到預期的效果。問題癥結並不在於工作機會不足，而是社會的無效率。胡佛曾經宣稱：「我們國家擁有的物資足夠每人生活所需有餘，人民願意付出努力工作，不可能還得不到日常基本需要，這樣的經濟失靈太嚇人了……」既然國家富庶，糧食充足，工業活動頻繁，除了某些暫時性的經濟失靈，失業根本不應該存在，況且即使這部經濟機器出了故障，以人的聰明才智，也應該能夠撥亂反正，因為當初就是人讓這部機器失靈！[8]

雖然沒有證據顯示胡佛召開的會議對改善情況有實際的幫助，不過國家自此真的回復繁榮，胡佛也不介意領這份功勞。當時的勞動局局長無心為工人謀福祉，反而胡佛繼續為勞工階層發聲，花了不少心力向鋼鐵業施壓，要求廢除一星期七天、每天輪班十二小時的規定，認為太多的工作會降低生產力。

那次的會議也不是一無所用，至少得出了一個無庸置疑的結論，就是關於失業人口的統計數據不足。除了美國，歐洲國家同樣為未能蒐集所需的資料而煩惱不已。在大西洋兩岸，各個政府於計算和收集數據方面的技巧都已大為改善，卻少有國家能夠再進一步，將資料轉化為真正的統計數字。歸根究柢，他們最大的挑戰，還是在於如何將資料化作可以長遠反映社會狀況的數字。

當時的政府和社會所面對的難題，就是認知到世界上任何的計算都不能令事情更清晰，也無助有效率地管理社會。統計是以計算和數據為起點，卻與兩者截然不同。十九世紀統計學的崛起，其實與推動工業革命的科學運動有密切關係，正是這種科學精神相信，只要我們能夠量化這個世界，便可改變社會制度和組織，從而促使社會繁榮，增強國力，消弭人類歷史上不斷出現的紛亂不安。統計就是要將原始資料轉化為簡單和可靠的數字，「有力地反映社會問題」，而這正是解決這些問題的第一步。[9]

直至一九三〇年代，反映就業情況的只是一大堆互不相關的資料。任何關心就業情況的人（大部分人都關心）都察覺到不妥，卻沒有人認為問題有急切性。這使得史都華等技術專家便要把握任何機會向政府施壓，不時在證詞中提醒國會委員會，又在報章撰文提醒普羅大眾，要他們不忘美國對國民就業情況所知甚少，猶如無頭蒼蠅般，胡亂向前衝。這些言論的確有相當的影響力，亦打動了紐約州參議員華格納（Robert Wagner），當時是一九二七年，他剛剛當選，勢力尚未穩固，卻已向國會提出議案，要求對事情做出補救，改善政府收集有關失業數據的方法，以期採取相應措施，幫助失業人士，可惜議案最後還是無疾而終。

與此同時，美國越見繁榮昌盛，民眾對增加政府用作統計的開支並不在意。史都華和其他有志之士遂盡他們所能，竭力改良調查方法，希望趕在一九三〇年的普查之前能夠為「失業」下一個較準確的定義。風暴就在這時候來臨了。

胡佛因為工作表現出色，明白到社會的需求，得到廣泛的認同，更一改冷漠常態，顯示出參選必須具備的熱誠，順理成章地於一九二八年參選並當選總統。他處事冷靜，自信十足，更堅信要將聯邦官僚制度科學化，這一切都讓他在選戰中處於優勢，因為大眾希望他的這些特質能帶國家走進繁榮盛世。在危機將國家吞噬之時，官僚體系幾乎是一團糟。

老實說，從一九二九年末至一九三〇年，經濟制度崩潰的速度實在讓人驚訝，而更讓人疑惑的，是沒有人真正清楚到底發生了什麼事。政府未能提供關於價格、產出、就業情況的可靠資料，也就沒可能評估經濟大蕭條的影響。政府和國民彷如坐在一架被捲入暴風的飛機上，設備非常有限，只能依靠肉眼估計外面的環境如何，所有人都知道天氣壞得不能再壞，卻無人知道情況實際上有多壞，所牽涉範圍有多廣，更不知情況會維持多久。

既沒有可信的統計，自然也未有清晰的資訊，人們就只能跟過去一樣，以他們的觀點和角度來詮釋手上的資料。對於胡佛和一眾共和黨人來說，經濟大蕭條從一九二九年十月的股災開始，就跟早前的恐慌和衰退相似，也就是和一九二一年席捲全國的嚴重衰退差不多。如此看來，唯一能做的，就只有做好心理準備，耐心等待經濟制度的缺口自行癒合。

證明制度存在漏洞的證據於一九二九年末開始湧現，到了一九三〇年變得更加明顯，胡佛卻始終認為，行政部門以至整個聯邦政府都應該沉穩應對，恐慌是不必要的，亦不應試圖激進地改變現有政策。在工業時代的美國，即使部分民眾要依賴排隊輪候免費食物維生，又或是公司大幅裁員，都不足以讓政府改變策略。持平而論，胡佛滿足於當時工業界的就業情況，完全反映了一個事實：從事工業的人只佔勞動人口中的一部分。一九三〇年的時候，美國還有相當多的農民。當時美國總人口約一億二千萬，共約三千八百萬男性和一千萬女性有工作，其中超過一半從事服務業或工業，此外還有逾一千萬人投身農業，而且絕大部分的農民都是男性。無論如何，我們幾乎可以肯定胡佛低估了農民面對的難處。全國共有六百萬個農場，倘若你是任何一個農場的主人，雖不致於淪為失業一族，卻仍可能要過著捉襟見肘的生活，要挨餓，甚至要擔心朝不保夕。萬一你不幸失去了農場的擁有權，基於你從前沒有「工作」（由僱主支付工資的才算是「工作」），那麼從統計學的角度來說，你並沒有「失」業。可是，你要面對的麻煩已經夠大了。

很多時候，人們會將經濟大蕭條解讀為股市崩盤導致就業危機，同時令價格和產出同時嚴重緊縮。其實不僅是這樣，隨著工業的興起、農業機械化、農作物多年失收，美國的農業也受到猛烈而永久的衝擊，而當中最值得注意的，還是當時並沒有人注意到體制正在激烈轉型。

以上種種危機，胡佛都努力化解，不過最終這些問題還是對他的總統生涯造成致命傷害。他一直支持以科學方式管理政府，但當人民要求通過編製出精確數據來正視失業問題，他卻發現自己的仕途和名聲都已盡毀。因為他不能夠再以一套理論來解釋就業情況如何在艱難時期起伏，更要確實地統計就業情況，然後得出結論。胡佛向來是精準數據和理性分析的化身，一旦無法應大眾所求，將自己的理念應用到失業問題上，便嚴重危及他的總統地位，再加上經濟前景越來越不樂觀，任他如何力挽狂瀾也是徒然。

史都華與一群志趣相投的朋友始終極力提倡要真實地反映失業情況，但除了美國統計學會和剛興起的經濟學，他們的聲音沒有得到多數人的重視。不過經濟危機已然爆發，面對種種批評，胡佛卻希望以數據反擊，相信數據能夠支持他的說法：一九二九年的一連串事件都只是小風波，並無動搖到經濟系統。於是，他便在一九三〇年初指派勞工統計局每週對就業情況進行實驗性調查。一星期後，資料顯示情況有所改善，胡佛便不再以任何科學方法作擋箭牌，而是理直氣壯地道：「就業情況已經重回正軌了。」[10]

事實顯而易見，情況並未回到正軌。失業情況越來越嚴重，民主、共和兩黨為了數據的真確性爭論。當時有不同的機構進行調查，結果亦各異。由於沒有讓人一目了然的資料，就如米克所言，「商界可謂危機四伏，景氣循環再也無法預測危機何時會爆發，失業問題升溫，人人感到岌岌可危，故此引來無限揣測，多有激進言論。」

一九三〇年的政府利用普查得來的數據和對企業進行的調查，能夠得出初步的就業統計數字，卻未有任何失業統計數字。從統計的角度來說，失業不純是就業的反義詞，而是一個需要下清晰定義的類別。收集可靠和持續的就業數據固然是取得失業數字的第一步（縱然當年美國的就業數據也稍為粗略），可是距離得到失業統計數據仍有漫漫長路。首先應為「失業」下一個定義，沒有計算失業人數的度量，要評估一九二〇年代末期經濟危機的影響都只是空想。到了一九三〇年，缺乏度量更是令整個國家身陷險境。有鑑於此，參議員華格納再次於國會提出議案，建議授權勞工統計局每月收集關於就業情況的資料，瞭解就業人數及相關變化。由於這次很多人都醒覺資訊不足的問題和帶來的後果，法案終於獲得通過。

常言道，承認問題的存在就是解決問題的第一步。在一九三〇年之前，對就業與失業情況欠缺清晰與一致的統計數字，並未被普遍視為是問題。

並不是說早期的危機很小，其實十九世紀的多次「恐慌」和衰退都帶來極大的混亂，以今天的標準看來，堪稱是災難性的影響。有估計指出在一八七〇年代，美國勞動人口曾一度多達一半人失業，當然了，沒有可靠的統計數字，很難確認估計是否屬實。若果商業活動受到阻滯，紐約市的碼頭搬運工人接不到工作，他們能算是「失業」嗎？這些工人有否曾經就「業」，還是只是臨時工人，因為僱主對他們服務的需求量時有不同？在一九三〇年代以前，還沒有人認真對待過這些問題。人類歷史上的經濟難關可謂屢見不鮮，人們已是司空見慣，也不當作是一回事。直至危機太嚴重，加上人們發現這種危機其實可以（或是應該）由政府採取行動加以避免，才開始要求對就業情況做出清晰而具一致性的統計。後來對統計的要求更延伸至價格、生產和工業產出量，最後更衍生對二十一世紀產生重大影響的一系列指標。

胡佛執政期間試圖改良調查方法，以更準確地反映危機帶來的影響，此舉卻對胡佛本人一點好處也沒有，反而弄巧成拙。一九三二年，勞工統計局調查的企業共有六萬四千家，調查規模跟今天的就業情況調查相若。當時雖然尚未有正式的失業率數據，甚至不清楚勞動人口數目，卻有越來越多資料顯示，一九三〇年至一九三二年期間有大量國民失業。正是這些資料，迫使胡佛無法讓美國人保持冷靜，並維持現有的策略，做好心理準備以待風暴過去。一九三二年，羅斯福（Franklin Roosevelt）和民主黨找到證據，證明前景並不如胡佛所說般樂觀，強烈指摘胡佛根本沒有清晰的目標，要求政府改變策略。

根據新一次的粗略估算，全國逾五分之一的勞動人口失業，再加上大量農民因為無力繳付債項而失去抵押出去的農地，對本來已然陷入困境的美國可謂雪上加霜，羅斯福於是在一九三二年十一月狠狠擊敗胡佛，成為新一任的總統。羅斯福的施政理念在競逐總統時還很模糊，但當選以後便逐漸清晰起來。他的理念跟胡佛剛剛相反，胡佛認為政府不應以立法的方式解決經濟大蕭條，強調要依賴自願行動來撥亂反正；羅斯福則提出政府的行動才最重要，承諾政府會帶領人民走出困局，就像打仗一樣。眾所周知，羅斯福的勝利象徵政府將會推出一連串的進取措施，首先於一九三三年春天快速地通過了新政法案（New Deal），內容都是圍繞支持農地價格和提高生產量，賦予政府權力以直接干預的方式來恢復人民的信心、振興經濟活動和創造就業機會。一件較鮮為人知、卻對美國的將來有決定性影響的事情，就是當時的政府非常熱衷於收集更多資訊和統計數字，以證明法案的計畫有效。[11]

羅斯福的內閣是他改革的推動力，當中尤以霍普金斯（Harry Hopkins）和柏金絲（Frances Perkins）參與最多，前者身兼多職，後者曾任紐約州勞工局長，後來更獲委任為內閣的勞工部長。社會上有各種的主流意見，多年來都是漫無目的地爭論不休，新政便集各家主張為一體，其中一個重點，是清楚表明政府有責任持續地幫助人們過渡經濟循環中的艱難時刻，並提供安全網。這種思想在歐洲已經很普遍，對美國而言卻很陌生，而新政就是要將這種思想引入美國。當年政府為了證明計畫達到預期放果，對收集數據非常熱衷。只是統計學稱不上什麼引人入勝的學問，也就沒太多人知道和留意這方面的措施。然而，對於我們今天的世界，一個凡事都以主要指標為準則的年代，當時政府推動數據和統計，對今天可謂有革命性的影響。

柏金絲的任命，可說為勞工統計局打入一支及時的強心針，隨之而來的是國會同意的經費大增。柏金絲是高層政治中的鳳毛麟角，美國史上首位女性內閣成員，亦是第一位有機會成為美國總統的女性。她在羅斯福整整三任總統任期內都擔任官職，是實行新政的早期代表人物，政績包括推出社會安全制度。她具備圓滑的政治手腕，但不是每次都能順利遊走於權力之間。她的誠信和道德操守無庸置疑，但出身新英格蘭的背景，讓她缺乏魅力和親切感。[12]

雖然勞工部能夠躋身總統內閣，卻從來不是重要的一員，而柏金絲則改變了這一點。勞工問題是經濟大蕭條初期首當其衝的範疇，加上羅斯福總統承諾與工會共同訂立安全網，這讓柏金絲在一九三〇年代擔任的角色非常重要。她請來著名統計學家魯賓（Isador Lubin）取代將要退休的史都華，出任勞工統計局局長，負責研究計算失業率。當然，那時候還只是研究而已，政府直至一九五〇年代才真正開始統計失業率。不過，一九三三年後的進程還是比先前快得多了。

柏金絲上任後面對勞工部內士氣低落、人才參差不齊，立刻意識到要為勞工統計局物色一位處事作風較強硬的新局長。時任局長史都華非常稱職，卻已屆退休之齡。而魯賓是柏金絲從美國統計學會提名人中精心挑選出來的人選，雖然她私下並不認識魯賓。她認為魯賓的優勝之處，在於他比大部分人都明白一個道理：統計數據不單是一組數字，還關係到人民能否在面對生活的衝擊時平安過渡。而在一九三〇年代，最困擾大眾的莫過於就業問題帶來的種種挑戰。[13]

乍看之下，魯賓似乎是合適的人選，但是他獲派的任務可謂非比尋常。慶幸的是，他有能力完成這項任務。要編製失業率數據一點也不容易，一個數字，關乎到政策制訂、選舉成敗、我們對整體未來的態度。這絕對不是普通的計算。你可以先計算在職人士的數目，然而究竟何謂「失業」？這正是魯賓以至整個統計局及其他組織嘗試在一九三〇年代回答的問題。[14]

要計算失業率，意味著要先區分沒有工作的人究竟有沒有意願找工作，劃清勞動人口與非勞動人口的界線，也就是首先要確立某個時間點上的勞動人口數目。從一九三〇年代開始，統計局便開始為「失業」下定義，這個定義也隨時代變遷有所變化。「失業」一詞只限於形容屬於勞動人口的國民，而要成為勞動人口的一分子，就必須積極地找工作。統計學上，「失業」不等同「沒有工作」，而是指即使主動找工作也未能就業。如此定義「失業」，需要人們如實回答調查的所有問題。當然，不是每一次都這麼幸運。有些人沒有主動找工作，卻聲稱正在找工作，以致他們本來不屬於勞動人口的一部分，也因此被計算在內。另外，有些人出於自尊心或者羞恥心，不願承認自己沒有工作。統計局逐步為失業訂立出不同的標準，例如「完全沒有工作」、「臨時工作」、「低度就業」等等。看似有點成果，但統計局於一九三〇年代所面臨的初步挑戰就已經夠棘手。

為避免只調查個人所造成的問題，統計局會從兩方面收集資料。關於就業的資料，一方面會調查企業，要求交出僱員名單和上報用作支付薪金的總開支，另一方面會利用人口普查局定期向家戶收集的數據。當局相信即使個人未必如實上報就業狀況，企業也不致於虛報其僱員的資料。直至一九五〇年代，當局才將這兩方面的資料綜合起來，每月發表一份調查報告，即現在的每月就業報告。而且，到了一九五九年，政府才開始向傳媒及公眾廣發有關數據，自此這些數據才成為常用的參照點。這些都是一九五〇年代末才發生的。換句話說，人們對競選總統成敗與失業率的密切關係深信不疑（從來沒有總統能在失業率超過百分之七．二的情況下成功連任），這些所謂的真理只是建基於僅僅五十多年的數據，這些數據在時間性上根本微不足道，亦稱不上是什麼有力的證據。

對統計學家來說，一九三〇年代最重要的轉變是廣泛引入抽樣技巧。在此之前，政府收集統計數字都是假設要將所有人和事物都計算在內，每個人、每個價格、每一份工作、每一個家庭的狀況、以至每一株農作物都不例外。反之，現代統計學依靠的是抽樣調查，在任何情況下都只會抽取一部分的調查對象。而今天的美國就業數字，便是當局針對六萬四千家企業和四十萬個家戶做出的抽樣調查編製出來的，調查對象占總人口不到百分之〇．二五。

抽樣調查中最巧妙、卻最難掌握之處，便是要確保集合的樣本能夠代表整體人口。要是樣本只包括紐約曼哈頓上西城區（Upper West Side of Manhattan）、加州的帕洛阿爾托（Palo Alto）、伊利諾州的伊凡斯頓（Evanston）和德州奧斯汀（Austin），那麼這些價格和就業的數據便絲毫不能反映全國的情況，這點相信是顯而易見的。同樣地，只抽樣調查堪薩斯州的威奇托（Wichita）、密西根州的底特律、亞利桑那州的納瓦霍（Navajo），也不夠全面。企業方面，若只抽樣調查美國零售業龍頭西爾斯（Sears）、大型汽車製造公司通用汽車（General Motors）和跨國食品公司通用磨坊（General Mills），得出的結果同樣是以偏概全。家戶方面，同樣是六人的家戶，若果只有一名家庭成員出外工作養家，收入當然及不上有三名家庭成員賺錢的家戶了。要得出能夠代表全國的數據，關鍵就在於找到合適的樣本，所以在一九三〇至四〇年代，統計局和其他政府部門都朝這個方向努力。當年的抽樣誤差問題嚴重，不但為人詬病，亦有礙實現「以數字反映世界」的理想。自一九三〇年代起，有關部門的內部一直都專注於改善抽樣方法，同時評估樣本是否足以代表整體人口。

另外還有無可避免的人為錯誤。現今的調查問卷都是以郵寄方式送出（以電郵寄出也越見普遍），再由企業自行填寫，而家戶的調查則以電話方式進行。一九三〇年代的調查卻是依靠調查員每家每戶的訪問，就跟普查一樣。調查員的工作不需要很高的技巧，但是當局招募的調查員素質也極為參差不齊。即使每個調查員手上已經有一張清單，寫有指示和需要問的問題，仍然會有人犯錯。在一九三〇年代，便曾有統計局的督導員發現，一位調查員的調查對象的職業出奇地一致，在同一次調查裡，有一組家戶大都是烘焙師，另一組家戶則大都從事技工。職業如此劃一，在統計學上是很罕見的。當那位調查員被詳細問及他的調查方式，他便承認對沒完沒了地逐家按門鈴忍無可忍，因為很多時候也無人應門，即使是有人應門，對方也表現得極不耐煩或不友善，不願回答問題，令他苦悶又沮喪，最後就乾脆坐在路邊，憑藉自己的想像力，隨意選出不同的職業，把問卷都完成了。[15]

一九三〇年代的許多調查員都是通過新政紓困計畫招募的。公共事業振興署（Works Progress Administration）為了履行他們幫助國民就業的責任，便提供數以千計的民眾提供調查員的職位，卻不保證聘請的是合適當調查員的人選，以致當時調查結果的品質參差不齊，使原本已經異常複雜的事情變得更複雜。幸好到了一九四〇年代，統計局和其他部門都招募到受過訓練、能夠長期任職的調查員，總算解決了大部分致命的問題。相關部門得到的經費亦有所增加。聯邦政府整體擴充，加上社會上對統計的狂熱，都讓華盛頓聚集了一股強大的統計勢力；在不同部門的統計組亦合作無間，一同為主要指標的世代帶來新景象。

可是還有另一個問題：從政府決定要編製官方的統計數字那一刻起，便有人懷疑此舉的目的是要控制一切，而非如史都華、柏金絲和其他人所言，是為了推動社會進步。統計局內部就認為統計有助勞工階層得到更多支援，如享受失業保險（後於一九三五年的社會安全制度中落實）、最低工資保證、爭取更多籌碼與資方談判等等。不過，這些措施亦受到不少批評。只要負責編製這些數據的是新政支持者，他們的工作都會遇到阻滯。

若然以上的質疑是源自現在我們稱之為維護自由市場權利，那麼政府試圖編製官方統計數字亦會觸動左派的神經，左派指控政府以紓困作煙幕，實際目的是要操控大眾。而一九六〇及七〇年代的學者更傾向以不信任的態度來解讀政府的任何舉動，將部分新政及其後的計畫視作遏止國民的手段，認為政府是要先登記所有國民的資料，再安排他們加入政府不同的計畫，以便掌握他們的行踪。這本來只是左翼的質疑，後來卻與右翼對政府全面操縱的恐懼不謀而合，兩方一致認為主要指標的編製都是一種手段，是一個過份強勢、控制慾過盛的政府掌握國民一舉一動的工具。

公眾開始察覺這些統計數據的重要性的同時，亦同時被灌輸一種思想，即政府會為求達到目的而扭曲數據。大眾對計算失業率本已抱著懷疑態度，此時又有通貨膨脹和國內生產毛額的數據面世，人們對這兩項數據的質疑自然更深。一九三〇年代可謂是現代主要指標的大熔爐，失業率的誕生改變了那個年代，亦是我們當下時代的標誌。不過，對二十世紀中後期有最大影響的，還是要數國內生產毛額（GDP）。這個數字是云云指標之首，對我們測度「經濟」至為重要。

CHAPTER 3

國民所得與來自平斯科的人
National Income and the Man from Pinsk

一九六八年。美國局勢異常動盪，社會充斥種種抗爭，有人強烈反對越戰，有人力爭男女平等，也有人不滿在廢除種族隔離的克勞法（Jim Crow Laws）通過之後，種族歧視依然隨處可見。前司法部長、紐約州國會參議員羅伯特・甘迺迪是遇刺身亡的約翰・甘迺迪（John F. Kennedy）總統的弟弟，一度支持冷戰，後來轉為提倡改革。他決心整頓國家，呼籲美國國民反思他們用以度量繁榮的標準，希望用一種新的方法來量度集體利益。一九六八年三月，他到堪薩斯大學發表競選演說，毫不留情地對當時的社會提出批判：

為了物質享受，我們放棄追求卓越、放棄堅守價值觀，犧牲實在太多、太久了。我們的國民生產毛額（GNP）（假如我們當真要以此來看這個國家）計算的，有空氣污染和香煙廣告，有清理高速公路嚴重事故的救護車，有我們特別訂造的門鎖，有囚禁搶匪的監獄，有為了城市發展而慘遭破壞的紅杉和喪失殆盡的自然景觀，有汽油彈，有核彈頭，有警察用以平息街頭暴動的裝甲車，有大規模殺傷力的殺人武器，有玩具商為了向孩子推銷產品而渲染暴力的電視節目。」

「不過，GNP沒有考慮到我們孩子的健康、教育的品質、嬉戲的樂趣，更沒有理會我們詩詞之美、婚姻之韌，公眾論壇上的雄辯滔滔、公務員的原則操守，也沒有計算在內。數字量度不了我們的機智跟勇氣、智慧和知識、對人的惻隱之心與對國家奉獻的精神。簡單來說，這個數字可說把一切都計算在內了，就是沒包括讓我們生命有意義的事物；這個數字能讓我們對國家一目了然，卻道不出我們身為美國人自豪之處。

當時距離羅伯特・甘迺迪被刺殺只有短短數月。他的生命跟參選生涯很快便會在洛杉磯工業區一間飯店廚房終結，對於許多美國人來說，一個改變未來的希望也隨之幻滅。他生前曾經感歎，美國人為了物質生活，不惜犧牲追求生命的意義。他死後數年，支持這個想法的人越來越少。從一九八〇年代到千禧世代，美國人走的路可謂與甘迺迪的主張背道而馳，越走越遠。經濟發展對於衡量國家的成敗得失越來越重要，而反映經濟的就是一組固定的數字。在判斷國家進步與否的過程中，我們沒有全面地考慮到社會上一些更重要卻不能量化的層面，反而只依賴一系列的主要指標：在過去的一年，國家生產的貨品和服務、國庫的收益有沒有增加？人們是否更有錢、更富足？還是工資更低，維持日常所需愈見艱難？

更重要的是，自一九六八年起，美國以至整個世界都由一個含有誤導成分的簡單數字所引領——一個甘迺迪在生命最後的日子裡猛烈批評卻無計可施的數字。

國內生產毛額（GDP）是過去五十年最受矚目的數字，在世界各地都已成為判斷國家成敗的指標，代表對前景的預期、現況的反映，關係到選舉結果，可以促成民間運動，甚至推翻政府。GDP每年節節上升的話，我們訂下的目標亦越來越高，如果能夠好好利用這點，將能大大增強國家的實力和勢力。相反地，倘若GDP萎縮，又或達不到我們的期望，便會觸動社會的神經，危機一觸即發。

不過，在一百年前，這個數字根本不存在。從前沒有這個數字，人類也能夠寫下輝煌的歷史。有史以來，帝國和政權都不需要用任何經濟產出的數據來統治國家；在沒有統計國民所得（National Income）的情況下，美國經歷了革命、內戰，也征服了整片新大陸。直至二十世紀初，因為新興的經濟學推動度量的風氣，剛巧政界又希望將政策的成效量化，兩者配合之下，才開始了計算GDP的研究。

事實上，從一九三〇年代英美的經濟學家都開始研究、計算國民所得，到一九六〇年代ＧＤＰ變得前所未有重要的這段時間裡，有關數據錯漏百出，亦較為學術性，不是一般人能夠理解；即使如此，一九五〇年代因為「美國夢」大行其道，加上聯合國要求所有新成立的國家取得經濟數據，ＧＤＰ還是成為各地經濟體最重要的指標。後來美國渴望證明他們的自由市場資本主義比蘇聯國家主導的共產主義優勝，ＧＤＰ便關係到國家榮辱甚至國際形象，這個數字更見關鍵。

到了二十世紀末，ＧＤＰ的增長加上其他數據，如失業率和通貨膨脹（有關後者之細節將於下一章談及），甚至足以決定總統選戰中的策略和結果。一九九二年，爭取連任的時任美國總統老布希與民主黨總統候選人柯林頓（William Jefferson Clinton）正鬥得激烈，處事作風亦柔亦剛的白宮新聞秘書費茲華特（Marlin Fitzwater）於當年晚春召開會議，會上經濟顧問委員會會長向老布希總統匯報，預料第二季度的經濟增長將會比第一季度的百分之二點七為低，只有約百分之一點五。老布希聞言即面色大變，變得蒼白如紙，禁不住重重地跌坐椅子上，說道：「這消息可真是壞得不能再壞了。」不久之後，他便在選舉中落敗。[1]

ＧＤＰ跟失業率一樣，都是一九三〇年代的產物。雖然ＧＤＰ自出現以來便深深地植入我們的集體意識，其實ＧＤＰ這項新發明是為特定時期的特定需求而設計的。一九三〇年代，不論英美，經濟大衰退都可謂急在燃眉，要尋求解決辦法就先要清楚知道問題所在。GNP、GDP和國民會計帳（GDP的基礎）的出現正是要幫助瞭解情況。到了一九四〇年代初、第二次世界大戰的時候，這些數字的影響力就更大。戰爭和經濟衰退造就了GDP的誕生，但是連編製這批龐大數據的有志之士也預料不到，於往後的短短數十年間，這些數據會對世界各國都如此重要。[2]

在英國，若問問少數對統計數據起源有興趣的人，他們會跟你說，GDP是多位經濟學大師的傑作，當中比較為人認識的有凱因斯（John Maynard Keynes）、英國名牌大學教授兼諾貝爾獎得主米德（James Meade）和史東（Richard Stone）。若在美國，大多數人都會歸功於另一位諾貝爾獎得主顧志耐（Simon Kuznets）。他博學多才，勇於創新，是經濟學界數一數二的人物，外界卻甚少對他有認識。

顧志耐一直被譽為經濟學界的巨擘，但是當他開始將國民會計帳制度的發展帶至全盛期，卻沒有太多人關心。回過頭看，「經濟學」一詞是到了一八七九年才由來自倫敦的教授傑文斯（William Stanley Jevons）開始使用，目的是將經濟學從「政治經濟學」中區分出來，開創一門新科學，專注研究這個名為「經濟」的系統，因為政治經濟學本來是歷史學家和哲學家深入研究社會形態時所涉及的範疇。多年來，顧志耐與其他學者都空有理論，苦無可信又適用的數據，更缺乏事實支持，難以達到物理學引以為傲的精準度。[3]

年輕的顧志耐為了經濟學缺乏有效指標煩惱不堪。他生於一九〇一年、俄國羅曼諾夫王朝平斯科（Pinsk）的一個猶太家庭，家族經營毛皮生意，家人極力支持他追求知識，送他到大學城哈爾科夫（Kharkov）唸大學。可是，一九一七年的俄國大革命及其引發的內戰都嚴重擾亂大學生活。顧志耐對革命思想沒有興趣，於一九二二年遷離飽受戰火摧殘的烏克蘭。成長於動盪亂世的經歷，在他心裡留下烙印。他開始接受教育的時候，人們對社會秩序的認知正經歷翻天覆地的轉變，他亦深深明白俄國長久以來的管治方式未能給予窮人足夠的保障，以致他們在動盪時期的損失得不到賠償，生活更見艱難。有鑑於此，顧志耐唸大學的時候，已立志要窮一生心力研究所得分配的問題，瞭解社會上貧富的分布以及背後的原因。[4]

顧志耐到達紐約後獲哥倫比亞大學錄取，不到五年便取得學士及博士學位。剛畢業的他還只是一個二十多歲的小伙子，已獲邀加入美國國家經濟研究局（National Bureau of Economic Research，NBER）工作。大部分美國人甚至沒有聽過研究局的名稱，不過研究局負責發表關於經濟循環的官方資料，局內的經濟學家亦會決定衰退何時開始和結束，所以研究局的工作對每位國民的生活都至關重要。在一九二〇年，研究局還只是一群有理想、關心社會的經濟學家新組成的組織，他們在第一次世界大戰時曾經參與政府工作，深知缺乏資訊和統計數字正是國家嚴重不足之處，可是技術專家出身的胡佛所帶領的政府卻未重視。

當時，經濟研究局局長是充滿魄力的哥倫比亞大學經濟學教授米契爾（Wesley Mitchell），他察覺到來自俄國的顧志耐很有潛質，而有博士學位的顧志耐亦很爽快地接受米契爾的邀請，加入經濟研究局。米契爾堅信經濟理論並無不妥，問題是由於欠缺確鑿的證據，無可轉化成統計數字的支持，以致理論只淪為空想，理論說起來振振有詞，能夠吸引人的注意，卻無從證實。經濟學當時仍然是人文學科的分支，跟歷史、哲學相近，而與數學、科學相對，也沒有任何繁複的公式。經濟學是到了後來才以精密計算見稱的。現今任何外行人隨意拿起亞當・史密斯（Adam Smith）或受其啟發的李嘉圖（David Ricardo）的著作，也能夠明白當中要義；相反地，美國經濟學會二〇一四年的期刊就不是外行人能夠看懂的。

顧志耐繼承了他眾啟蒙老師的理念，沒興趣長篇大論，只想追求科學方法和事實。他一心要瞭解國家經濟和政策的運作成效，需要的是數據而非深奧難懂的文字。顧志耐相信理論有自己的價值，但其功用卻只限於描述從經驗便可知的各因素之間的關係。顧志耐不是什麼語言大師，他大部分的著作也只有專家看得明白。他擅於蒐集資料、研究公式和分析統計數字，亦認為以上的技巧比滔滔雄辯和文字修飾重要。他對言語的不著重和不擅長，很可能是與生俱來，或者跟他語言背景有關：他的母語是俄語，英語是他長大後才學的。

當時經濟學界的頂尖人物還有同樣流落異鄉的哈佛大學教授熊彼得（Joseph Schumpeter）。他所提出關於經濟循環的理論在當時非常流行，即使在一百年後的今天仍然有相當的影響力。他還以「創造性破壞」一詞來形容資本主義。熊彼得指出經濟發展難免會經歷波動，經濟發展蓬勃之際很快便會迎來經濟萎縮。顧志耐本人也認同這套理論，理論提及的其實正是他的理念。他自從提出國民會計帳和GDP後聲名大噪，在接下來的事業生涯便致力創立一套關於經濟發展的理論，他主張歷史上充滿經濟循環和經濟週期。

熊彼得和部分學者提出人類發展的理論，說得雄辯滔滔，但本質上都是描述為主，沒有證據支持，顧志耐對這些理論都不以為然，部分原因可能出於嫉妒。一九三〇年代，熊彼得是哈佛大學中公認的智者，是學生的崇拜對象，學生上他的課就像朝聖一樣。相比之下，顧志耐比熊彼得年輕二十歲，還在默默地對他認為重要的事情進行研究，研究亦沒有引來大眾關注。他跟熊彼得以及在同一領域上數一數二的英國經濟學家凱因斯兩人皆不同，他相信經濟學應該是一門科學而非哲學。他所抱的信念，令他成為加入當時編製官方統計數字這個新領域的最佳人選。[5]

3 National Income and the Man from Pinsk

國民所得與來自平斯科的人

科學需要的是一套又一套的資料蒐集和對理論的嚴格驗證，而非僅僅對歷史或者人類物質享受的演化做出詳細描述。熊彼得和其他十九世紀的政治經濟學者所關心的，是要審慎分析歷史以得出經濟增長的規律；這點是可以理解的，因為數百年來世界各地都缺乏可靠的統計數字。顧志耐的想法卻不同，他無法忍受統計世界的空白，決意填補這片空白。這意味著需要統一的方法、大量數據、對每個詞彙的精準定義，這一切於二十世紀前還不存在。

不過顧志耐的熱衷也不限於數字，他對數個世紀以來關於增長和發展的討論和理論都非常感興趣。他後來花了許多時間評估經濟增長的多方面影響：科技、人口、革新，甚至是涵蓋範圍極廣的「文化」等方面。顧志耐跟熊彼得和偉大俄國思想家康朵鐵夫（Nikolai Kondratieff）一樣，都找出了景氣循環中的週期規律。康朵鐵夫在一九二〇年代留在俄國生活，後來無意間啟發了一代又一代的華爾街交易員，讓他們在紛亂永無休止的金融市場中找出規律。顧志耐預測每個景氣循環維時十五至二十五年，他的估計通常都以人口統計為依據，因為他認為人口增減是關鍵的因素，人口增長會刺激公共及私人的基礎建設支出，當人口不再增加，有關開支便會減少，經濟萎縮隨之而來。顧志耐這個理論也是描述性的，不過，他亦保持一貫作風，以實驗性研究和確實數據為理論的基礎。

顧志耐迎難而上，將畢生奉獻予尋找經濟增長的規律，所以亦不難理解他對國民所得的研究同樣熱衷。一九二〇年代末期至一九四〇年代末期可謂他人生的黃金時期，他加入ＮＢＥＲ的時候還只是剛畢業的博士生，為他的啟蒙老師工作，他的工作卻在五年之間變得異常重要。情況就正如一九三〇年代初的衰退會推動美國政府對失業人數做出統計一樣，羅斯福總統（Franklin Roosevelt）帶起的立法潮和推出的新政，就令大眾急切需求能夠反映整體經濟的統計數字。

美國國會裡，先前提出法案、支持編製失業數字的參議員小拉福萊特（Robert La Follette Jr.）建議設立國民所得帳（National Income Account）。國民所得帳與ＧＤＰ不同，卻是瞭解整體經濟生產以及消費者所得的第一步。對統計學家來說，國民所得跟所製造的貨物及提供的服務大致相同，兩者在一九三〇年代都沒有定期、可靠的資料。顧志耐在國家經濟研究局任職時就以驚人的進度讓國民所得帳的統計更有系統，不過這些數據仍算不上是官方數字，未能夠讓政府用來評估經濟大衰退的嚴重程度，亦不能用來證明政府所推出的政策有正面或負面的影響。

小拉福萊特來自威斯康辛州一個權重望崇的大家族。他父親是人稱「戰士鮑勃」（Fighting Bob）的大拉福萊特，是進步運動中的厲害人物，曾任威斯康辛州州長及州參議員。拉福萊特家族極力提倡改革和捍衛社會公義，長久以來都是商業信貸和大企業的對頭，既批評大企業為賺取豐厚利潤而罔顧大眾利益，亦反對任何特權的存在，因為特權會侵害他們眼中真正的平權民主制度。此外，拉福萊特家族不贊成美國於外交政策上干涉越來越多的國際事務，對國際聯盟也抱持懷疑態度。從許多方面來看，拉福萊特家族可謂前美國總統傑弗遜（Thomas Jefferson）的繼承人，更於二十世紀中後期策動過不少示威運動。

小拉福萊特繼承父志，深信若不能夠證實美國大眾生活的難處，改革路上總會遇到障礙，故於一九二〇年代一直都提倡編製失業數據與國民所得帳，人們卻置若罔聞，直至一九二九年國家遭逢巨變，才有大批人轉而支持他的建議。小拉福萊特背後的理念，是即使美國以至全球經濟的裂痕都已顯而易見，沒有確實的資料，也很難採取任何行動，而且不能夠清楚知道當時情況的話，亦無法對未來做出任何可信的預測。

對於小拉福萊特和推行新政的官員來說，最終目標是要全力減低失業率，讓工業活動重新活躍起來。於是，小拉福萊特於一九三一年在國會召開聽證會，邀請有領導地位的統計學家出席。他們一致認為當時的統計框架並不夠完善，於計算就業及失業人數、國家的產出和所得方面都有不足。其中包括來自商務部的杜赫斯特（Frederic Dewhurst），當被問及「更全面地反映經濟情況」對政府和民眾的好處何在時，他這樣回答：「依我看來，這樣是最合適不過了。請容我補充一下，我們經常對統計學家有偏見，認為他們永遠不會滿足，不斷要求更多統計數字。可是我們商務部每次收到關於分享資料的要求時，我們都希望能回應所求。可是事實是，當中要求的很多資料我們都沒法提供，許多時候我們也只能坦言沒有相關資料。就我們所知，至目前為止根本沒有人有這些資料。」[6]

有鑑於此，一九三二年六月，小拉福萊特於參議院提出決議案，建議以國家經濟研究局和顧志耐的研究成果為基礎，設立正式的國民所得帳。他說：「我相信決議案獲得通過後，所編製的數據將會非常有利國會制訂政策。」最後決議案獲得通過，商務部需要對國民所得做出估計，所得來源包括農業、製造業、採礦業、運輸業與其他有酬行業，所得的形式可以是薪資、租金、權利金、股利、利潤等等。

決議案的通過固然向前邁進一大步，不過國民所得和ＧＤＰ的概念並不是顧志耐想出來的。早於十七世紀末期，便不時有歐洲國家嘗試計算國家的產出與所得。背後的動力可能是出於求知慾，也可能是政府想加強對人民的管制。求知心態不難理解，就是希望瞭解人類社會的運作。這樣說來，計算產出數量和國家所得，跟將所有動物昆蟲分類、探索銀河系都出於同一原因。政府想藉此加強管制的這個動機亦很簡單；隨著歐洲各政府的權力更加集中，便有必要尋求新的方式來增加國庫收入和管理整個人口。

十七世紀的英格蘭經歷了連年內戰和宗教騷亂，在位的國王被斬首，多年後，君主復辟。一六六〇年，戰事結束、騷動平定不久，白第爵士（Sir William Petty）對「政治算術」（political arithmetick）做了一個實驗。身為英國皇家學會創辦人之一的白第爵士視自己為科學家，他智勇雙全，年輕時到過法國跟許多西歐國家遊歷，即使當時的西歐處於歷時三十年的戰亂當中，還是在科學、醫學和人性方面深深啟發了他。早年，他回國後曾於「護國公」克倫威爾旗下的軍隊擔任軍醫，後來獲委任為稅務員。正是稅務員一職推動他量度英格蘭的產出，他想知道，跟位處歐洲大陸的競爭對手相比之下，英格蘭是不是較為富強？英格蘭人口比法國少，政府的稅收是否足以挽回劣勢？面對以上的問題，他的回答是肯定的。他的結論是「只要於地理位置、貿易和政策方面占得優勢，一個地小人少的國家還是可以跟一個地大人多的國家擁有相同的財富與實力。」

當然，白第公爵的計算只是建基於政府財政部、課稅登記以及人口普查紀錄的粗略資料，很快就被批評。批評者指出，他在比較英格蘭跟其他國家的財富方面過於樂觀。他在統計上雖可能未見準確，但成功找到一個規律，那就是國家統治者必須先找出辦法量度國家財富，才能夠訂出合適的政策。到了十七世紀末，另一位學者就解釋了政治算術這門學問的重要性：「一名有能力的政治領袖在徵詢各方意見後，再考慮國家整體的實力、貿易中的得益、稅收，綜合所有因素，便應該能夠做出明智的判斷和合理的施政方針，這正是政治算術的真正意義。」[7]

從白第公爵開始研究編製統計數據，到十七、十八世紀的其他學者，再到二十世紀由受過訓練的經濟學家和統計學家編製官方統計數字，中間經歷過不少波折。早期的研究根本談不上有什麼即時的成果。事實上，一直到了十九世紀的工業革命，革命所帶來的轉變才令各方開始重新探討，為國民財富和產出設立帳目的可能性。十九世紀的時候，不僅是英國，在法國、德國和俄國都出現了一群學者，願意年復一年、前仆後繼地研究計算國民所得，他們部分出於好奇心，部分是希望光耀國家，更有部分是追求集體財富和快樂。計算國民所得的動機一直都與追求快樂密不可分。這樣一來，就可以解釋為何早期大部分的研究都是由哲學家進行的，他們相信「政治經濟」是讓社會安定、人民生活富足的元素之一。從那時候開始直到現在，都有一個假設，就是人民物質生活越充裕，社會能夠蓬勃發展的機會便越大。

到了十九世紀末，隨著收集的數據越來越多，有更多人希望藉由量度國家實力來將國家排名，以此反映人民有多快樂、物質有多充裕。可是，同樣重要的，是如何以科學方法來使獲得的數據更容易理解、更方便詮釋。在工業革命時期，數據於

3 National Income and the Man from Pinsk

國民所得與來自平斯科的人

西歐和美國都極為盛行，部分原因是人們相信一件事物只要能夠量度，就可以加以控制和改變。當時的難題就在於從大量數據中找出脈絡和關連，於是一門新的學問——統計學便誕生了。

統計學是數學跟數據收集與分析的結合，大部分為主要指標構思的都不是統計學家，而是哲學家、經濟學家和政策制訂者，他們都各自為跟自己領域相關的問題找答案。不過，編製實際數字和加以改良的還是統計學家。統計學於二十世紀初期仍未發展成熟，到了二十世紀中期卻已自成一家，集精密數學、機率理論、抽樣方法及會計於一身。

如我們所見，今天的主要指標很明顯由專業統計學家負責，指標的發明和引薦則多數是經濟學家與政府官員的工作。這一點很值得留意。創造這些指標的人都是為了回答特定時期的特定問題。對於設立可靠的國民所得帳和編製GDP來說，用意就是要瞭解經濟大蕭條的本質。這個動機決定了什麼需要量度，什麼不需要。統計學家傾向專注於研究如何改良量度、估計、抽樣和修訂的方法，關於政策的問題則留待政府官員處理。統計學家就像軍人一樣，重視付諸實行，不是花時間談什麼策略。在一九三〇及四〇年代的時候，計算國民所得和GDP的大綱已經訂好，自此也沒太大的變更，不過這個世界卻變得太多了。

舉例來說，顧志耐跟他的同僚都要下一個重大決定，那就是計算當中應否包括家務勞動。支持應該算入家務勞動的理由十分有力：社會上很大部分的物質產出都來自家務，做家務需要時間，家務為我們提供日常所需，讓其他活動得以進行。最簡單的例子就是在家裡煮食。買食材、準備食材、飯後清潔全都是必須的。所有人都需要進食，沒有食物就無法工作，更遑論生活了。清潔家居、照顧家人都是不可或缺的。但以上的家務勞動卻沒有納入國民所得或GDP計算之內。

在一九三〇年代，沒有人否定家務勞動對社會物質生活的重要性，亦沒有人認為家務不屬於一種經濟產出；可是，幾乎所有人都相信家務勞動不應列入計算。原因很簡單：家務勞動是無酬工作，並沒有可量度的價值。著名經濟學家、為英國建立國民帳戶體系貢獻良多的史東就曾經在一九八四年的諾貝爾得獎演說中提及：「即使家務勞動，例如煮食、將家裡重新裝修，都是一種生產的方式，這種生產卻沒有可量度的價值，因為家庭成員跟業餘工作者都沒有收取任何酬勞，而且這種生產多不勝數，缺乏紀錄，更因為跟日常生活緊密相扣，無法特別檢出，很難有清晰定義。所以至目前為止，已經有共識不會將家務勞動和業餘工作計算在生產之內，也不應該記錄有關活動。」[8]

選擇於計算中捨棄這類勞動，其實可視為一種平衡：渴望計算社會所有產出，但礙於數據收集方法以及數據本身故無法達成。由於計算家務勞動、嗜好、志工和休閒活動都超出政府統計的能力範圍，人類活動與社會狀況的涵蓋範圍又實在太廣泛，政府明白官方統計數字不可能反映出所有活動，便於國民所得、國民產出的計算中捨棄這類活動。

即使經濟生活中的重要一環已被忽略，相關的計算於一九三〇年代還是繼續進行，更積極發展出計算消費量、產出量、整體所得的新系統。除了要面對捨棄計算家庭勞動與休閒活動帶來的問題，處理政府支出就是另一難題。在一九三〇年以前，政府支出只占整體經濟活動的一小部分，不過隨著美國新政和英國數個社會福利計畫的規模擴大，情況就很不一樣了。從前，因為政府支出帶來的任何商業或個人利益都已經計算於國民所得之內，例如政府耗費五十萬美元購買一艘海軍船艦，這項支出就會被計算於營業收益之內，所以原本的國民收入帳很自然地沒有將政府支出當作一個獨立的項目。可是，大量的撥款應急計畫令政府支出激增，從而開始有人要求，計算國民所得帳以外，還需要GNP（到了二十世紀末期，GNP才為GDP所取代）。這要求並非由聰明絕頂的顧志耐提出，而是全球經濟衰退加上凱因斯的極力提倡才應運而生。[9]

凱因斯提倡即使經濟倒退，市場對貨品和服務的需求都隨之大幅減低，還是應該增加政府支出。主張自由市場經濟的代表人物傅利曼（Milton Friedman）就曾調侃前美國總統尼克森（Richard Nixon），說道：「不僅是你，現在我們所有人都是凱因斯主義者。」自從汲取了一九三〇年代的經驗，各地政府都深信政府支出能夠、而且一定會減低不穩定時期消費者憂慮、繼而過度儲蓄或積存現金的影響。「凱因斯主義」可謂跟傳統經濟主張南轅北轍。亞當斯密、李嘉圖以及其他傳統經濟學者都認為經濟系統的運作完全沒有問題，只是中間會經歷危機。傳統說法是，系統會自我修正，危機和失衡情況於適當時候就會消失，回復自然平衡，再次達到充份就業、價格適中、供求互相配合的景況。不過，系統的修復無可避免地會造成破壞，而且系統也未能每次都趕在崩潰之前自我修正。

正如史紀德斯基（Robert Skidelsky）於其所著、有關凱因斯的傳記中清楚指出，即使眾學者奉理論為現實的完美反映，凱因斯本人對於這些精心推敲的理論不以為然，他認為理論其實只是幻象而已。凱因斯具備於英格蘭投資及營商的經驗，曾經經營公司，股票市場中的成敗也都嘗過，令他深深明白人的行為能夠左右結果，當中亦會涉及許多非理性因素。在他眼中，一個為經濟恐慌籠罩的社會裡根本沒有自我修正這回事。他亦確信假若以科學方法來量化、簡化世界，會受到極多現實困難的限制，特別是牽涉到社會運作的時候。經濟學自成一科以來，經濟學家都相信可以將社會視作一部機器，凱因斯卻有不同的想法。

許多同期的英國年輕人一樣，凱因斯在劍橋大學讀書時對數學與各種理論的模型非常佩服，他對機率理論特別感興趣，這可能造就了他日後於股票市場投機取巧仍能處變不驚的態度。凱因斯雖躋身上流學府求學，其實出身於中產階級家庭。一九一九年，他設立一個以外幣為本的基金，跟數十年後美國金融大鱷索羅斯（George Soros）所做的一樣，不過後者還不及凱因斯成功。凱因斯部分的投資得到豐厚回報，不過他的基金負債比太高，以致一九二〇年，當英鎊未如他預期般回升，整個基金就化為烏有。他沒有放棄，重整旗鼓，到一九二七年所累積的財富已相等於今天的二百萬美元。一九三〇年，因為他投資的商品市場面臨全球性崩塌，又幾近一無所有。五年內，他再次轉虧為盈，家產總值逾二千五百萬美元。

凱因斯的投資頭腦深深影響了他在經濟學上的主張。即使他精通數學，對理論模型也瞭如指掌，最終還是視經濟學為一門描述的藝術，而非科學。從他經驗所得，人都是不理智的，在應該花費的時候儲蓄，於應該沉穩應對之時驚惶失措，不應購買的時候購買，渴求可預見的安穩未來，卻在極力避免各種不確定性的情況下做出更壞的選擇。凱因斯反對傳統或新傳統經濟模型對市場無形之手的深信不疑。反之，他相信萬一市場發展偏離正軌（這情況在過去經常發生），就只有政府能夠領導市場、撥亂反正，所以他是提倡政府於衰退和蕭條時期應該撥款應急，深信只有政府支出是唯一可靠的解決方法。

凱因斯的主張就在接下來的數十年不斷演化，結合了他本人於市場打滾和在英國政府任職的經驗，特別是第一次世界大戰時期於英國財政部工作的體會。凱因斯生於一八八三年，當經歷經濟大蕭條的時候，他已經花了許多年改良自己的主張，力求盡善盡美。縱然他在議會中的地位舉足輕重，於提倡政府支出方面又具影響力，他仍十分明白，更完善的數據能夠令政府增加撥款，同時讓制訂政策的官員更準確地訂下撥出的金額。

凱因斯相信經濟萎縮是由於需求急跌，所以倡議政府的支出要有策略地刺激需求，給予消費者暫時的安全感，吸引他們消費。他稱之為「低利率政策，策略性支出」，那麼政府的目標就是要決定支出的金額。消費者實際的消費額與維持經濟系統健康所需的消費額之間存在差別，凱因斯認為政府的支出需要填補這個差距。可是，沒有可靠持續的統計數字的話，政府對現況所知必然甚少。經濟衰退並不難發現，政府絕對能夠知道賦稅收入有否因貿易、產出、花費減少而縮減。即使如此，英國首相跟美國總統又如何知道多少的額外支出才適合？倘若實際需求與實際產出的價值相差十億美元，那麼最少便要花十億來填補差額（很可能還需要更多支出來刺激市場）。接下來，還需要有確實的數據來判斷和評估政府的支出能否達到預期效果。

不過，這些資料於一九三〇年代幾乎都不存在。國民所得帳的編製固然是一個開始，初期的計算卻沒有包括政府支出，所以需要另一統計數字。一九三四年，有位名為瓦波頓（Clark Warburton）的經濟學家提出要創造GNP這個統計數字來將政府支出計算在內。瓦波頓跟凱因斯一樣，都花了不少心力鑽研國民所得的計算方法，不過他研究國民所得只是希望找尋更好的度量方法，並非為實行凱因斯主義經濟出一分力，他後來甚至是凱因斯最窮追不捨的批評者之一。雖然如此，到了一九三〇年代末，由於羅斯福政府推出的政策越來越著重支出，便更需要有統計數字來支持政府所做的支出。[10]

新政剛推出時並非以凱因斯主義為本，目的亦不是要大幅增加政府支出，而是一系列阻止銀行體系倒塌、以及讓更多人就業的計畫。不過到了羅斯福總統第一任任期即將完結的時候，已經越來越多人接受聯邦政府以支出來解決危機了。羅斯福本人亦開始以國民所得帳來證明在他統治下推出的政策奏效，從而解釋計畫目的，希望計畫能夠延續下去。一九三六年十月，羅斯福正在爭取連任，與共和黨候選人蘭頓（Alfred Landon）角逐總統之位，於匹茲堡發表了選舉演說。羅斯福呼籲選民投他一票，理由就是他成功地在任期期間，將一九三〇年代初胡佛總統在任時的國民所得提高，讓國民所得數字脫離危險的低位。

在本屆政府上任前的短短四年間，年度國民所得帳由八百一十億美元跌至三百八十億美元。簡單來說，您、我、所有人在一九三二年的總收入比一九二九年少了四百三十億美元，沒錯，是四百三十億。由於國民所得能夠反映我們所有人的收入，國民所得的起跌其實就是國家興衰的指標；同時亦反映政府的財政狀況，因為政府的收入來源就是稅收，賦稅收入則與國民所得的多少有關。

羅斯福聲稱，全因他決定以政府支出赤字來表示經濟災難的嚴重性，國民所得才得以急速回升。他對匹茲堡的民眾說：「一九三二年的時候國民所得帳是三百八十億，一九三五年的是五百三十億，今年將會超過六百億。如果能夠維持目前的增長速度，即使不新增任何稅項，政府的收入於一至兩年內也會足以應付日常以及紓困支出，換句話說，就是能夠達到收支平衡。我對此非常有信心。」

羅斯福能夠做出這樣的宣稱，又能夠以此展示功績，全賴顧志耐等人的努力成果。當年，政治宣言有數據來支持，對政府官員而言可謂如虎添翼；本來有關經濟的論點都純粹是意識形態，數據就讓這些論點至少有事實可依。雖然無可避免的是，那些意識形態很快會搶回主導地位，在黨派之間對政策的爭論中，數據便會淪為一個次要的部分；不過，還是有一個改變是長久的，就是即使是最主觀的黨派爭論，從此也需要以統計數字來解釋、捍衛己方的經濟政策。

然而，羅斯福就以國民所得增長作為他有效施政的證據。一九三七年，在政府減少支出的情況下，經濟活動再次急劇萎縮。羅斯福跟其顧問團隊都相信政府赤字只能是短期措施，必須盡快填補赤字，不過當時時機並未成熟，貿然縮減開支反會窒礙本來就不穩定的復甦過程。其實縮減支出引致衰退一事，已經能夠將政府的政策跟國民所得拉上關係，不過欠缺可靠累積的數據支持，就未能正式證明兩者的關連，更不足以阻止評論員口誅筆伐。國民所得反映政府支出的影響，卻沒有確實地將這些開支從其他經濟活動中區分出來。舉例來說，政府向公共事業振興署撥出一百萬美元，振興署用以聘請一萬名工作人員來將公園翻新，那麼於國民所得帳中，該批撥款就會列為那一萬名工作人員、植樹人員、中標的園藝公司的收入，可見國民所得帳中並沒有清楚列明政府支出的項目。

羅斯福每年都需要向國會報告國家及經濟狀況，從一九三九年開始，他就不時在這些報告裡援引國民所得統計數字。當時還沒有GNP的數字。支持政府增加支出的人需要統計數字來證明政府支出與整體經濟興衰的必然關係，失業率跟GNP

就是其中兩個適合的數字。GNP跟GDP很相似，不過GNP包括所有美國人的生產，卻不論生產地點是美國本土還是外地，所以一位美國商人於英格蘭設廠製造家具的話，生產的所有家具都是美國GNP的一部分，卻不計算在GDP之內。反之，一間由日本或中國公司擁有的工廠，即使是位於今天的田納西州，所生產的屬於GDP，而不是GNP。由於一九三〇年代美國只有極少外籍人士營商，GNP相對來說較為合適，GDP到了一九九一年才全面取代GNP。

研究計算GNP的動力部分來自政治因素，亦有部分跟戰爭有關。政府裡的凱因斯主義者想證明，在人人皆感到岌岌可危的時期，公共事業跟其他政府的大計畫對維持經濟健康不可或缺。不過，真正讓這個本來微不足道的數字成為公共政策焦點所在的，並非經濟大蕭條，而是下一場席捲全球的大災難——第二次世界大戰。[11]

一九三九年九月，德國入侵波蘭，日本也持續擴張其軍事帝國，擴大攻打中國的範圍。隔年，美國面對這一連串的事件，決定大幅增加軍事支出。一九四一年，羅斯福史無前例地第三次當選總統，於國會提出撥款二百五十億美元建立美國軍隊。這個數額可是接近整個政府預算的三分之二。政府投入於軍事上的資源激增，開始引來關注：國家經濟狀況已然嚴峻，在不使情況變本加厲的情況下，應該花費多少公帑作為國防開支？增加國防支出的同時，才能夠避免生活必需品供不應求，能夠不觸發嚴重通貨膨脹嗎？國民所得無法反映這些情況。另一方面，GNP將各個行業的貨品和服務總值都分類記錄，更可大致評估國家工業生產能力，所以GNP就能夠解答以上問題。

要解決以上的問題，當時的人都想起顧志耐。一九四二年他加入戰爭生產委員會。委員會負責將戰爭打造成經濟的一部分，統籌本土生產坦克車、飛機、槍械，讓美國成為世界兵工廠，此舉對最後擊敗軸心國尤其重要。當時的顧慮主要有兩點：大量調配生產資源作軍事用途的話，會否破壞其他貨品，例如汽車的供求平衡？又會否導致資源短缺，需要施行配給，價格暴漲？以上的情況都會為本土經濟帶來災難性後果，最終衝擊美國戰局。

有鑑於此，政府決定實施價格管制。為免人們因為懼怕未來的通貨膨脹而大量囤積貨品和財富，搞砸經濟，政府亦編製貨品價格及通貨膨脹的數據。當局實施價格管制、公布通貨膨脹的數據，都是為了讓國民安心，向他們保證基本生活需要如食品、衣物、房屋的價格都會維持穩定。

一九四二年，美國政府為瞭解國家是否將大部分的政府開支及私人產業生產都用於戰爭上，一眾經濟學家和統計學家就編製了GNP，以準確計算政府可以負擔得起的支出，以及如何增加稅收來應付軍事開支。商務部於一九三〇年代中已經開始研究GNP的編製，不過直至一九四二年才首次正式公布GNP數字。

英美兩國於編製數據方面跟在實際戰場上都一樣緊密合作。英國的凱因斯再一次證明自己的重要地位。他提出「通貨膨脹差距」（inflationary gap）的概念，即是以國民所得與GNP數字來計算貨品需求比供應多出的數量。舉例來說，一九四二年消費者的總所得粗略估計是七百億美元，GNP數據指出國家只生產價值六百五十億的貨品，那麼理論上就會造成通貨膨脹，因為貨物一旦顯得稀少，人們便會爭相搶購。要避免這個情況發生，政府就需要徵更多的稅或者改變管制的價格。另一方面，這些數據亦讓聯邦政府能夠瞭解戰爭對本土經濟的實際影響。

在接下來的三年，美國不論在戰場上，還是為戰爭提供金錢及物資上的補給方面，都取得驚人佳績，成功地讓經濟大蕭條成為過去。政府非常熱衷的新政實施八年來都沒法將國家穩定下來，反而三年的戰役就讓美國改頭換面，成為世界經濟強國。在顧志耐與凱因斯的領導之下，政府能夠編製數據，再以此為修訂政策的依據，就讓統計學不再是純粹學術討論，而是路思義（Henry Luce，見第四章）口中「美國世紀」的支柱。盧斯後來主張的，就是以這些數字來代表美國勢力。

美國經濟於戰時仍能好轉，很多人視之為人類智慧與巧思的體現。對有關政府部門的官員與無數致力配合政府的商人而言，那次的勝利是意志、國家精神跟科學的結合。眾所周知，世上第一枚核彈的誕生可謂二戰結束的徵兆，製造原子彈的「曼哈坦計畫」，由數以千計的科學家和工程師秘密進行。當時大部分人都為研究成果鼓舞，領導整個研究團隊的奧本海默（J. Robert Oppenheimer）卻例外。一九四五年七月，他在新墨西哥州的阿拉莫戈多目睹第一次核彈試驗之時，就唸著於印度教中具特殊地位的《薄伽梵歌》經文，當中一句就是「我變成死神，世界的毀滅者」。即使身旁的人都在喝彩歡呼，他深深明白他們所釋放的是一股異常巨大的力量。

接下來六十年，美國於日本投下原子彈一事及其後果引起廣泛討論。這類渴望駕馭不受控制之事物的想法，希望化解對人類構成威脅的力量的意念，恰恰促使了一九三〇年代對官方數據的研究和編製。當時的目標是要馴服經濟週期這頭猛獸，瞭解能夠造成破壞的大起大跌。本來充滿神秘感和未知的事物突然清晰起來，間接給予人們希望，好似他們終於可以精準地掌握經濟這回事，甚至可以藉此永遠結束那些具破壞性的循環。

當局將擊敗軸心國的消息被大肆宣揚，如何通過確實數據、編製新的統計數字來解決經濟問題的消息卻較少被提及，這點不難明白。不過根據人們對現在以至未來的看法，以及對權力和成功的定義，經濟指標的發明跟戰勝軸心國一樣重要。戰爭固然是一個起始，不過其實是到了各方極力避免正面軍事衝突的冷戰時期、資本與共產主義之爭越見緊張的時候，這些指標才開始滲入經濟與大眾文化的每一部分，那時候戰爭已經結束數年了。而這些現象不只在美國發生，更擴展到世界各地，原因可以追溯至聯合國提倡全球化，還有美國資本主義嘗試擴大影響力。貿易、就業、GDP都是當中的關鍵元素，然後很快就會出現大量其他指標，因為政府跟民間都迫不及待要編製能夠全面反映經濟活動的數字。

不過，打從一開始，GNP跟GDP有其侷限。兩者的本意都是用以評估經濟的興衰，前提是要明白到計算不了所有的生活範疇，即使是納入計算之內的範疇也未必能夠充份地反映出來。而且此問題並不限於對家務勞動與業餘嗜好的忽略而已。另外還有不足之處：不論產出的本質，GNP跟GDP都將所有產出計算為淨正值。在經歷戰爭與衰退之後，經濟指標的系統需要重新建立，葛林斯潘（Alan Greenspan）對此非常支持，也是最早這樣提倡的人之一。他從觀察所得，瞭解到美國南方的州夏季特別炎熱，購買的冷氣機也就特別多，這些花費就會提高GDP（可以假設該批冷氣機全是美國本土製造，因為美國直至二十世紀末才開始向外進口冷氣機）。因為使用冷氣機而多繳納的電費也同樣會增加GDP。這樣說來，位處美國東北、氣候沒那樣炎熱的佛蒙特州因為買入較少冷氣機，其GDP相對位於東南面的阿拉巴馬州而言就會較低，至少源自冷氣機的GDP就會較低。[12]可是這個數字卻絲毫不能反映哪個州較繁榮，也不能提供任何有關兩地生活素質的比較資料。

顧志耐及其同輩都非常明白，這些數字在計算過程中所納入的和所忽略的都會嚴重影響結論，所以任何運用這些數字的人不但要清楚數字的定義，亦要瞭解到背後的限制。不過隨著後來這些數字變成評估公共政策優劣的標準，更經常於媒體報道中出現，漸漸也沒有人願意花時間仔細瞭解數字牽涉的限制。

第二次世界大戰是二十世紀最後一次嚴重衝突，隨之而來的不再是各國在戰場上的你死我活，而是數字上的較量比拼。數字能夠突顯資本主義優勝之處，令國家富強，甚至讓人民幸福快樂。有好一段時間，主要指標都能夠證明以上數點，直至二十世紀末期，社會規範與生產本質都經歷了重大變化，但從一九三〇年代開始一直沿用的指標卻幾乎沒有改變。那些數字之所以能夠「征服」世界，就要從戰爭結束說起，其時大量新國家與新聯盟興起，更出現一個很重要的人——他看得出數字的威力，明白數字足以改變數以百萬人對未來的想像。

CHAPTER 4

經濟體系的創立
The Invention of the Economy

「過去十多年來，正如我們所見，美國發生了近乎神奇的事情……美國的變化令人難以置信，她變成了一個就業充分、生產驚人上升、均富最為成功的國家……過去曾一度停滯的美國經濟，如今成為了世界奇蹟。」[1]

這段文字引自暢銷雜誌《生活》於一九五三年刊登的一篇報導，標題是〈美國人與美國經濟〉。《生活》是路思義出資創辦的雜誌之一。路思義對塑造戰後文化的貢獻不亞於任何人。他鼓吹美國的財富與智慧，譴責共產主義的不道德與無效，並用統計數據宣揚美國之道。（譯注：著名的東海大學路思義教堂就是他為宣揚福音，並紀念父親捐款建造的。）

如果說有誰像大主教傳播福音一樣，致力宣傳二十世紀美國的經濟發展模式，那此人無疑必是路思義。他先後發行《生活》、《時代》和《運動畫刊》（*Sports Il-*

lustrated）等刊物，《財星》雜誌更成為美國經濟卓越論的宣傳媒介。《財星》一九三〇年創刊時，本就以擁護資本主義為己任。這在當年也許帶著些許不祥的意味，因為適逢經濟大蕭條，一九二〇年代時輕浮、或可謂幼稚的烏托邦思想正逐漸破滅。後來路思義改組雜誌，轉而專論商業本質，也探討企業對時勢的應變，文章犀利睿智，也不乏學術評論，幾乎是改頭換面了。

路思義的伙伴布里頓．哈登（Briton Hadden）對改組甚表懷疑。但他英年早逝，無緣見證雜誌日後的成就。兩人都是盎格魯撒克遜白人新教徒（WASPs），就讀霍奇科斯（Hotchkiss）寄宿學校，一九二〇年共同進入耶魯大學。他們並非出身豪門，但很有教養，充滿抱負。雖是精英，待人卻重其人品，不論出身。路思義的成長經歷較為特別，青少年時曾隨身為傳教士的父母居於中國上海。他畢生對中國的熱愛，正是由此而起。一九四九年，毛澤東共產勢力把蔣介石逐出中國，他批評美國的對蔣政策，是當時最為激烈的。年幼時，他與哈登是互相競爭的好朋友，成年後又合作辦報。可惜這位夥伴因病早逝，一九二九年離世時才三十一歲。若他還在生，就能看到路思義對《財星》的決策是英明而正確。

路思義對美國自有滿懷抱負，也以傳教士般的澎湃熱情身體力行，這或許正是源於他的成長背景。一九三〇年的經濟蕭條，以及隨後一九四〇年代的軍事危機，促使他從一名積極好勝的出版人，搖身一變，成為美國經濟形式的倡導者，竭力宣揚所謂「美國之道」(American Way) 的自由市場資本主義和民主思想，同時大表對抗共產主義的決心。這也奠定了一九四五年至一九八〇年代後期美國對外政策的方針。路思義堪稱美國之道的傳教士，至少他的雜誌有此傾向。雜誌選載的文章往往感情充沛，但不乏有用資訊；姿態相當驕傲，深信美國人總能迎難而上，化險為夷；但挑戰來臨時，卻總流露出莫名的不安，不知自己能否應對。一面信仰堅定，自信滿滿，一面也坐立難安，絮絮叨叨。看到這兩種情思的糅雜糾纏，也就不難理解為什麼路思義及其刊物（《時代》和《財星》當屬此類）之中，報導和評論的風格總趨於浮誇，彷彿要大肆修辭，刻意渲染，才能起針砭勸喻之效，國民心中的善良天使才會聽見召喚，挺身而出。

當然，路思義及其出版王國所理解的善良天使是什麼，人們看法可能不一。他與羅斯福新政沒太大關聯，也深深厭惡羅斯福總統內閣試圖控制大型企業，強行介入經濟活動的作法。路思義對羅斯福深惡痛絕，對方也報以同感。然而，在二戰前夕，兩人都在許多美國人還未表態之前，早已率先表示支持美國參戰，對抗德國與日本的法西斯主義。雖然二人互相蔑視，但卻同樣大力提倡美國在世界舞台擔起至關重要的角色。[2]

《財星》認為，企業是二十世紀「文明」的根基，對於使用「文明」一詞，路思義並不感羞怯。但羅斯福新政令大眾忽然意識到，企業、政府和工人三者互動之下，既能帶來危機，也能創造機會。關於政府與企業在美國社會的角色，人們意見向來不一，甚至大相徑庭。進步運動（Progressive movement）源於這一衝突，繼而提出勞工命運的問題。（編按：進步運動時期，指的是美國在一八九〇－一九二〇年代，社會大眾熱衷政府改造的一段時期。）各方爭持之下，種種保障工人和管束企業的新法律出現了。同時，人們也開始資料蒐集與統計。起碼在理論上，確鑿的數據能取代沒完沒了的意識型態紛爭。

然而，路思義是個最卓越也最笨拙的思想家。他滿懷的熱情決定了他的政治訴求，亦比其他人更傾向以自己的信念作為稜鏡，去過濾現實。二戰過後，若要堅持美國於世界有天生的使命，認定美國資本主義遠勝於蘇維埃共產主義，就必須不斷嚴格驗證以表明美國的經濟力量。例如，嚴謹的經濟學家如高伯瑞（John Kenneth Galbraith）和貝爾（Daniel Bell）在《財星》發表的論文，都屬於此類。這些文章篇幅很長，以今日標準而言，甚至是艱深難懂。文章詳細解釋戰後浴火重生的新型經濟有何優勢和挑戰。這些說明大有必要，因為就像《財星》一九四六年某期所述，經濟毫無疑問已開始繁榮，但沒人知道確切原因。「經濟發生了什麼事？是發生了一些事，但沒有人確切知道到底是什麼。」[3]

自此，數據和統計開始大行其道，也成為美國羅斯福新政的一大特徵。在此之前，呼喚經濟指標的聲音大多來自學者、公務員、工人領袖、官僚和少數民選官員如參議員瓦格納（Robert Wagner）。戰爭之後，對指標的需求變得更為廣泛，商界和傳媒期待獲得更多數據。一方面，這是受了蘇維埃對數字狂熱追求所刺激，因為蘇聯政府不斷吹噓自己的工業生產，如製造了幾百萬輛汽車、軋製了幾千公噸鋼鐵、在多少英畝土地上播種和收割、鑄造和部署了多少武器等等。美國想以數字證明他們的生產制度更勝一籌。另一方面，人們熱心改良和創造指標，也是因為希望理解美國體系的本質，並渴望藉助數據，學會駕馭並最終控制捉摸不定的經濟循環。

如果說，一九四五年前所發明的數據是用作應對經濟大蕭條和世界大戰兩大危機，則其後的重點明顯是對財富的測量。[4]另外，一九四五年後的世界截然不同於過去的一點，在於不單是美國人，而是全世界人們對於自我的定義，已發生明顯改變。數千年以來，「這個社會如何」的答案，僅僅在於軍事力量孰強孰弱、人們生活是否溫飽如意。二十世紀前計算國民經濟活動的種種努力，皆難以進入大眾意識。史都華等人雖然熱情高昂、孜孜不倦，但其所處於的文化背景，仍是以領土擴張與科學工業發展為主流的。

戰後，美國擁有空前的物質力量，其他國家幾乎無可比擬。美國成為世界強權，或許也使不起眼的經濟指標，一舉成為國民生活中恆久重要的元素。一九二〇年代之前，普通人不會想到國民生產總值或國民所得。這不純然因為這些數字尚未存在，而是因為人們過去從來沒有從國內集體物質生產方面去思考過國家、社會或個人生活，也不會以一系列的指標去界定一國成敗。

二戰之後，這種想法開始扭轉，原因有二。雖然失業數字、國內生產毛額和通貨膨脹（下文將再詳述）的輪廓在一九三〇年代建立，但戰後才總結出簡單直接的數據，以便人們能持續追蹤，定期發布。實際上，這些數字於一九三〇年代發明，但在一九四五年後才得以推廣。有了幾個領先指標在手，人們自然開始依樣畫葫蘆，著手設計更多指標。

推廣是非常重要的，否則數字即使一直沿用，也不會如此顯眼。戰後指標大量湧現，一方面是由於政府大力推動，另一方面則是工業或新聞媒體的大肆宣傳，路思義的《時代》、《財星》，還有《商業週刊》乃至國內報章雜誌，全都參與其中。行內指標通常由專業協會推出，如供應管理協會、大學如密西根大學、非營利組織如美國經濟諮商會等。而政府部門，如美國人口普查局、各個聯邦準備銀行分行、勞工統計局、經濟分析局等，也繼續相關統計工作。因此指標在範疇、規模和複雜程度，都有所發展。還有一個原因，則是當時聯合國、世界銀行等新成立的全球化組織，正致力於收集、整理和分析資訊，規模前所有未有。人們對數據和統計資料的渴望和迷戀亦得以滋長，並延續至今。

然而，重要的不只是指標如何發展，而是指標如何成為美國文化和世界各國的中心。戰後，這些指標走向全球化，美國堅持以指標為證，向疲軟的歐洲社會主義和共產主義社會（蘇聯及其盟友）宣示自己的優越地位。指標走向全球化的另一個原因，亦是由於新興的國際社會特別需要共同標準和尺度，去評價世界經濟是否仍在正軌。連年戰事造成大量人命傷亡，經濟哲學與經濟體系亦陷入停滯，日益枯竭。所有人都認同，慎防經濟再次崩塌，確保世界各國人民能一年比一年富足，對於未來的和平穩定至關重要。

種種力量合而為一，便催生了我們現在所知的「經濟」。量度和指標出現之前，「經濟」並不存在。經濟活動固然不是在二十世紀中才出現，但這個稱為「經濟」的東西卻是如此。一九四〇年代以前，尚未有「經濟」這回事。人們沒有用上這個詞彙，開始把國內物質生活想像是一個有內在連貫銜接的對象，能隨著時間而被定義、量度和追蹤。Google開發的Ngram Viewer資料庫，儲存了版權規定出現之前的所有文件，可統計詞彙使用頻率。上去搜尋「經濟」一詞，你會發現一九三〇年代中期以前，「經濟」一詞甚少出現。其後，這個詞彙的使用率驟升。簡而言之，主要指標創造出了「經濟」。

當經濟繼續進化，就變成了和民族國家不可分離的一個概念。這一想法得以普及，首先是因為政府不斷推出國家統計數據，公布國內經濟事務的計算結果。雖然思想家和經濟學家一直在改善產值的衡量方法，希望得出比較本國與外國的經濟實力，但政府最初整理統計數據，本為瞭解國內狀況，對於其他國家並不太在意，只在需要觀察敵人或盟友實力增減時，才會加以統計。因此，一九三〇年代並沒有產量和就業的國際統計數字，數據範圍僅限於國界之內。就算有少數跨國統計，進展也相當緩慢。

我們很快就會看到，今日的世界無疑已進入全球化，像是一具包含國家、企業和個人的立體棋盤，然而幾乎所有指標都基於一個理念：經濟是一個封閉的系統，有著界定民族國家的實體界限。因此，名副其實的全球指標，幾乎是不存在的。畢竟，誰會去收集資料，又由誰負擔資料收集的成本？因此，指標都限於國家之內。若在二戰時，這固然情有可原，但隨著時間流逝，似乎越來越不合理了。打個比方，假如美國的經濟資料是由各州自行收集，有五十個不同的GDP數字。阿拉巴馬州與密西西比州之間貿易往來的增減，或新澤西州與紐約州之間商業合作的淡旺，自會影響每一個州的經濟增長和產出。唯一的全國數據，只是五十個州數據相加的總和。

二十世紀末之前，人們可以說，即使國界限制不再分明，經濟活動仍以國為界；以民族國家為主要經濟單位，雖然大有不妥，但總比沒有單位要好。經濟學是一個專業領域，與民族國家一樣，在十九世紀才出現，最初經濟學家自然會以國家為一個封閉的系統，去界定這叫「經濟」的東西。二十世紀後期以前，除了地理疆界的原因外，政府亦致力控制邊界內的事務，故此經濟活動深受限制。各國政府對匯率積極把關，而黃金成為估算不同貨幣價值的共同標準。關稅與其他稅項雖然逐漸因自由貿易而放寬，但畢竟是各國用以自保和限制競爭的實質屏障。此外，各國更有中央銀行來管理國家經濟事務和印刷國家貨幣。

因此，對於二十世紀上半葉的經濟學家和統計學家來說，把「經濟」定義為以國家邊界作開頭與結尾的封閉系統，是可以理解的。沒錯，國家並非唯一的經濟單位，雖然經濟學家能以國家為封閉的系統去模擬現實情況，但各國之間仍有貿易和資金與人口的流動。儘管如此，經濟學家還是建立了一些理論，視經濟為一個封閉的系統，最終都會達致平衡。古典的經濟理論表明，供應與需求的力量決定經濟生活，而且最終會找到最佳的平衡。價格、工資、生產，最後全都會取得平衡，因此在顧志耐與其他人所發展的會計體系中，其中兩邊的總帳，即生產和收入、投入和產出，都需與另一邊完全相稱。這完全是以科學方式去研究經濟，就像在一個真空室之內，牢不可破，卻也無所創造。[5]

當物質世界的運作規律繁複難辨，卻無任何理論可供指引時，提出以數字衡量物質世界的「經濟」，當屬一大進步。「經濟」有助政府估量和評價過去，亦能測試政策的成效優劣。由此，社會各界更充滿信心（儘管有時只是錯覺），人們也堅信自己將不再受神秘和危險的經濟風暴所擺佈。本書旨在論述經濟指標如何從二十世紀下半葉發展至二十一世紀，人們又如何逐漸對之產生過度依賴。但筆者無意控訴指標發明一事。就像文藝復興時期，航海家使用星盤和簡陋的羅盤等早期工具，與今天的全球衛星定位系統相去甚遠。那些工具大多極不準確，勇敢的海員用以引航，如同玩命。然而，若僅以肉眼，或是星星、太陽和月亮辨認方向，試圖在未知的浩瀚海洋中摸索前路，恐怕就更危險。與此相比，那些工具已是極有價值。同樣地，二十世紀初期至中期所發明的國家指標與之前的世界相比，也有著顯著的進步。

在一九四五年，一些特定指標主要由各國政府所傳布，尤其是美國、英國和蘇聯。二十年後，指標已隨處可見，在公眾、政治、商業，甚至日常對話都更頻繁出現。指標也在全球更為通用。一九六〇年代後期，世界各國都根據聯合國標準去記錄國民經濟核算和發布國內生產毛額數字，一旦違反，就要承受來自世界銀行、聯合國和美國政府的沉重壓力。指標擴至全球，也許不及同時期的核武器來得戲劇化（也遠遠不及其恐怖），但就幾十億人民的日常生活來說，指標的重要性並不比核武低，甚至遠在其上。

現今，藉助GDP、國家所得或貿易來描述一個國家，似乎是十分普遍的事情。近年來，中美衝突大多圍繞貿易統計資料和GDP數字。一九九四年，北美自由貿易協定（NAFTA）通過之後，人們的視線多集中於失業和就業、貿易和工資。這些問題並不抽象，也能牽動大眾的強烈情感。大眾對這些問題的看法，幾乎完全是受主要指標和政黨的詮釋言論所影響。

然而，在一九四五年，人們難以想像未來世界竟會被數字所充斥，這些數字的發明者也沒有想過，數字竟會成為這麼重要的社會標記。但事情就這麼發生了，一方面有賴路思義等先驅，另一方面也因為聯合國。

第一次世界大戰後的國際聯盟（League of Nations），是國際社會自行聯合組織，以防止戰爭災難的首次嘗試；聯合國則是第二個版本。聯合國期望能糾正國際聯盟的不足，缺陷最明顯之處，在於美國沒有加入為成員國之一。聯合國是集體行動和集體安全的論壇，精英國家組成的聯合國大會和安全理事會被賦予權力，守護著世界和平。[6]

聯合國為全球和平與繁榮而成立，背後理想之崇高，再強調都不為過。比起連年混戰，只有短暫和平的零和世界，聯合國更期望建立一個接近恆久和平、偶有「公義之戰」的世界。聯合國與國際聯盟不同，對於有可能發起侵略或實施暴政的國家，一律採取強硬的手段。受強國監管的集體安全概念，不只幫助邁向和平，更是強制達成和平的工具。

「創立聯合國，」當時的美國總統杜魯門（Harry S. Truman）宣稱，「是為了讓各成員國能享有永久自由和獨立。」這是當時典型的辭令。聯合國體制其中一位建構者是美籍非裔諾貝爾獎得主的班奇（Ralph Bunche）。他曾說：「聯合國是實現世界和平與自由之偉大理想的希望所在。」[7] 聯合國憲章花了近一年時間商定，終於在一九四五年六月二十六日簽訂。憲章勾勒出國際和平的壯闊前景，也制訂了維護和平的精密體制。但聯合國成立不久後，美國和蘇聯關係便開始惡化，安全方面的問題比原先想像的更為重要。因此，安理會內部陷入長達數十年的權力較量。同時，由於未能解決最強成員國之間的敵意，聯合國在國際事務中也遠不如預期受尊敬。

聯合國成立之後，再於一九四八年頒布《世界人權宣言》。文件清楚表明維護全世界公民的政治權利，包括保障言論自由、宗教信仰自由及不受無理逮捕的自由，取締酷刑，維護法治等等，這些都言猶在耳。但人們卻不太記得，除了政治權利和自由之外，宣言也以整個章節闡述經濟權利，這一部分很快就被擱置一旁了。

當時，經濟權利作為人權的一種，與宗教自由和法治權看齊，包含休息和閒暇權利，充足的食物、住所、衣著和醫療權利；失業、傷殘、染疾和年老人士亦會受到保障。聯合國組織不只有大會和安理會，還有經濟及社會理事會（Economics and Social Council），負責監察全球經濟活動。經濟及社會理事會的目標是維護及促進經濟安全，地位等同於安全理事會。列強透過安全理事會機制保衛國際安全，透過經濟及社會理事會的理事國則保護和促進全球經濟增長。[8]

然而，冷戰所帶來的壓力把經濟權利推到一邊。之後數十年，西方世界專注於蘇聯、中國和其他軍事獨裁者治國的高壓政治體系，令國家之間出現裂縫的鬥爭幾乎全以政治思維來界定。經濟問題未被遺忘，美國和國際機構花費數十億美元幫助發展中國家提升生活水平，並證明自由市場的資本主義比國家獨裁的共產主義更為優越。但這數十年的主要焦點仍在美蘇之爭，而安理會往往處於國際危機的中心。

聯合國自身仍然視經濟發展和經濟權利為重要議題，成立初期的其要務之一，是正式確立標準統一的國民經濟會計制度，並應用於世界各國。結果如何？一九四〇年代後期以前，只有少數國家掌握國內經濟活動的粗略圖景。之後短短數十年間，世界上每一個國家都以同一方法計算生產、收入和國家財富。由此，比較和排名也產生了，以經濟力量決定的國家名次列表無處不在。然後更有全球國力等級，這一評級非以軍隊規模或核彈頭的數量來界定，而是基於人均收入和GDP等嶄新概念。

聯合國的創立過程十分迅速，架構也簡潔有力，實難想像多年以後竟以作風官僚、結構臃腫和效率奇低而廣受批評。聯合國的基本輪廓在一九四四年底由中、蘇、英和美四國確立，此後數月在舊金山討論組織憲章，一九四五年夏天正式通過。首次會議於一九四五年十月舉行。聯合國由構想化為現實，再付諸實行，只用了一年時間。同年十二月，「國民所得統計」委員會已展開會議，並向聯合國統計委員會報告調查結果。

這時，全球統計框架已略見雛形，卻幾乎無人留意。坦白說，人們為何要留意呢？統計學家共同討論得出的全球國民會計帳方案，本來就很難讓記者寫出有趣的報導，也不能讓哪位總統候選人勝出大選。據此寫成的文章，連《財星》也不會錄用。相比之下，經濟增長與緊縮、凱因斯的消費理論與自由市場方案、共產主義與資本主義之間的意識形態爭論等體裁，自然要吸引得多。儘管如此，這個由統計學家組成、既不張揚又不起眼的小組，向同樣不起眼又不張揚的統計委員會匯報了工作進展，最終改變了數十億人理解自己生活的方式，也改變了他們衡量國家與政府是否滿足人們的願望、需求和期望的方法。

在統計領域實打苦幹的人，大多是默默無聞的，但有一人例外。此人與顧志耐一樣，成為了該領域的大師級人物，後來更因率先塑造出國民會計帳體系，而獲諾貝爾經濟學獎的嘉許。他就是理察·史東。史東是典型英國人，一戰前夕出生，是倫敦一位大律師的獨子。他忠實跟隨父親的腳步，於學生聲望顯赫、建築古老宏偉的西敏公學就讀預科。不久之後，史東開始表現不如人意。一九三〇年，他的父親被委任到印度馬德拉斯作法官。史東後來回憶說，父親當時問學校校長，史東該怎麼辦。「如果我是你的話，」校長回答，「我會把他帶在身邊。他在這兒看來也沒太大好處。」然後，就像史東臨終前對採訪記者說的一樣，他「去了印度，玩得很開心。」

史東來到大英帝國日益衰落的殖民地中心，開始學會欣賞外面的世界，但很快就「依照父親的計畫」重返英國，入讀劍橋大學。大學期間，他學習羅馬法律，研究希臘文和拉丁文。接著，他首次反抗父親的意願，把焦點從法律轉至經濟學，最終為法律和經濟學方面做出卓著貢獻。[9]

史東研習經濟學那幾年並非充滿數字和等式，當時的經濟學科仍偏重人文科學，需要細讀不少學術經典，包括亞當斯密的《國富論》及其他著作、佛洛依德有關人類心理本質的論文。書單中也有馬克思與列寧的作品全集，目的是要理解新興的共產主義世界如何分析和解答經濟學的問題。史東被經濟學吸引的原因很簡單，因為經濟大蕭條就在他身邊發生。經濟大蕭條衝擊當時的種種假設，包括社會的安定和二十世紀初人們對社會的構想。那時，人們認為社會就像一部機器，由官員和智者拉著控制桿，以尋求更大的利益。克拉克（Colin Clark）是史東的導師兼好友，是一位專注於國民會計帳的年輕教授，喜歡帶著史東去獨木舟旅行。史東的生活圍繞著宴會桌和平底船，時而串遊酒吧，安度漫長冬夜。他一面暢享愜意而富田園風味的世界，一面也開始參加以凱因斯大師為首的研討會。

史東畢業後，結了婚，在倫敦勞依茲（Lloyd's of London）保險公司任職，負責評估國際航運的保險合約。他的工作被戰爭爆發所中斷，然後被委派到取名不祥、倉促召集的經濟作戰部。也許是他的性格太和藹，也許是原本的工作太瑣碎，他後來又轉派到戰時內閣的經濟單位，從事國民所得帳的工作。在那兒，他開始與凱因斯和同事米德合作，初次嘗試建構會計系統，與同時在大西洋彼岸的顧志耐所設計的制度相仿。後來，史東又改良英式系統，再穿洋越海，遠赴加拿大和美國與同級官員會面，協調彼此的成果，創造共同的標準。

戰事結束和聯合國的成立，只是加快了統一標準的動力。史東花了數週在普林斯頓高等研究院進行研究。當時，愛因斯坦等物理學家正竭力研究原子分裂所釋放的強大能量和破壞力，相比之下，史東的研究成果可能不太震撼，但影響同樣深遠，因為全世界人類理解生命中風險與機遇的方式，正因此發生改變。六十年一晃而過，現在人們總為經濟生活而焦慮不安，又常因期盼經濟前景而充滿期望。除非遇到發電廠倒閉，或是某個流氓國家威脅要發動戰爭，否則他們絕不會把核武器或核動力放在心上。

迅速發展國際統一、標準一致的國民會計帳，不只是聯合國的夙願，也是戰後歐洲各大新組織的要求。這些組織於一九四八年透過馬歇爾計畫獲得美國援助。雖然杜魯門總統大張旗鼓地說，美國伸出援手，只是慷慨行為，且為國家安全起見，並沒什麼附帶條件，但這項由美國國會通過的計畫，其實是有條件的。歐洲國家若想持續接受援助，經濟增長和發展就要達到一定的基準。而且，這些經濟援助究竟發揮了多大的效用，必須詳加計算，並以數字來說明。

聯合國和馬歇爾計畫一致要求建立國際體系，以促進和保障世界各地的經濟發展。史東是個愛好遊樂的學者，人前也總是平和可親的英國紳士形象，但在大蕭條和一戰的雙重打擊之下，他還是被深深震撼了。大蕭條和兩次大戰持續數十年，歐洲各國甚至世界各地幾個世紀以來的建設，幾乎全數摧毀。史東和他的許多同僚都相信，新的統計制度是重要的工具，可確保世界從此不再陷入因恐懼、匱乏和無知所帶來的徹底黑暗中。

戰後幾十年，史東穿梭於劍橋的學術界和由聯合國與其他組織委任的不同工作間。他得到凱因斯支持，成為了劍橋大學經濟學系的首位系主任，致力將學術理論應用於現實世界。他很明白，要制訂一套行之有效且真正國際化的標準，就必須先瞭解世界各地發展水平的巨大差異。一九五〇年，他到了奈及利亞（當時英國殖民地），研究當地的國民會計帳。事後他以一貫輕描淡寫的方式說道：「這次又冒出了很多新問題。」英國政府手中有關曼徹斯特工廠生產的資料，或是美國政府掌握的有關克里夫蘭的開支狀況的情報，在那一片聚居數百部落的土地上，顯然都不存在。除了英國殖民地管理人員稍有存檔之外，記錄在案的東西實在不多。

不管怎麼說，一個新制度出現了。史東與世界各地志同道合的統計學家和經濟學家一起工作，改良了全國經濟會計制度的複式簿記架構，記錄全國總產出和投入，成果與顧志耐為美國政府做的大致相似。不過，史東的方法論與顧志耐有所不同，這讓事情變得複雜了。因為美國和世界其餘國家在編纂國民會計帳方法有所分歧，直至一九七〇年代才統一起來。不過，所有制式範本在評估國家經濟產出上所使用的基本方法是一樣的。聯合國在一九五三年終於公布了《國民經濟會計制度》（*System of National Accounts*）。[10]

國民會計體系得以確立，徹底改變了人們理解社會上物質興衰和流動的方式。

有史以來的種種嘗試與挫折，也都算是國民經濟會計制度，例如：中國皇帝聘用大量一絲不苟的高級官吏來記錄農作物和量稱庫房的金銀財寶，羅馬人把來自高盧和野蠻民族的貢品製成表格，中世紀和文藝復興時期的學者不定期計算國家財富，十九世紀和二十世紀初以數字和統計描繪經濟生活，都可在這一制度中找到影子。國民會計帳是一幅國民經濟活動圖，可應用於世上任何一個國家，事實上也為各國所採用。人們已把經濟視為一個由投入和產出、生產和消費、出口和入口構成的機械化體系。國民會計帳則是有系統地測量該體系的方法，決策者可以據此改善經濟政策。過去人們對經濟週期不甚瞭解，待到市況如天氣驟變，讓人措手不及，只能任其擺佈。所以，世界各地的政府當時都欣然採納國民經濟會計制度，希望能消除那些阻止人類充分發揮潛能的破壞力量。

沒錯，話說起來都太富理想色彩，所謂目標也都是烏托邦式幻想。當時人們確實認為，這些新穎的統計方式和闡述經濟活動的方法十分重要，能否消除貧困、緩解匱乏，能否以豐裕終結物資短缺的歷史，關鍵全在於此。就算難以保證經濟增長，至少比過去更能避免經濟緊縮。那些年來，人們的核心信念是，只要發動共產主義革命重建社會秩序，或是推行民主資本主義改善社會秩序，經濟就能免受需求困擾。各大發展機構和聯合國因為彼此有相似的信念，故都主動探討疾病與飢荒的挑戰，它們認為戰爭的恐懼離開以後，社會自會進步和痊癒。在全球收集、比較和整理統計資料，定能讓執政機構判斷政策的成敗。

主要經濟指標得以遍及世界各地，聯合國的作用至關重要，但並不是唯一的推動力量。世界銀行和國際貨幣基金會與聯合國同時成立，旨在為世界各地政府和計畫提供資金，以終結窮困貧乏，創造可持續的經濟發展。此二組織皆對統計數據抱有永不滿足的渴求。另外，美國企業強烈要求掌握專為企業而設的統計數據，以指引開支和招聘事宜。媒體亦開始抓住幾個簡單籠統的數字，大寫有關經濟發展的報導。轉眼間，這些數字已不只是指引政府和官僚機構的工具。人們討論「經濟」狀況時，已以此為共同語言，對經濟前景的不安也開始上升，繼而更加關注這些數字。簡而言之，主要經濟指標已進入社會的「格式塔」。

CHAPTER 5

經濟格式塔
The Economic Gestalt

先概括一下前文內容：主要指標最初是應政府需要而創造的。它們是名符其實的宏觀統計資料，目的是要清楚反映經濟全貌。失業數字、國民所得、國民生產毛額、貿易與農業生產，以及將會談到的通貨膨脹，都是界定「經濟」的指標。它們不是為了幫助人們引導自己經濟生活的方向而設計的，畢竟，沒有一個人會擁有百分之七的個人失業率。每個人的失業率只會是零或百分之一百。雖然說，如果你是愛做不做，一天打魚三天曬網，你的失業率也可能在兩者中間。至於國民所得，雖然對於決策者評估整個系統的產出非常有用，但卻對人們的個人生活沒有啟發。因此，在一九四〇年代中期，一系列的指標展現了不少全國的經濟活動，卻甚少顯露人民的經濟生活。

指標大量出現，令總體經濟學演變成重要學術領域，也讓經濟政策制訂有所依據，不管是凱因斯學派的政策主張，或冷戰時期共產主義國家實施的國家資本主義等。時光飛逝，轉眼當下，用指標去審視經濟政策、政府和國家的方法，已經深入了我們的生活方式和政府的管治方針，沒有指標的世界幾乎難以想像。主要指標融合在政策之中，人們共同討論「大家最近如何」時，指標也不時在對話中出現。

然而，也有不少其他類型的主要指標不是由政府創造的。大部分總體經濟主要指標在第二次世界大戰之前或期間發明，但也有不少戰後才面世。這些指標不是著重於制度和國家，而是在人民與各種產業的活動。它們並不是由官員或政府部門招攬的經濟學家所創造的，而是由包括經濟學家、心理學家、統計學家、行銷人員和高階管理人員這樣不拘一格的組合所發明的。

再次強調，經濟學專業建基於「經濟」是一台機器，是個封閉系統的這個信念之上。對這台機器的瞭解越深，變數測量得越精確，就更容易隨我們所想去管理和操縱它。我們可以避免瘋狂擴張和急劇緊縮這些幾個世紀以來一時振奮社會、一時破壞社會穩定的狀況。更好的指標能帶來更好的政策，有了更好的政策，國家就沒那麼容易陷入蕭條或崩潰，這正是凱因斯與其眾多追隨者所期盼的。

傳統經濟學和凱因斯理論似乎毫無人情味，彷彿只是錢進、錢出的一回事，但凱因斯本身並不是這樣，他深深尊重會影響大眾行為和改變結果的動物本能。顧志耐也承認，國民會計帳重視總體而忽略個體，特別是撇除家務價值後。換句話說，它專注於國家和系統而忽視人民。國民所得的統計資料有助緩和景氣循環的極端狀況，但當要評估現實中人們是如何感受抽象的「經濟」時，這些數據又變得頗為空洞。

然而，有些經濟學家明白，人民至少也可說是一個重要的變數。如果說顧志耐和凱因斯是最宏觀指標的化身，卡托納（George Katona）就是微觀指標的教父了。這指標不只是最微觀的，還是最模糊、最軟性、最易擠壓和最難以捉摸的：消費者情緒（consumer sentiment）。它的測量對象不是產出和貿易等不具人格的龐然大物，而是一些更涉及情感和人性，更難用簡單籠統的數字去捕捉的東西——人們對當下經濟生活的感受，以及對未來前景的信念。

很少經濟學家會被這些問題所吸引。但話說回來，卡托納也不算是個經濟學家。他在一九〇一年，即奧匈帝國晚年期間，生於布達佩斯的猶太家庭。卡托納和顧志耐的出生背景有些相似，兩人皆是猶太人，移民到美國前曾於歐洲大學接受教育，一同捲入政治和經濟扭成的漩渦，及後都成為兩人分屬領域的鉅子。然而，卡托納與顧志耐不同，他更感興趣於人類心理學與行為這一錯綜複雜的範疇。他認為世界不是一個需要被記錄的機械化系統，而是人類心態變化的綜合產物。顧志耐想要創造一個測量經濟的制式格式，卡托納則努力建立一個資料庫，記錄欲望、意向、恐懼和希望等決定個體經濟行為的情緒。比如說，某人究竟會花錢買車或洗衣機，還是會存款？存款是否因為過於小心翼翼或太過謹慎呢？

一戰末期，卡托納入讀德國哥廷根大學。這所大學在兩世紀前由英王喬治二世創立，可謂啟蒙運動時期自由探究精神的避風港。卡托納的實驗心理學博士學位完全承襲這一傳統。實驗心理學是一門新學科，試圖藉著集中研究真實人類行為，以證實人類行為的理論。學科的核心是驗證有關人類行為的種種假設，或設計實驗，觀察對象處於受控制的模擬情境中有何表現，或藉助密集而深入的調查和問卷。這些實證的嘗試後來成為「行為經濟學」的基礎。行為經濟學探討人類心理學與經濟行為之間的關係。如果說傳統經濟理論相信人都是理性行為者，行為經濟學的觀念顯然與之不同。

完成學術研究後，卡托納先到法蘭克福，再至柏林。在那兒，他親見威瑪共和國的興起，繼而目睹惡性通貨膨脹和納粹黨得勢的陰霾如何讓國家解體。他從事記者和銀行分析師的工作，那幾年更開始鑽研格式塔（Gestalt）心理學。這個詞彙，或許直至一九六〇、七〇年代的美國，才作為一種自我探索的途徑，進入流行文化。但在一九三〇年代，它是學術界心理學的小分支。格式塔主義（Gestaltism）主張人類一定要先認清事物的構造，然後才會組織思想和行動。當我們看著一幢建築物，首先會看見整個構造，而不是樓層、窗戶、外殼和磚石的組合。我們渴求秩序和意義，因此我們尋找秩序和意義。

卡托納對於學術如何解讀人類行為不太感興趣。他比較想解決由人類行為引起的社會問題，其中最嚴重的就是在德國引致社會秩序崩潰的通貨膨脹。這次事件，加上威瑪共和國垮台和納粹黨人與希特勒的興起，迫使卡托納於一九三三年離開德國，移居美國。然後，他見證了經濟大蕭條下的需求崩潰，那是與通貨膨脹截然不同的景象。

一九三〇年代大部分時期，卡托納把他對人類心理學和市場的興趣結合在一起。他曾在德國的銀行工作。到了紐約，他又在不拘一格的社會研究新學院（New School for Social Research）當教授，同時亦擔任投資顧問。在二次大戰爆發和一九四一年十二月七日美國直接參與戰爭後，他對經濟學和心理學的熱誠又再次融合在一起。卡托納於一九三九年成為了美國公民。由於見證過通貨膨脹為德國帶來的惡劣影響，他很擔心美國加入戰爭會導致國內通貨膨脹。畢竟為了戰備，貨物會實行定量配給。卡托納在其著作《沒有通貨膨脹的戰爭》（*War Without Inflation*）中，表明了通貨膨脹是由消費者的期望而引起的，因為消費者期望就像貨幣供應一樣，同樣是經濟學家強調會引致通貨膨脹的典型因素之一。為了預防消費者以為會通貨膨脹，卡托納認為政府應該創造一個「格式塔」，以緩和人們的恐懼，並引導人們預期物價將變得穩定。[1]

重視人類的情緒和看法，是塑造經濟軌跡的關鍵因素。這個觀點或許會得到凱因斯的賞識，但大部分經濟學家認為，把情緒和行為混為一談的方法十分怪異，且不受歡迎。「理性行為者」的原則指出，每個人會利用手上的全部資訊，最大限度地達到自身的利益。這個觀點建基於亞當斯密和李嘉圖的古典經濟學，在二十世紀發展成為一門「經濟學」學科後，內容逐漸充實起來。不管怎樣，這些觀點與卡托納的想法完全不同。卡托納認為個人選擇源於眾多原因，包括渴望得到最大的收穫，還有複雜和強烈的情緒，包括恐懼、貪婪、希望等心情的相互作用。

戰爭期間，卡托納在農業部工作，時間不長，期間仍持續研究消費者心理。然後，他的初始想法終於結晶成理論。他想到一個經濟活動的推動因素，雖然自己深信很重要，人們卻一直忽略：消費者態度。第一批主要指標測量的是行動，並非感覺。對卡托納來說，這是一個顯然易見的疏忽。他善用心理學的訓練，推斷出消費者的感覺會驅使他們買些什麼。他們買了些什麼，繼而會決定經濟活動是擴張還是萎縮，亦會影響從生產到輸出、通貨膨脹以至就業等所有問題。因此，感覺與行動有著直接的聯繫。如果執政者不考慮這種聯繫，政策就會出現缺失。相反地，根據卡托納的理論，如果能確實計量情緒，不只能更有效地估量現今發生的事，還能測量未來會出現的狀況。

戰爭結束，卡托納在政府的工作也告一段落。他被招攬到密西根大學，和幾個同事一起遷到安娜堡。那時，密西根剛建了一所調查研究中心，正找尋思維活躍的人當領導。卡托納熱心投入於創建消費者情緒的資料庫，而大學又願意支付經費，因此這對他來說是一個好歸宿。

這種關係對雙方來說都有莫大裨益。卡托納的研究成為首個針對消費者情緒的持續調查，並從調查問題的分數制訂出指數。指數越高，表示消費者越感到樂觀，指數越低則越悲觀。這個既容易理解又簡單的指數，變成了社會與媒體評論的主要支柱。對於「經濟」這一陌生而無形的統計實體，「美國消費者」在爭論其前景好壞時，也經常用上這一消費者心理指數。

消費者情緒調查的誕生，是卡托納滿腔熱忱，要把人們心態與其經濟行為連結起來的成果。到了二十世紀末，這些調查成為全球最大型資訊服務企業所售賣的資料庫。卡托納一九八一年臨終時，都一直待在安娜堡。密西根大學不僅繼續資助卡托納的研究，更不斷將之擴展，乃至商業化。數十年間，密西根大學從調查研究中心的成果中獲利甚多，有實質利潤，也有無形的好處。隨著二十世紀展開，出售指數變得越來越有利可圖，卡托納的研究和世界價值觀調查（World Values Survey）等其他統計成果，令密西根大學成為相關領域的全球先驅。卡托納和密西根大學的緊密合作和漸趨商業化的社會科學研究，已經足以寫成另一個故事。商業化的社會科學研究在高等教育方面的收入來源，幾乎能與自然科學研究相比。最後，全球媒體企業集團湯森路透公司（Thomson／Reuters）獲許可以使用該指數。於是，公司開始推銷指標，售予全世界各個企業、投資者和媒體。這是一筆大生意。發布這些數字能帶動市場發展，因此避險基金和交易人都願意支付巨額，以求提早得知數據。[2]

個人指標商業化，與之前所述由政府資助的統計資料，兩者有著明顯的對比。美國勞工部轄下有勞工統計局，負責收集失業和通貨膨脹數據；商業部則有經濟分析局，負責計算國內生產毛額和各種貿易數字。聯邦政府透過這兩個部門的預算雇用人員，以匯集國內生產毛額、失業、通貨膨脹、貿易和許多其他統計數字。州政府也擁有各自的統計部門，以計量各州產出和就業數字。而在二十世紀期間，仿傚卡托納與密西根大學的模式，私人資料庫行業因之誕生。這些數據和統計資料出現並非為了公共服務，而是它們本身就是筆利潤豐厚的生意。

卡托納當時的首個主要問題，就是第二次世界大戰結束和數百萬軍人退伍後會對美國經濟造成的衝擊。他擔憂的是戰爭結束，以及從戰時經濟過度回自由市場經濟體系，會引致通貨膨脹率升高，生產下降，這將是最壞的狀況。首先，那些在戰時曾省吃儉用、克制自己買奢侈品和必需品的美國人，多年來所壓抑的需求將會突然傾洩而出。但因國家的工廠來不及改變生產路線，不能馬上從製造坦克和彈藥轉為生產汽車和電器，因此將會有供應不足的問題。另外，由於數百萬士兵從戰場歸來，數百萬戰時受雇的女性也變回家庭主婦，失業率將會大大提高。

結果，這些恐懼並沒有成真，美國經濟反而蓬勃起來。至於通貨膨脹，雖然在一九四五年顯著上升（超過百分之八），但並沒有加速至德國在兩次大戰之間的破壞程度。美國消費者也沒有急著要打開錢包，用大量金錢淹沒國家。事實上，經過短暫的過度期後，國家經歷了穩健的增長。

卡托納對此的貢獻，是論證了通貨膨脹乃基於消費者的期望，而並非只是貨幣供應量與需求不平衡的結果。當人們認為將有明顯的通貨膨脹，便會調整自己的行為。他解釋：「對通貨膨脹的擔憂上升（會導致）美國消費者減少可自由支配的開支，同時增加儲蓄率。」[3]事實上，那似乎就是戰後所發生的情況。戰爭結束後，人們對通貨膨脹的焦慮十分普遍，同時美國消費者花錢也的確變得更自由。然而，因為擔心通貨膨脹，他們沒有過度花費，這反而剛好抑制了通貨膨脹，限制了損害。卡托納發現了情緒與行為之間的聯繫，以及消費者的感覺與實質經濟結果在宏觀層面上的關聯。

卡托納之後在密西根大學開展的調查就是以這個假設開始的：人們認為經濟狀況將如何，會密切影響他們的決定和消費金額。如果你能測量有代表性的典型消費者有何感受，就可預測到他們在未來幾個月更有可能消費還是儲蓄。「經濟情況比之前更好，就會花費更多，」卡托納風趣地說，「而他們覺得經濟狀況變得越差，就會花費越少。」

卡托納那些年並沒有真正使用「經濟」一詞。他只談及花費、儲蓄和情緒，以及它們能否準確預測未來經濟活動。首批調查最早在一九四六年開始，受訪者需回答多個問題。而從首批多達數百個的回答中，卡托納得出的結論是，消費者認為未來的消費前景十分明朗。他這種信念的根據在於從沒受過訓練的工人到專業人士和高階經理人員，普遍都對未來感到樂觀。卡托納相信，這份樂觀會帶來一段長時間的穩定消費期，而不是基於恐懼的儲蓄期。人們對於通貨膨脹的擔憂將會限制失控的消費。這將會成為美國經濟一個長期的最佳時點。

這些首批調查被學者與官員廣泛利用，尤其是聯邦準備理事會，因其職責所在是遏止通貨膨脹。最初調查每年進行一次，向三千個「消費單位」進行長達一小時的訪問。「消費單位」是一個不太優雅的用詞，用來描述消費在一起的家庭。卡托納的研究團隊傾向選擇訪問丈夫，因為他們假設丈夫大概是一家之主，會決定主要的家庭開支。若丈夫不在，妻子又充分瞭解家裡的財務狀況的話，妻子也可能成為訪問對象。[4]

你可能會批評這些調查所作的假設，特別是不少家庭都是由女性掌管家庭採購及負責家中事務，在這情況下，丈夫是否真正擁有家庭開支的最終決定權呢？但至少，這方法清晰並且始終如一，研究人員也致力於選擇正確的抽樣對象，對象範圍涉及主要的地理區域，亦小心保持城鄉受訪者數量的平衡。然後在一九五〇年代初，卡托納引進了新的調查，即消費者情緒指數，並一直沿用至今。這指數以一個簡單的數字決定整體消費者情緒，這數字基於向五百人訪問的六個問題而成。不久以後，訪問問題減至五條，也就是現時仍然使用的那五個問題。進行訪問的包括密西根大學，還有在一九六七年自行開發了消費者信心指數的經濟諮商局。

這些問題十分簡單，大概每個人都懂：

・你認為比起一年前，你的經濟狀況變好了還是變差了？
・展望未來，你認為一年後你的經濟狀況會較好、較差，還是和現在差不多？
・現在問題轉移到國家整體的商業狀況，你認為接下來十二個月會是經濟景氣、不景氣，或者其他？

．展望未來，你認為以下哪一種更有可能發生：未來五年左右，國家整體經濟會持續蓬勃發展，或是有大規模的失業或蕭條時期，或者其他？

．一般而言，你認為現在是否是購買主要家庭用品的好時機？

雖然裡面有些用詞被適當地調整過，這些問題仍是消費者情緒指數的核心。調查人員基於這些答案建立了量尺，若以一九六六年的結果作為基準，即一百點，多年來，最低指數為五十，而最高的時期就是令人陶醉的一九九〇年代，那時指數高達一百一十。

這些調查很快便進入公眾領域。一九六七年，密西根大學的調查團隊出現了對手，也就是經濟諮商會，但這反而令雙方都變得更知名。新聞媒體發現這些報告相當有吸引力，因為報告每月會提供數字，報導文章和評論可以利用這數字為出發點，描述美國人當時的想法。沒錯，這些指數可以再輔以蓋洛普等企業所蒐集的民意調查數據。蓋洛普的調查中提問了一些具體的問題，如「你對蘇聯有什麼看法？」、「美國應否參與越南戰爭？」和「你認不認同總統的表現？」等。由於社會越來越以經濟表現好壞來定成敗，隨著年月過去，這些情緒指標也受到更多關注。

然而，即使人們更關注並意識到這些指標，經濟學家普遍仍然認為它們沒什麼份量，並不看重它們。卡托納認為這些指標不單在描述消費者態度上發揮作用，更能幫助預測不久的經濟前景。他更指出如果把經濟模型中視為「軟」的因素，包括情緒、態度和個人意見等放在一起，便會成為指引前景的重要指標。這個假設幾乎立刻就受到學術界的質疑和挑戰。聯邦準備理事會於一九五五年召集了委員會，研究密西根大學的調查和指數是否真能預測消費者的行為。委員會的主席是史密西斯（Arthur Smithies），其後獲得諾貝爾獎的杜賓（James Tobin）亦參與其中。委員會得出的結論是，調查並沒有準確預測消費者如何花費和儲蓄，亦沒有任何學術研究證實兩者之間有確實而有力的關連。卡托納反對這個結論，指責批評他的人是錯誤利用了這些資訊。他指出，若只是在一年後重新訪問受訪者，看看他們的行為與答案是否相符，並不足以對這些調查下判斷，事實上，它們加起來就是十分有用的指標。任何一個或一組家庭說他們會做的，跟他們真正表現的可能有很大的分別。但如果把兩者合在一來，會形成一個「格式塔」或消費者情緒的全貌，能展示消費群體的整體行為。[5]

但即使在這一點上，之後的大量研究都未能顯示調查和未來的消費或儲蓄之間有清晰可靠的聯繫。問題也並非出在研究不足。事實上，一代又一代的學者都曾嘗試找出消費者情緒和支出之間難以捉摸的聯繫，又或是想證明其中的聯繫並不存在。歸根究底，或許更適當也更微妙的問題在於，人們在某個特定的時期回答一組特定的問題，所述的看法是否真能預言他們未來的行為呢？

比如說，有人說覺得一年後自己的經濟狀況會較差，一年後再次訪問那些人，結果你看，他們削減了開支，你也許會以為調查本來就預測了這種結果。但如果他們減少消費，是因為生病、突然失去工作，又或是孩子意外出生呢？抑或是因為突如其來的大型恐慌或政治事件，就像古巴飛彈危機或是甘迺迪總統暗殺事件一樣呢？這些原因可能更加影響消費決策。人們所說與所做看似有因果關係，但事實上並沒有。或當當有些受訪家庭沒有按照他們所說的來行動時，某些研究人員大喊「哈，逮到你了！」，以為他們終於顯示了那些測量行為的調查是毫無價值的，然而，這種邏輯同樣不太可靠。這種結果看似顯示了情緒與未來的行為並無關聯，但通常行為意外地被改變，只是因為世界也改變了。一個在一九六二年夏天受訪的家庭，當時可能認為他們的經濟前景良好，一心打算在未來幾個月花更多錢，但接著古巴飛彈危機就發生了。這個預測會失敗大概是政治因素所導致，不能說是消費者情緒調查的失敗。

卡托納選擇以自我防衛和含糊其詞來面對這些批評。他主張，態度在某些方面上明顯影響個人行為，因此在某些方面也一定影響了集體行為。即使不能很快得到確實的結論，知道更多人們對未來的想法總比不太清楚來得好。但因其調查沒有證明確實的關聯，聯邦準備理事會停止為其調查提供資金，經濟學家也把注意力轉移到其他地方了。

眾多專業經濟學家的懷疑態度，與大眾的關注成反比，這也不是最後一次。事實上，卡托納的研究成功吸引公眾注意力，也引來了資金，因此以一九六七年的經濟諮商局為首，各個團體都爭相效仿。為了與密西根大學的調查區別開來，經濟諮商局把抽樣範圍擴至五千個家庭。另外，諮商局沒有重複訪問其中某些家庭，而是每次選擇了新的五千個家庭，作為訪問對象。一九八七年，《金錢》雜誌和美國廣播公司新聞團隊聯手開發了每週消費者信心指數。這些指數得到了廣大關注，特別是來自媒體、投資者和經濟預測人員等。

沒有人能證明這些指數真能預測什麼，但很少人願意完全捨棄它們。正如卡托納所言，就算把調查能否預測行為的爭議擺到一旁，這些指數仍然在個人心理這朦朧的領域照出了一道光。想瞭解人們想法的好奇心，可從不潔的幻想到實際層面。大多數人一直都對鄰人的所思所想擁有強烈的興趣。這些情緒調查就如其他有關價值觀、性習慣、宗教信仰或對迫切問題民調同樣受到大家重視，原因是它對人們在經濟方面的情緒感受，提出了一些有趣的觀點。

由於研究顯示態度與行為之間沒有簡而易見的聯繫，但也沒有研究能證明兩者之間沒有關聯，因此卡托納與仿效他的人能繼續堅持他們的主張。[6] 眾多研究都指出，要斷言人們對未來感到悲觀就會少花錢多存錢，感到樂觀就會多花錢少存錢，幾乎是不可能的。唯一持續顯示與未來行為有所關聯的個人預期，似乎就只是圍繞著買車或買大型耐久品等。至少，多項研究顯示，說自己未來幾個月可能會買車的人，結果真的會買車的機率，比說不太可能會買的人高。原因何在？這也不太清楚。可能是在於購買昂貴物品前，需要一些計畫和資料蒐集，因此第一步必須要表明自己的意向，才會付諸實行。如果沒有表明的話，就不太可能會買了，畢竟，很少人會因一時衝動而買車，說著「嗨，你好。我正好路過，就決定買那部特斯拉電動車了。」

但是卡托納與其他製作這些指標的人經常指出，有時指數的確預示了經濟遲緩，或是稍後其他指標也表現出經濟疲軟的走勢，證實他們指標的準確度。人們覺得悲觀有很多原因，有些是關於經濟，也有些不是。他們通常每逢二月都會感到悲觀，可能是因為放假時花費太多，或是經常接觸到家中的煩心事，又可能是因為國家大部分地方都處於嚴冬之中，令人們感到憂鬱煩躁。到了仲春時節，夏天來臨時，人們就會變得較樂觀。消費者信心在八月達到高峰，那時適逢假日，人們可在海灘遊玩，享受舒適的天氣。[7]

人們也會受外來衝擊的影響，這有時能準確預測他們未來的行動，有時則不然。以近年來說，在股票市場泡沫崩解、經濟衰退後，消費者信心在二〇〇一年四月下降到八年來的新低點。就算沒有九一一襲擊事件，四月的調查數字實際上也預示了之後的困難時期。相反地，在伊拉克入侵科威特後，密西根大學的指數在一九九〇年秋季大幅下跌。然而，一九九一年初美軍介入成功後，消費又大幅回升。有時候，消費者的悲觀情緒聚集起來，發揮了預測經濟軌跡的功用，比起預測人員依賴的靜態指標更早直觀地得到預測結果。他們能立即發現工時縮短、輪班次數變少、即將裁員、商店冷清和管理人員焦慮等問題，也更快察覺到當地銀行信貸收緊或利率提高。基本上，情緒指數不時會預測正確，獲得信賴，卻也經常預測錯誤，讓人覺得不太可靠。

情緒指數也填補了貿易、農業生產、失業和GDP等數字中明顯的漏洞，為測量非個人體系的非人性工具提供了人性的元素。失業數據就只是數字，但卡托納等研究人員的調查就觸及更大的問題，例如受訪家庭被問到他們的快樂和滿足感，或國家和社會是否以最大可能提高快樂和滿足感等，他們所表達的悲觀情緒就不只是數字了。這些調查觸及人們的安全感受，從而也提出另外的問題：井然有序的社會體系是否為更多數人提供更大發展潛力？當然，人們仍然在爭論著社會成功的真正目標及其衡量標準，這些調查顯然沒有回答這點。然而，無論是以前或現在，情緒調查都對於總體指標如何與人們真實生活經驗交集方面提供了主觀的看法。

直至一九八一年逝世前，卡托納仍然相當活躍。他更深入鑽研消費者預期與通貨膨脹的關係，也嘗試拆解消費者預期、態度與物質豐裕之間複雜的關聯。他挑戰了廣告業中消費者會受操縱而購物這項假設，並利用多年的調查數據去說明人們比假設中更精明、更細膩，也更懂在行為和想法間取得平衡。人們並非只想著把經濟利益放到最大，他們追求的是透過文化、藝術、教育和休閒來使生活變得豐富充實。卡托納透過一個移民人士的樂觀鏡片，透視多姿多彩的美國。這個移民人士離開了經濟崩塌、被恐懼支配的歐洲來到美國。他懷抱著希望，在一九七〇普遍被認為消費者和社會相當浮動的年代，能分辨出社會是否穩定平衡。在二十一世紀初的美國，抱持這種樂觀態度的人不再多見。

情緒變得能以數字測量，以及研究人員多次嘗試用該數字與支出、儲蓄和未來成長等聯繫在一起，大大增加了二十世紀中葉新開發出來的經濟指標。經濟環境裡不只有政府為了幫助決策者評估政策而匯編的大型綜合指標，還很快出現了大量私人匯集的指標，調查角度與政府指標完全不同。二十世紀後半，企業和專業團體紛紛開發新指標。這些團體想瞭解市場形勢的渴求，可比政府官員欲掌握整體經濟狀況的渴望。

某些私人指標源於經濟大蕭條，其中一個最顯著的指標就是採購經理人指數的前身。採購經理人指數（purchasing managers' index，PMI）是由供應管理協會（研發，每月發布的製造業調查。它的影響力深遠，多年來不斷演變，成為最重要的經濟活動指標之一。調查自一九三〇年代開展，某程度上是受到胡佛總統的督促所致。因未能持續取得清晰的失業和國民生產資料，加上工業上沒有可靠的即時資料，胡佛總統感到沮喪失望。於是，他提議美國商會帶頭提供調查和數據。美國商會之後成為了美國最大的志願商業組織。當時，它接受了胡佛的提議，嘗試召集數百間公司持續提供資料，但最終也未能成功。

美國商會失敗後，這份工作由全國採購代理商協會（NAPA）接手。二十世紀初的幾十年間，透過泰勒（Frederick Taylor）的科學方法，製造業徹底改革，變得更有效率。由於為工廠提供所需零件和原材料，仍屬於較非正規的技能，這時候，企業家的命運就交到採購代理商手中。採購代理商憑藉其感受估計價格、供應和需求。如果估算出錯，企業家就難逃失敗的命運。這些採購代理商會利用非正式網絡去估算價格和供給量，透明度不高。雖然這些私人調查也許極具價值，但它們的範圍有限，而且可靠性受其受訪者的影響。話說回來，商業的進行方式從古至今都一直受私人網絡的支配。交易商們交換的絕不僅有港口的貨品，還會交換遠方城市的傳聞、資訊和情報，如各地發生了什麼事、誰買了什麼、誰勝誰負、流行些什麼，又有什麼褪流行了等等。

然而，隨著大蕭條日益嚴重，人們發現利用非正式網絡和從貿易組織收集的消息和八卦，去經營生意或讓經濟順利運行並不可行。大量企業經營失敗和破產就是很好的證明，口傳消息亦導致負面的回饋環路。採購代理商協會明白，當務之急是要掌握更準確的數據，於是致力調查當時的經濟狀況，並以採購商作為第一手資料來源。調查問到採購商接到的新訂單，訂單增加、減少還是保持不變，亦問及存貨、未出貨訂單、商品價格、招聘計畫和供應商是否準時交貨等。

最後，協會為這些問題評分，並開發了一條公式把答案的分數加起來，變成一個數字，就如情緒指數一樣。雖然大戰打斷了調查（或許會因政府控制價格和徵用供給品作軍備之需而令數據失真），但二戰戰後調查再起，更成掌握經濟狀況的第一手資料。現時大家所知的供應管理協會指數（Institute of Supply Management Manufacturing Index，ISM），其實與GDP關係非常密切。能預測整體產出是增是減及增減數量的主要指標不多，供應管理協會指數則是其中之一。[8]

在二十世紀最後的數十年，指標數量激增。房屋興建調查以前屬於商業部和人口普查局的管轄範圍，但一九七〇年代後，這類調查增加了包括美國房地產經紀人協會進行的成屋銷售調查，和美國住房建築商協會編製的房地產市場指數。二十世紀期間，為滿足企業的需求，人口普查局也增加了調查範圍和方式，調查包括由建設到零售和小企業創業等一切事情。聯邦準備銀行多間分行也積極建立資料庫，從紐約、費城和里奇蒙等各分行進行的地區製造業調查，到全國工業生產和產能利用的調查和報告，都收於資料庫中。

面對指數劇增的情況，在一九六〇年代，商業部嘗試集合所有指標，以建立「龐大指數」。商業部定期發行摘要，裡面記錄了所有指標，並把指標分成領先指標（指引未來趨勢）、同時指標（提供現今概況）和落後指標（測量最新趨勢，但未必預測未來趨勢）幾類。落後指標中最重要的是失業率，只提及已發生的事情，沒有顯示未來的狀況。當其他指標如生產數字整體下降時，它也「落後」了。「領先」指標能預測其他指標的變化，建築執照或建造業訂單之所以是領先指標，是因為它們上升時，建築活動和生產也很可能會上升。但如果建築執照指標突然慢慢停頓，從建設到商品價格等大量指標也很可能會下降。

一九九五年，商業部將一系列指標售予經濟諮商局。經濟諮商局之後持續發布「領先經濟指標」，宣傳它為預測經濟的重要工具。領先經濟指標指數包括由政府和密西根大學等私人機構所收集的十個主要指標，再結合史坦普股票指數反映的股市表現和聯邦準備銀行提供的貨幣供給資訊。更複雜的地方是，經濟諮商局的主要指標指數包含了經濟學家界定的領先指標和落後指標。因其重要性，領先指標被命名為「領先」。雖然這種分類方法似乎令人難以接受，但是透過由商業部到經濟諮商局所收集的這一系列指標，我們才能認識到「主要指標」這個統稱。

要界定指標是落後指標、同時指標還是領先指標，關連到另一個重要概念：景氣循環。指標是屬於落後指標還是領先指標，基於經濟學家認為我們正身在「景氣循環」的哪一部分，是正走向衰退期？還是快要走出衰退期？就如二十世紀才發明的指標一樣，有規律的「景氣循環」這個概念也是近期才出現的。我們現在把「景氣循環」視為經濟的法則，然而就算如此，這條法則仍是相當新穎，只經過數十年的試驗。

一九四六年，來自美國國家經濟研究局（也是顧志耐和其他具影響力人士的起步點）的兩位經濟學家發行了一本書，名為《測量景氣循環》（*Measuring Business Cycles*）。作者伯恩斯（Arthur Burns）和米契爾在經濟史上非常有名，但當時，兩人正處在事業上的不同階段。米契爾創立了國家經濟研究局，並聘請了顧志耐和伯恩斯。他的組織能力高，也指導過不少學生，令他站上事業顛峰。當時伯恩斯四十多歲。

伯恩斯生於加利西亞（Galicia），是名猶太人，從東歐移民到美國，致力鑽研經濟學。

在政府和後來創建的總體統計數據之中，米契爾留意到多年來，經濟中有些模式似乎不斷重複，而新數據或許能預測這些模式。他一直反覆思考，究竟有否所謂的「景氣循環」?即使具體條件有些改變，但仍維持某些辨識得出來的固定模式。經濟是否有慣常的重複模式，只是因為資料不足所以人們未曾察覺呢？會否有景氣循環的存在，能預測經濟興衰，就像預測人類從生到死的生命週期一樣？

即使直到一九四〇年代中期，有大量研究來界定國民所得、價格、就業和生產等概念，想比較隨時間推移的經濟變化卻仍力有未逮。正如伯恩斯和米契爾在《測量景氣循環》書中的解釋，「關於經濟活動的週期性波動，最長時間的紀錄來自於記者當下的觀點。他們的意見顯示，在確定有景氣循環這概念之前，負責報告貿易狀況的人就因為發現繁榮和衰退的輪流交替而感到驚歎。記者也指出了當下人們認為是繁榮或是不景氣，這對於識別相繼出現的景氣循環相當有幫助，也能粗略估計景氣循環的持續時間。」

這兩位頂尖的經濟學家出身於當時最優良的研究機構之一，而他們卻讚許記者對景氣循環的理解是當時最為正確的，從後來經濟學專業的演變來看，是件頗令人驚奇的事。米契爾和伯恩斯的研究把記者留意到的景氣循環，變成統計學概念，並且能被視之為總體經濟的「法則」。[9] 他們的研究也讓更多人注意到美國國家經濟研究局，原因有一，這個組織會自行宣布美國是否衰退或已陷入衰退，縱使沒有政府正式承認。近年來，在所有相關指標都被定型了以後，人們也經常回想起經濟研究局的這份決心。例如，直至二〇〇至〇一年經濟「衰退期」結束後，政府才正式公布這件事。「宣布」經濟衰退是需要強大權力的，對整個社會也有明顯的影響。

將景氣循環視為經濟體系的重要一環，大大改變了我們對生活的理解，從我們說話時就體現了這一點。媒體和政界會提到衰退和復甦、走向衰退或是走出衰退、經濟朝擴張還是減緩發展等。以上所有用語都是基於一個基本（且毫無異議）的觀點，即經濟整體來說遵循著能被測量的循環模式，且隨時間變化，這些模式仍然不斷上演。這些模式不斷重複，我們能預料它們，證明了企業、政府和個人能採取不同方式去減少經濟的不良影響，或至少能做好準備，盡最大能力縮短不良影響的時期，也把衝擊減至最低。這也把凱因斯的理論帶到新階段，因為它關係到一個一直以來都很神秘和強大的信念：以前政治家和國民未有留意到經濟變化，也對經濟變化感到措手不及，但其實我們能管制它、描述它、記錄它、征服它。

經濟的特點在於（一）景氣循環遵從重複的模式，（二）並有一定的規律；（三）一系列數據則確定了（四）我們在循環的哪一階段，這樣的概念成為了我們看待世界的重要部分。它影響了大公司的資本支出和招聘計畫，對企業家考慮會否做小生意，或銀行的貸款職員會否為生意提供資金也有所影響。它也影響到投資建議、退休基金的金額和退休後的個人計畫。

但就如這幾頁所表達的一樣，雖然在現今世界，景氣循環這概念對於我們來說相當瞭解和熟悉，也覺得理所當然，但在伯恩斯和米契爾的書在二次大戰後出版之前，這仍是一個很新的概念，也未得到廣泛認同。之後，景氣循環的概念更證實了指標的作用。短短幾年內，這些概念和指標就像理所當然存在在那裡一樣，傳媒廣泛報導，政府和工業也經常利用它們。《時代》、《財星》和《新聞週刊》等雜誌，以及《紐約時報》和《華盛頓郵報》等大型報章都開始定期報導這些數字。工業協會不僅開發自己的測量指標，更創造了談論商業的體制，以景氣循環來評估當時的經濟狀況。這種預設非常清晰：如果你能正確識別到景氣循環，就能預計下一次需求的上升或下降。

到了一九七〇年代，這些概念已遍布了各個領域，不單是商業和政治，而是整個文化。它們就如國民會計帳、GNP／GDP等概念一樣，經由聯合國和世界銀行傳播到全世界。就算是普通人也開始用「經濟」中發生的事來討論社會議題和各項經濟挑戰。在一九七〇年代，以指標來測量和解釋的經濟難題，成為多屆總統的重要關注事項，考驗著總統的執政能力。這些經濟考驗或許導致某個總統下台，也或許把大眾對經濟數據的關注和其影響力提升到新高峰。那麼，一九七〇年代，主要的罪魁禍首是誰？正是通貨膨脹。因界定景氣循環而成名的伯恩斯，發現自己正處於尼克森政府的中心，並被親手所開創的一切給毀了。

CHAPTER 6

通貨膨脹：從主要指標到政府詐騙
Inflation: From Leading Indicator to Government Con

《紐約時報》於一九七四年八月報導「伯恩斯是個不受尊敬的先知。」伯恩斯是個含蓄寡言的學者，七十一歲時才成為政策制訂者。紐時的評論對他來說也許有點嚴苛，但在他負責決策的期間，美國的形勢實在頗為嚴峻。伯恩斯一直支持尼克森總統，因此尼克森也支持伯恩斯。面對國會的彈劾，尼克森不光彩地辭職了。美國當時面臨急劇的通貨膨脹，情況可說是失去控制。通貨膨脹率超過百分之十一，創歷史新高。美國在越南戰爭中落敗，人們對國家的信心開始動搖。加上自二次大戰後開始蓬勃發展的美國經濟，如今卻變得衰弱了，令人們不禁懷疑經濟能否再次蓬勃起來。

接替尼克森的福特總統在一九七四年十月八日的重要演說中，指出通貨膨脹是美國的頭號公敵。這場演說名為「必勝」演說（WIN，取自Whip Inflation Now「立即打擊通膨」），福特發表說：「我國的自由企業制度取決於秩序井然的資本市場，而要建立秩序井然的資本市場，則有賴於有效運用國民的儲蓄。現在，資本市場一片混亂……我們必須限制貨幣供應。但各位都知道，聯邦準備理事會主席親自向我保證，銀行會充分增加貨幣供應和信貸以滿足經濟需求，不會發生信用緊縮的情況。」聯準會與含蓄拘謹的主席突然間走入美國政治的中心，於一九一三年成立的聯準會在短短幾年內也獲授予更大權力，除了負責保持價格穩定和監管銀行外，更要保障全民就業。[1]

直至一九七四年以來，通貨膨脹在美國從來都不是個重大問題，但在央行要員如伯恩斯心中，通貨膨脹一直是個潛在的威脅。伯恩斯在一九六八年總統競選期間曾擔任尼克森的顧問，那時通膨並不明顯，經濟似乎也走勢強勁，他卻指出通貨膨脹是經濟繁榮的最大威脅。二十世紀初，惡性通貨膨漲曾令德國與歐洲部分國家陷入經濟貧困的境地。雖然美國只經歷過大蕭條，未曾出現惡性通膨，但在各種不同的經濟困境中，通貨膨脹仍占有特別的地位。眾人當中最感恐懼的，莫過於中央銀行要員，在美國也不例外。

不幸的是，美國對通貨膨脹的警惕仍相當不足。伯恩斯擔任聯準會主席長達八年，但仍沒有足夠能力對抗通貨膨脹。之後幾十年，人們不斷議論究竟是什麼引發一九七〇年代的「大通膨」，以及聯準會和國會當時能做什麼去扭轉通貨膨脹的情況。伯恩斯與學術界的同儕如顧志耐、米契爾和費雪（Irving Fisher）不同，他在關鍵時刻擔任了政策制訂者。他的傳統經濟觀念無論是對是錯，也顯然不能應付一九七〇年代美國的混亂情況。

直至一九三〇年代，經濟走入政治的情況才變得顯著，其後，一九七〇年代的通貨膨脹形成主要爭議的焦點。因為首波通貨膨脹似乎是由國際事件引起，所以美國政府把國內和對外政策連結起來，也因為這樣，通貨膨脹成為了三屆總統（編按：一九七〇年代的尼克森總統、福特總統、卡特總統）要著力處理的問題，也在一九八一年將雷根（Ronald Reagan）送進白宮。

由於一九七三年十月的以阿戰爭（又稱贖罪日戰爭），出產石油的阿拉伯國家對以色列的西方盟友實行石油禁運，尤其是針對美國。隨著石油禁運，石油價格飆升，通貨膨脹在一九七三年更加猛烈。尼克森總統於一九七一年下重大決策，宣布美國脫離金本位之後，通貨膨脹也緊接著上升。由於以上任何事件的破壞力都足以動搖價格均衡，因此很多人爭論它們是引致通貨膨脹的源頭。而且，一九七〇年代的大通膨不是因為央行根據傳統經濟理論制訂的政策失當，而是由於國際事件所導致的，並不在央行和經濟政策制訂者的控制範圍之內。但仍有人批評政策制訂者，尤其是來自芝加哥大學的經濟學家傅利曼。世界各地推行寬鬆貨幣政策的央行一直視傅利曼為災星。傅利曼等人批評政府發行太多貨幣，指出通貨膨脹主要是由政府控制的貨幣供應所致。但不管原因為何，一九七〇年代的通貨膨脹使經濟政策的重要性，又回復到大蕭條時期的程度。人們發明了很多指標，在制訂經濟政策時作為參考之用。

一九七〇年代，通貨膨脹率攀高是無庸置疑的，但造成通貨膨脹的原因為何，當時通貨膨脹率究竟有多高，很多人都相當疑惑。前者關係到經濟理論，後者則關乎這個稱為「通貨膨脹」數字的計算方法。如果認為這些問題還不算棘手，那麼還有別的問題等在那裡；在此期間，負責計算物價的勞工統計局參與了數年的辯論，爭論究竟當局是否誇大了通貨膨脹數字。最終，當局提出了新公式計算通貨膨脹，結果並不令人驚訝：通貨膨脹沒有之前想像的那麼高，也不及人們日常生活中體驗到的那麼嚴重。

這裡有兩種力量相互作用：第一種就是普通人在買食品雜貨或車子、或給汽車加油時的感受；第二種則是消費者物價指數每月公布的數字。前者是生活中對於物價變化的體驗，後者則是一項統計資料，即稱為「通貨膨脹」的指標。

這指標就如其他主要經濟指標一樣，是二十世紀初發明的。它比國民會計帳更早出現，並緊隨失業統計資料之後，在史都華領導勞工統計局期間備受關注。通貨膨脹這一嶄新的概念是政府致力測量物價的成果，正如在進步運動時期，政府也著意評估工業制度是否能滿足更多國民的基本需求。十九世紀末有一些嘗試估量物價的初期工作，勞工統計局也於一九〇七年和一二年在幾個城市進行初步物價調查。然後在一九一六年，力求變革的勞工統計局局長米克（Royal Meeker）批准在哥倫比亞特區（即首都華盛頓）進行調查，訪問超過二千個家庭的生活開支，目的是解答一個簡單的問題：「美國家庭在生活方面要花多少錢？」這項調查的成果，就是一九一八年首次發布的官方「生活成本」指數。[2]

然而，改良這項指數的進展相當緩慢。唯一堅持要改良指數的團體就只有勞工組織。工會要求薪資協議要定在生活成本之上，他們認為，「維生工資」（living wage）的意思是能讓人們維持生活的薪資。而要得到能滿足基本需要的薪資，唯一切實可行的方法，是委託中立團體開發一個指數，判斷這些基本需要的開支是多少。因此，勞工統計局開展了調查工作，也引致其後持續數十年，人們都在爭論究竟消費者物價指數事實上有否準確反映這些開支的數目。

一九三〇年代中，勞工統計局仍然使用一九一七年的基本方法，每季在全國各城市調查人們的購物籃中的消費品。一九三四至三六年間就家庭開支進行了全面的調查，在四十二個城市中訪問了一二，九〇三個白人家庭和一，五六六個非裔美國人家庭。另外，新政時期的公共事業振興署也進行了調查。戰爭期間，由於政府控制價格和凍薪，人們對於指標的需求更加上升。經過大蕭條的艱難時期和戰爭時的工資管制，工人領袖相信美國的工人階級受到最嚴重的經濟衝擊。美國勞工聯盟的米尼（George Meany）數十年來不停指責勞工統計局和美國政府勾結大型企業，有計畫地低估生活費用，又指控羅斯福政府操控數字。米尼認為，羅斯福總統因未能成功減低生活費用，便有意欺騙國民，嘗試說服他們生活費用比想像中低。強硬的勞工領袖宣稱：「我們得出了確實的結論，就是勞工統計局與凍薪政策有關，它不再是擁有自主權的統計研究機構了。」[3]

這之後遺留了一個長期的難題，就是人民與官方統計資料之間的關係。沒有數字能比消費者物價指數為首的官方通膨數字更能激發爭議和對立意識。這形成了一些黑暗的陰謀論，如政府官員故意少報生活費用，目的是可以縮減社會安全福利的支出，公司也能付較少的薪金給工人。截至二十一世紀初，消費者物價指數已經影響了近八千萬人的政府福利。鑑於薪資和福利方面的生活成本調整往往與通貨膨脹掛鉤，消費者物價指數也許是最直接影響我們日常生活的主要指標。

然而，消費者物價指數推出時，並不注定有此份量。一九五二年，勞工統計局副局長回應工會對當局的批評，指問題的源頭是因國內環境產生了巨大變化。人們開始以專業統計學家和經濟學家都料想不到的方法去運用指標，如同上文提及，指標轉眼間變得無處不在，遍布於流行文化之中。指標起初只有政府和學者使用，並不起眼，後來卻成了衡量社會、政治和文化的標準。副局長指出：「統計資料有了新的用途，我們的責任也更重大。然而，統計專業顯然還未有充足準備和安排去肩負這份工作。」[4]如果政府和開發指標的私人組織想保持指標的公信力，就要採用精密的統計方法，並積極回應各方批評。

指標本身的性質也是困難所在。調查物價指數比就業數字和國民會計帳更難，因為所涉變量的變化更快，地區差異也相當大。單指一條麵包的價錢，在紐約市與伊利諾州的皮奧里亞（Peoria）就相差甚遠。而且，視乎小麥的價格、船運費用和薪資穩定與否，同一市內麵包的價格在一年中不同時期也可能有明顯的波動。創造有代表性的物價樣本，確保通貨膨脹指標的結果公正，是主要指標發展時期的重大挑戰。

通貨膨脹變成了如此重要的指標，如果說它是出自經濟學界泰斗費雪的研究，應該不會令人訝異。費雪在一八六七年出生於紐約州索格蒂斯（Saugerties），父親是教會神職人員，所以他是個是非黑白分明的人。經濟學正在凝聚時期，費雪成為了經濟學家。一八八〇和一八九〇年代，他於耶魯大學就讀學士和博士課程，但學的不是我們現今所知的經濟學，因為當時人們對經濟學還未有最初步的概念。美國經濟學會於一八八五年成立，但與二十世紀興起的經濟學界仍然相距甚遠。費雪學習數學、哲學和物理學，他的思考模式深受物理學教授吉布斯（Josiah Gibbs）影響。吉布斯囑咐學生，要尊崇牛頓熱力學定律中的嚴謹精神。雖然費雪是第一個從耶魯大學取得「經濟學」博士學位的人，他的特別之處是不以亞當斯密、李嘉圖和彌爾（John Stuart Mill）的人文學觀念去解釋經濟學，而是用嚴格硬性的法則來定義，這些法則建基於能以數據證實的理論。他在隨後幾個世代經濟學家的腦海裡，留下了最深的印記。[5]

談到如何計算通貨膨脹，則涉及到較專業的範疇。我們需要探討經濟學家和統計學家的想法，這些想法常會反映在他們用的術語、數學公式，還有一些行外人不能理解的語言中。簡而言之，如果你想雞尾酒會上閒聊點什麼，以下討論恐怕不能當作話題，除非酒會是統計學家辦的。但即使如此，大家也或許只能自說自話。

費雪認為，正如研究科學現象一樣，人們也能觀察和量化經濟形態。他也深信，人類的使命就是要測量世界。我們的天性是要尋找答案，例如調查一條麵包的價錢，探討這些問題並不比測量地球和月球之間的距離或計算夏至簡單，追求真相的本性是如出一轍的。國家經濟研究局的米契爾是費雪的老同事。費雪和米契爾一樣，嘗試帶領新興的經濟學，循著科學和工程學的方向發展：先理解體制如何運作，再做出相應調整，以獲取最大的社會利益。

由於費雪覺得科學和數學似乎更可靠，並為此吸引，因此他傾向經濟是機械化體制的觀點，更把這觀念擴充至生活其他方面。他熱愛車子（車子是當時最厲害的機械）和運動器材（曾經幾乎死於結核病，康復後便開始運動），兩者都讓人類能跨越物理限制。人們或政府處理經濟事務時，也有相似的限制。他們需要用工具去理解系統如何運作，而經濟方面的工具就是更完備的數據、更精密的運算和有連貫性的統計資料。以前的人也許不能理解或辨認出經濟體系的結構，但有了科學方法和數學公式，後來就能瞭解經濟結構了。對費雪而言，令此想法成真的關鍵因素，就是精確的指數。

米契爾後來補充了費雪的研究。洛克菲勒當時投入大筆資金建立芝加哥大學，米契爾是首批畢業生，於一八九二年畢業。他受內戰時期物價變化所吸引，可見他是一個擁有奇怪熱情的年輕人。之後，他又對創造可靠指標的問題極感興趣，特別是取決於調查數據的問題。調查往往會涉及人性因素，因此很多混亂的問題隨之而來，如訪問者是否正確提問，受訪者有否老實回答，問題是否整理恰當等。米契爾在第一次世界大戰期間，曾在戰爭工業局的物價部門工作，因此很快就理解到即時決定實際價格的困難之處。在長期的學術界生涯和短期的政治界經歷中，他一直尋求更準確的數據和更有效採集數據的方法。他對國家經濟研究局的工作注滿熱情，因為他知道無論是多優秀的人才，也無法分析經濟這複雜多層面的體系如何運作。這問題需要很多人從不同角度去處理，也需要非常「科學」的方法：把問題拆分成多個較易處理的部分，再找優秀的人才一一解決。這就是戰爭期間歐本海默領導曼哈頓計畫時，安排製造核彈的工作所採用的方法。米契爾多年來和伯恩斯努力嘗試找出解釋景氣循環的關鍵，他希望能藉以上方法來達成目標。[6]

費雪和米契爾一樣，對於物價在歷史上的轉變有著濃厚的興趣。事實上，他的博士論文題目就是《以數學方法研究價值和價格理論》。這一課題及後成了他教授的首個大學課程。一九二〇年代，雖然他得到了耶魯大學終身教授這樣安穩的職位，但因為覺得勞工統計局的指數有限制和缺陷，於是又開辦了指數研究所。他對於躉售物價的波動特別感興趣，因為這些價格是經營企業要承擔的成本。當時的消費者在兩件事上掙扎：有限的資訊（那時還沒有亞馬遜或其他網站可以讓你查閱價格）和有限的選擇（那時你也不能簡單地隨處買東西，再叫Fedex第二天把貨品送到你家門口）。相對而言，各家公司和採購經理對物價則有更清晰的資訊，無論是關於用來生產鋼鐵的鐵礦石，還是小麥和滾球軸承等。因此，這些公司支付的價格較接近貨物的「真正」成本。費雪努力解決編制指數在數學上的困難，發明了一些公式，希望能開發出更接近自己夢想中的「理想指數」。

首先遇到的困難是，如果想長年以公平合理的方式比較同樣商品的價格，如蘋果在數年間的價錢，究竟該從哪兒著手，以及如何能持續追蹤價格的轉變。舉例而言，有一個物價指數包括了一百件商品，如果多年後這些商品都沒有改變，無增無減，這個指數就能好好運作了。但在現代社會中並不會出現這種情況，試想一下，現在的消費者物價指數也不會包括趕馬車的鞭子吧。新商品陸續出現，因此我們需要一個能加入這些商品的物價指數，但又不致令生活費用指數突然大起大落。舊商品會被淘汰，但這過程通常要好幾年的時間，因此人們可能會有錯誤的想法，以為生活費用降低了，但其實原因只是人們少買了指數中的其中一項商品，整體消費並沒有減少。

費雪和米契爾都用科學測量的方式去開發理想的指數。在兩人之中，米契爾傾向應用方面，費雪則較側重於理論。費雪比喻自己的研究方法是把一根掛著不同重量的秤砣的棒子放在一個支點上，如果棒子在支點上平衡了，就能得知秤砣的平均重量，要得出一個籃子中不同商品的平均價格也是同樣的道理。測試過數百個不同的構想後，費雪認為「理想」的指數應同時包括固定權數和「連鎖」（chained）權數。

固定權數指定了一籃商品的種類，定期加入新商品，篩去舊商品。「連鎖」指數則更多變和更常調整，原因很簡單，因為價格出現波動時，消費同樣會變動。現代社會中最明顯的例子就是汽油價格上升所引起的現象。在固定權重的指數中，汽油價格大幅上升，在消費者價格指數的同一項也會大幅上升。但在現實世界中，國民和企業對於汽油價格上升會有不同的反應，如少買汽油，減少駕駛，多與他人一同乘車或尋求其他方法滿足所需。又例如牛肉價格上升的話，人們就會轉吃豬肉。這類行為模式稱為「替代效果」。然而，問題在於編製固定權重的指數比連鎖指數更簡單，因為前者只需要收集一系列具代表性的樣本的價格，但連鎖指數不只要收集物價，還要調查人們實際消費的數字。[7]

當時，這些爭辯尚未解決。沒錯，很少人會思考連鎖指數或不連鎖的問題，更少人會關注拉氏指數（包含固定權數，以十九世紀法國統計學家拉斯拜爾〔Etienne Laspeyres〕的名字來命名）和裴氏指數（類似連鎖指數，以十九世紀德國經濟學家裴舍〔Hermann Paasche〕的名字來命名）之間的分別。只有仰慕費雪的人才會稱頌費雪的公式在拉氏和裴氏指數之間取得完美的平衡。費雪發現，打從一開始，基於算術公式的固定權重的指數往往顯示價格上升，而「連鎖加權指數」顯示的物價上漲則較低。隨著二十世紀過去，人們越來越清楚他主張揉合兩種指數這想法是正確的。

尋求一個能準確測量生活成本指數的目標，在費雪之後成為了激烈爭論的源頭。

費雪以學術理論和科學方針做研究，米契爾則用務實的方法測量世界；測量通貨膨脹的終極目標，令這兩種不同的研究方式湊在一起。促成兩者結合的原因，是由於政府需要評估國民賺取的工資是否足以滿足生活所需，同時，勞工組織亦要求企業支付足夠的工資，讓他們能過著體面的生活。最後，在一九四五年，勞工統計局發表了首個消費者物價指數，採用了較簡單的固定籃子指數，而不是費雪的提議。費雪的方法雖然更準確，但卻更複雜和不切實際。即使勞工統計局採納的方法長期來說，記錄的通貨膨脹數字會比其他方案更高（因為沒考慮到替代效果），但它仍然令勞工領袖如米尼等感到憤怒。批評人士稱調查樣本有問題，該組樣本受操控，並主要集中在市區一帶（消費者物價指數通常集中市區消費者）。他們亦指控勞工統計局未能充分劃分不同程度的收入，結果公布的「官方」通貨膨脹率和生活成本指數往往比數百萬國民日常感受到的更低。

費雪和米契爾對指數的研究，是近年來經濟體制建立的重要工作。和十九世紀的政治經濟學家不同，兩人都受到力學模型、統計學和數學所啟發。他們嘗試透過「理想指數」和「景氣循環」來瞭解這個雜亂無章的真實世界。後來的觀察家評論，費雪、米契爾、伯恩斯和顧志耐等人都得了「物理嫉妒心」。他們覺得物理學家能準確瞭解物理世界，故希望自己也能以同等精確度理解經濟世界的內部運作。就如物理學家透過發明新武器影響軍事政策一樣，這些經濟學家同樣藉由開發新指標影響政府政策。大蕭條的影響，加上凱因斯地位提升，表示世界各地的政府，包括美國、歐洲國家和戰後的蘇聯陣營等，都深深認同管理好經濟是政府的首要任務。經濟學家們效法凱因斯，抓住機會進入政治領域，成為政府諮詢的顧問，甚至自己成為政策制訂者。

這些經濟學家是真實的人，有著真實的雄心壯志。然而，被設計來指導政策的指數，卻是頗為抽象的概念。沒錯，CPI（Consumer Price Index，消費者物價指數）是建基於針對數千個家庭的調查（現今的調查模式是每季訪問七千個家庭，加上調查另外七千個家庭的開支明細），但指數自身仍只是數學模型，經由統計學家管理並不斷修正。能測量的都測量了，不能測量的還是不能測量。如果一件商品標了價錢，它就可以被測量。但就如羅伯特．甘迺迪對GDP的看法一樣，這種方法忽略了現實生活的廣泛部分，忽視了涉及主觀經驗和個人選擇的定性問題，如人們怎樣決定買什麼，不買什麼；何謂需求與欲望，以及當價格改變時，消費者又會如何調整消費方式等問題。這類問題被視為是統計學所能觸及的範圍之外。國民所得會計帳不計入家務，因為統計學家認為家務難以量化；對物價改變的個人反應和情緒表現，以及人們如何在需求和欲望間取得平衡等問題同樣如此，因此經濟計算也忽略這些因素。

費雪、米契爾和整個經濟學界似乎並未因省略以上問題而感到困擾。二十世紀的經濟學家越來越轉向支持數學計算的方式，與人們現實生活越離越遠，令卡托納強調消費者情緒的「軟」方式受人側目。行為經濟學這個範疇在數十年間一直遭人蔑視和忽略，直至二十世紀後期才開始得到人們賞識。一九七〇年代大通膨發生時，一群經濟學家佔有領導地位。他們和費雪與米契爾一樣，熱衷於模型和理論，其中最突出的領導人物莫過於伯恩斯了。

伯恩斯擔任聯邦準備理事會主席長達八年，但大眾對他任期內的表現並不感滿意。伯恩斯在一九六八年美國總統競選時，曾擔任尼克森的經濟顧問，他坦率地表示了對通貨膨脹的關注。然而，一九七三年的通貨膨脹比伯恩斯和大多參與制訂政策的經濟學家所預料的飆升得更快，也更難以應付。部分問題在於難以判斷通膨原因。通貨膨脹出現，是否由於石油禁運後價格暴漲？還是因為一九七一年八月尼克森總統宣布美國脫離金本位，加上推行工資和價格管制等政策所致？通貨膨脹是否因流動貨幣過多而引起？抑或是因為聯邦準備理事會為了幫助尼克森達成全民就業的目標，不惜稍許放任通貨膨脹，結果卻一發不可收拾？各人有不同的主張，但沒人真正知道箇中原由。

通貨膨脹成為了政治和社會一大難題，往後數十年也沒有例外。對付通膨問題的有尼克森、福特和卡特等三任總統，還有三任聯邦準備理事會主席，包括在任至一九七八年的伯恩斯。伯恩斯曾為艾森豪總統工作，又擔任過尼克森總統的經濟顧問，他遠離了越來越走向數學和統計學的經濟學範疇，踏進了喧囂的政治領域。但在華盛頓，政治家仍然認為他是學者，學術界則視他為政治人物，兩方都不太信賴他。當時沒有人能徹底解決通貨膨脹的問題，伯恩斯身為聯準會主席，也無法成功遏止通膨，這不免會失了信任，也輸了民心。大通膨在一九七四年上升至高點，一九七六年慢慢下降，一九七七年又再攀升至新高，食品價格飆升，且在一九七九年伊朗伊斯蘭革命發生後，因全球石油供應中斷而再一次出現能源危機。當然，這些事情都不是伯恩斯可以控制的。但一九七〇年代中期，曾有一段短暫時期，伯恩斯相信通貨膨脹已受控制，不過我們現在知道，事實並非如此。[8]

一九七〇年代的通貨膨脹，令美國人更瞭解官方經濟指標如何影響政策，也更清楚這些指標所顯示出來的景象，往往與他們日常經歷的有所不同。通貨膨脹最終在聯邦準備理事會主席伏爾克（Paul Volcker）積極的經濟策略下受到控制。伏爾克調高了本已在高位的利率，並且不是逐步增加，而是一下子大幅提高。一九七九年他擔任主席時利率是百分之十一，一九八〇年迅速增至百分之二十。調高利率結果造成經濟衝擊，導致一九八〇年總統競選時卡特敗於雷根，又引致一九八一年經濟急劇衰退，以及之後數十年迎來了低通膨率的長期經濟繁榮。伏爾克的政策是否直接帶來這一連串的好轉，實在不好說。但這些政策無疑促生了美國史上最長一次的經濟繁榮期。

儘管如此，通貨膨脹率飆升的惡劣影響並未從群眾的記憶裡消失。世界上幾乎所有曾經歷過這次通貨膨脹的國家，無論是一九七〇年代威瑪共和時期的德國和拉丁美洲或是美國，都因對通膨的恐懼而留下了深刻創傷。因此，在一九七〇年代，政府發布的指標如消費者物價指數等成為了政治和社會的關注重點。另外，這份恐懼也引起了廣泛辯論，爭議到底政府收集的數字是否準確計量了物價和通貨膨脹率。

曾經歷過一九七〇年代的大部分人都體會過，基本必需品如石油和食品的價格急速上升，而且借貸成本越加高昂，買房變得更加困難。另外，總體經濟增長也是普普通通，意味著工資不可能大漲，抵償不了日益增加的開支。而且，美國又發生了導致尼克森下台的水門事件，加上越南戰爭毫不光采地結束，令國民間產生了分裂。這種種事情集結起來，越來越多人民對國家和世界各國感到不滿。西方世界其他國家也不比美國好多少，通貨膨脹率同樣居高不下，英國政府和工人產生嚴重衝突，西歐的經濟表現也不太出色。

然而，聯邦政府質疑通貨膨脹是否像看起來的一樣嚴重。雖然大部分人憑日常經驗，都覺得官方公布的通貨膨脹數字比實際的要低，但經濟學家和政府統計學家仍擔心利用固定籃子指數測量的物價會比真實狀況的更高。勞工統計局於是嘗試用新方法計算物價，經濟分析局也加入其中，並開發了連鎖加權的物價分析方法。企圖修改數字並非因為陰謀論，而是想改進計算方法。指標是在一九二〇、一九三〇、一九四〇年代基於當時可用的資料，針對特定經濟體系所發明的。但沒有任何東西會恆常不變，隨著經濟體系不斷演化，設計指標的人明白數據也需要逐步發展。有時候指數自身會呈現這些改變；當新商品出現於購買消費品的調查中時，測量物價的籃子也跟著改變。然而，其他方面的改變卻很難反映出來，除非整合其他新方法。

正如勞工統計局局長諾伍德（Janet Norwood）於一九七〇年代後期所言，沒有任何人喜歡通貨膨脹數字。「有些人會喜歡不太會上升的數字，有些人則喜歡上升幅度更大的數字。如果數字的表現未如他們預期，他們就會覺得是指標出了什麼問題。」[9]這種描述幾乎能應用於所有數字或指標之上，但其中消費者物價指數是最受爭議的。

勞工統計局時常檢討測量方法，並不斷改良。這不但是針對通貨膨脹數字和消費者物價指數，更涵蓋其他指標。一九七〇年代經濟停滯，價格飆升，勞工統計局遂重新審核就業數字的測量方法。這時，一些新的工作出現了，尤其是在服務業範疇，而且加入勞動力的女性急劇增加，之前的調查都未能體現。美國各州各自記錄了失業數字，所用的方法未必與勞工統計局相同。因此，地區和全國數據出現分歧，令國家應以什麼途徑花費數十億公帑培訓人才，資金該如何分配，該使用哪兒等問題變得加複雜。一九七八年，國會通過了「充分就業與均衡增長法案」(Full Employment and Balanced Growth Act)，以百分之四的失業率和溫和的通貨膨脹為目標。當然，像以前或之後的眾多法案一樣，它並沒有清楚說明要如何達致這些目標。儘管如此，法案通過後，還是有助改良這些重要指標的測算方法。

一九七〇年代，人們主要批評的是通膨數字過於強調價格較易變動的物品，如能源和食品等價格上升的情況，也誇大了物價上升對總體經濟和家庭的影響。由於一九七三年阿拉伯石油禁運後，石油價格急劇飆升，似乎通貨膨脹率也因而大幅上升。沒錯，通膨率是上升了，但批評家指出能源危機減退後，石油價格也迅速下降了。如果政府開支、薪資和退休基金因應通貨膨脹作調整，就有可能會大起大落，令人民或企業在福利和開支方面失去把握。正如《紐約時報》所指，「由於指數誇大了通貨膨脹，因此投放在工資和退休基金的數目大大增加了數十億元。可見通貨膨脹指數除了用來測量通膨外，也會反過來導致通膨。」[10] 這回應了卡托納多年來一直深信的一點，他曾詳細解釋，通貨膨脹並不只是用作政府貨幣政策的參考。過了一九七〇年代，人們明白到消費者情緒結合統計數字，能形成有威脅的回饋循環。消費者物價指數上升，政府開支便會增加，物價上升導致工資提高，通貨膨脹率隨之上升。這種惡性循環不斷延續，結果造成失控的通貨膨脹。

由於食品和汽油價格變動頻繁，因此特別開發了一個稱為「核心ＣＰＩ」的全新指數，計算方法是從ＣＰＩ中減去食品和能源成本。這個指數在一九七七年公布，自此人們就笑稱核心ＣＰＩ為「剔走會變貴那些東西的通貨膨脹」。不過，這個指數的主要目的是把價格較易變動的商品和變動較少的分開，當物價突然上升時，政府的政策和僱主制訂的工資也不會如溜溜球般搖晃不定。勞工統計局說明：「比起其他商品和服務價格來說，食品和能源價格更易受顯著的經濟變化所影響。主要因食品和能源價格上升而導致的通貨膨脹，與受廣泛因素促成的通貨膨脹，兩者對政策有不同的意涵。」雖然從聯邦準備理事會到國會預算辦公室（Congressional Budget Office）等眾多政策制訂機構都選擇用核心ＣＰＩ測量物價，但這同時又突出了另一個矛盾：人們感覺到的「經濟」與主要指標所顯示的有所不同。

房屋也是個棘手的問題。住宅是消費者主要開支之一，雖不如食品、家電或車子般買賣那麼頻繁，但仍占了通貨膨脹指數中很大部分，約百分之二十五。直至一九五〇年代，CPI把房屋算作租金價格，納入生活成本中。由於二十世紀初自有房屋仍未算普及（一九〇〇至一九四〇年，自有房屋者的只占全國人口百分之四十五，一九八〇年則攀升至百分之六十五），消費者物價指數需要包括租金和房屋價格兩項。然而，租金管制法在二十世紀初相當普遍（現時只有部分地區如紐約市尚有這種法例），代表政府遏止租金價格隨通貨膨脹率上升。為響應法例，勞工統計局改變了測算方式，計算時以房屋價格取代租金一項。

但到了一九七〇年代，就美國經濟整體來看，利率上升，通貨膨脹率攀高，因此CPI中房屋一項開始大幅上升，比其他項目上升幅度更大。與房屋相關的各項數字增加，繼而令其他數字相繼上升：房貸成本上升，利息支付也增加；通膨引致資產價格膨脹；房價提高，使房貸金額也攀高。而利率上揚，表示每月付款金額也增加。然而，消費者物價指數沒有考慮到當房屋價格上升，房屋買賣便會減少，更多人會選擇租房子。簡單來說，因為指數採用固定籃子方式，但實際上房價和貸款已跟基期數字大相逕庭，所以指數顯示的房屋價格上漲程度比人們體驗到的還要高。特別是如果這些人已經自有房屋，或者是未清償房貸很少，甚至完全沒有，感覺到的差異就更明顯。另外，預期通貨膨脹令情況變得更複雜，就房屋問題來說，會引致銷售價格上升，房貸利率大幅增加。

由於人們多番要求改變測量房屋價格的方法，因此在一九八三年，勞工統計局再次改變測量方法，而新方法更令人費解。當局棄用房屋價格（又稱「資產價格」計算方式），再一次使用租金作為計算項目，同時又擴大調查範圍，對象覆蓋國內超過一萬個不同區域的其中五萬個家庭單位。勞工統計局增加了「屋主同等租金」一項，也就是如果屋主把擁有的物業租借給自己，理論上需要支付的租金金額。結果，計算出來的通貨膨脹率大大降低了。如果把這個計算方法放到一九七〇年代，用了屋主同等租金計算後的數字就會從一九六七年至一九八二年的百分之一百八十八，降至一百六十五。雖然數字仍然相當龐大，但無疑比前者更低。[11]可是，指數修訂後顯示通貨膨脹較溫和一事，反令大眾感到憤怒，認為政府有計畫地低估通貨膨脹數字，從而減少政府預算，並讓企業能支付較低薪資予受雇者。

一九八〇年代期間，這個想法日益根深蒂固。雖然政府聲明透過聯邦準備理事會主席伏爾克的積極措施，通貨膨脹已受控制，且統計資料也顯示總體經濟正蓬勃發展，但不少政府官員仍然認為消費者物價指數高估了通貨膨脹。在一九八〇年代後期至一九九〇年代初，關注此事的多限於政策專家和學者，但當想法靈活的葛林斯潘成為聯準會的新主席，在一九九五年於國會中證實了以上論點後，這一想法就迅速廣傳了。他以平靜而專業的口吻說道：「現時官方的消費者物價指數，也許誇大了真實的生活成本增幅，平均每年多出百分之零點五至一點五左右……如果每年在指數連動項目和稅收的通貨膨脹下調一個百分點……五年後，每年赤字水平就會減少約五百五十億美元。」聽了葛林斯潘所言，國會任命了一個委員會，主席是博斯金（Michael Boskin）。博斯金是史丹福大學的經濟學教授，是個保守的經濟學家，在布希總統（George H.W. Bush）任期間曾擔任經濟顧問委員會主席。這個新組成的委員會得出的結論並不令人意外，但卻引起極大爭議。最後的結論就是，葛林斯潘的想法是正確的。[12]

消費者物價指數是否足夠全面這一點，甚少遭人質疑。調查區域包括四十四個大都市區，記錄二百零七種不同的商品。沒錯，房屋占去開支的一大部分，消費者開支的調查也顯示，在大部分消費者的預算中，房屋方面的開支占很大部分（通常在百分之三十五左右）。真正問題在於計算方法；以博斯金為首的委員會和葛林斯潘都強調，連鎖指數本身就存在問題，把新商品、新服務和已改良的商品與服務整合在一起，需要耗費大量時間。

面對這些批評，勞工統計局再一次調整了CPI的計算方法，更接近數十年前費雪主張的方針。固定籃子原本純粹基於算術公式，調整後則融合了幾何方式。進行調整時，勞工統計局希望能更清楚解釋「替代效果」，即消費者會因物價改變而調整消費行為（如玉米價格飆升，就會轉而購買小麥產品）。統計局也開始把產品的改進納入評估物價的因素中，這個過程稱為「特徵」（hedonic）調整，下文將再作探討。

以上種種，在你晃著一杯雞尾酒時，想找點話題聊聊時，當然不是最好的選擇。如果你看完這些沒完沒了的計算方法，聽過評估通膨方法的種種改變，已經覺得頭昏目眩，那麼不妨想想，至此為止，我們提到的相關術語和複雜情況，還只是僅僅觸及表層問題而已。消費者物價指數有很多種類，由其中最常用的都市消費者物價指數（CPI－U）、針對都市受薪者的消費者物價指數（CPI－W）和針對老年人的消費者物價指數（CPI－E）等。另外還有生活成本數，它和消費者物價指數相似，但又有所不同，經濟學家稱之為「商品價格」指數。生活成本指數計算當人們滿足時所需的實際費用，而消費者物價指數則是測算物價的指數。除此之外，還有實驗性質的都市消費者物價指數（CPI－U－X），一共五個，用以試驗解釋屋主同等租金的各種方法。特徵價格法有很多不同的公式，而且，除了勞工統計局之外，經濟分析局也有一個通貨膨脹指標。這指標源自國民會計帳和國內生產毛額，稱為「價格消費平減指數」（price consumption deflator），是一種連鎖指數，較能表現消費者行為，因此想在使用基本計算方式之外另尋新徑的人，如葛林斯潘等，都選擇用這個方法計量通貨膨脹。最後，調查方法和範圍也修訂過無數次，還會定期進行統計調整，以及為了讓指數變得「平滑」，而進行「季節效應」的調整，例如聖誕假期期間零售額會高漲等。

簡而言之，「通貨膨脹」一點也不簡單。沒錯，每月都會公布通貨膨脹數字，並透過針對全國眾多家庭的數千次調查，不遺餘力地收集這些數字，但這個指標只是用以表現物價和生活費用中，眾多指標的其中之一。消費者物價指數曾修訂過無數次，也遭到無數批評，以後也難以避免。數字變異無常，讓大眾更相信這些數字被做了手腳，以圖有利於有權力和資源的人士（即政府和企業）。菲利普斯（Kevin Philips）二〇〇八年五月在《哈潑雜誌》刊登了文章，描述大眾對官方通貨膨脹數字有所懷疑。文中寫道：「自一九六〇年代，華盛頓就被逼以降低官方統計數字這方法來欺騙大眾和債權人。官方統計數字是測量美國經濟的活力和實力的重要工具。過去二十五年間，降低官方統計數字令人們誤以為美國經濟成績卓越，經濟政策方向正確，讓我們能虛偽地維持低利率，政府能繼續大量負債，也令人們繼續依賴貸款和金融貸務，風險甚高，其實經濟增長可能遠比政府聲稱的更低。」

在批評人士中，一些極端分子相信整個法定通貨系統就像紙牌搭的房子一樣，隨時都可能崩塌，最終必定失敗。但批評人士並不止這些極端分子。二〇〇三年，芝加哥大學教授古爾斯比（Austan Goolsbee）指美國政府在測量經濟趨勢時「做假帳」。

有影響力的太平洋投資管理公司債券經理人葛洛斯（Bill Gross）平日為民眾和機構管理巨額資產，他在二〇〇四年發表了一篇文章，指消費者物價指數基本上是政府的詐騙行為：

我不同意的，不只是那些僅關注核心消費者物價指數或核心個人消費開支物價指數的人，還有那些支持所謂「特徵調整」的人。就談一下政府的詐騙行為吧！政府說如果一件商品在過去十二個月的品質上升，但價錢並沒有提高，那就表示價格下降了——這算什麼歪理？老實說，如果政府進行品質調整的商品足夠多，那我們很快就會回復到伯南克（Ben Bernanke）時期的通貨緊縮了。比如說，過去十年間，桌上型電腦和筆記型電腦的價格每年下跌百分之八……但由於機器的電源和記憶體都有改善，因此自一九九七年，兩者經過特徵調整後的價格就每年下降百分之二十五。電腦的價格每年下跌這麼多，難怪核心消費者物價指數能少於百分之二了。但你買的新型號電腦有否比去年的價錢減了百分之二十五呢？我想大概沒有。或許更有可能是你付了和去年差不多的價錢，就是因為特徵調整後改良了電腦記憶體，但改良的特徵你永遠都用不著。同樣地，政府的統計學家操控了價格升幅，如汽車或一些脫離了裝配線的耐久品等，但發現要把同樣的理論推展到內衣褲或襪子等就相當困難。也許到美國政府下一個目標，就要管起你的短褲來了！[13]

就如上文提到，所有主要指標都是在指定的時間，由於特定的原因而創造的，其中大部分是為了應付一九三〇和四〇年代大戰和大蕭條的各種難題。事實證明，這些新開發的指標對於美國和英國政府來說都非常有用，而且很快全球每個角落，每個政府都開始採用。指標後來經過各地政府和美國的改良，私人組織更開發了新指標。第二次世界大戰後成立的新國家也採用了美國和歐洲國家開發的統計標準，這些標準亦獲得眾多國際組織熱烈支持，如聯合國、世界銀行和國際貨幣基金會等。另外，媒體希望能蒐集更多消息來描繪這稱為「經濟」的東西，所以指標會被頻繁使用，繼而廣泛散播。

在此過程中，指標已擁有近乎圖騰般的神聖地位。大家都深信指標是經濟狀況的絕對標誌。費雪、伯恩斯或米歇爾都想像不到，指標竟會因處於中心地位而得到完全不同的批評。與其說指標被學術界、政府官員或統計學家評價計算方法是否嚴謹，能否好好測算出想要的數據，反而是人們都把指標當作是反映日常生活的鏡子。就這點而言，他們發現指標有所不足。

主要指標誕生之時，並非旨在讓「凡人」測量世界，而是為了讓政府官員更有實力，決策者制訂政策時方向更清晰。開發指標的是經濟學家，指數用來測量大家後來稱為「經濟」這抽象的存在。另外，創造指標也不是為了讓一對夫婦能清楚瞭解自己的生活經驗或知道未來將會如何。當指標成為了集體文化的一部分，這對夫婦雖然會對這些數字說明的事物深感興趣，但卻往往發現，數字甚少反映他們生活的實際感受。

作為主要指標，消費者物價指數所反映的和普通人對通貨膨脹的日常體驗和理解並不一樣，顯露了消費者物價指數的不足之處。指標或許測量了經濟，但不能決定經濟體系是否能滿足民眾的需求和期望。人們日常體會到的「經濟」和統計學家測量出的經濟截然不同。結果，官方數據和現實生活之間的縫隙就漸漸變大。在二十世紀前半葉，指標是非常有價值的工具，尤其是因為人類大部分歷史中都沒有這些指標。但到了二十世紀末，數字反映的經濟狀況和人們與企業所體驗到的經濟之間的分歧就越發明顯了。

整件事並無對錯之分，但如果你想知道這差異有多大，可以先看看「特徵價格法」（hedonic pricing）的演變。特徵價格法嘗試一件非常困難的事情：合理地將科技的影響融入價格之中。然而，結果卻顯露了統計資料究竟有多脫離現實經驗。人們的生活經驗流於主觀，但也正是經驗形成人們對經濟狀態好壞的看法。從特徵價格法連繫到人們滿足感和快樂的路徑，或許不直接，但卻影響我們所有人。

主要指標的原意是用來測量經濟體系的運作情況，但不知不覺間，已變成反映民眾是否心滿意足、幸福快樂的工具。就此看來，指標誠有不足之處。我們如何走到這一步是一回事，該怎樣解決又是另一回事。這些指標起初是幫助決策者和企業瞭解經濟狀況的路標，但到了二十一世紀初，就變成了政府花費鉅款、企業大量投資的辯護理由。事實上，現在政府要決定開支，企業要預先計畫前景，或人們要制訂投資和退休計畫時，幾乎不可能不參考這些數字。與其說用這些數字作指引，不如說指標成為了輸入系統中的信息，就像機器般運作：正確測量輸入的資料，就有頗大機會能準確預知到結果。這看起來很好，實際運作起來也不錯。然而，遇上干擾頻率時，這部機器也會出錯。

CHAPTER 7

消失的回報 Diminishing Returns

二〇〇九年二月某日，天氣冰涼，剛剛當選的歐巴馬總統來到亞利桑那州梅薩城，正踏上當地一所學校的講台。新官上任，國內環境卻乏善可陳。一陣恐慌正襲向全球金融系統，美國首當其衝。數百萬人無法續繳貸款，房子被銀行沒收；更有數百萬人無以維生，前景渺茫。美國勞工統計局去年十二月的報告指出，勞動力市場已流失近七十萬個職位；接下來一月和二月，又有六十五萬個職位蒸發不見。稍後經過修訂，數字還會上調。面對這些數字，沒人會平心靜氣。事實上，網際網路的即時播報，讓廿四小時內新聞的循環更新愈發緊湊。不難發現，勞工統計局公布的就業數字，引來空前熱切的關注，也被廣泛用於判斷經濟狀態，但所得結論往往流於籠統粗糙。

歐巴馬及其經濟顧問團隊深知情況不妙，這幾個月下來也一直在籌謀對策。幾個月後，他們才發現，事情比預料的更糟。二〇〇八年秋和二〇〇九年首幾週數據表明，美國經濟正不斷萎縮。根據二〇〇八年第三季度初步估計，經濟成長率為百分之負〇．五。等到歐巴馬團隊著手應對時，情況已急轉直下，第四季度GDP萎縮將近百分之九。[1]但是，當時數據也顯示，第四季度的生產總額下降約百分之四——同樣是糟，但比起高出一倍的GDP負年增率，意義又不盡相同。兩項數據的差距表明，數字與現實確有落差，其後果不可小覷。

歐巴馬正向台下民眾問好。當地房地產市場已陷入崩潰，經濟表現也落後全國平均水平。在場大批民眾正滿懷期待，希望總統略施援手。亞利桑那州，連同加州中部、拉斯維加斯和佛羅里達州，正是美國住宅市場泡沫爆破的原點。歐巴馬的確承諾會提供援助。「我去年在丹佛簽署通過復甦與再投資法案，未來兩年將創造或保住三百五十萬個職位。其中七萬個，就在這裡，亞利桑那州。就在這裡，我們會解決國家當務之急。我們也會努力穩定、修復、改革金融體制，讓家庭和企業重獲信用。」

「美國復甦和再投資法案」是一項約達七千八百七十億美元的刺激經濟方案。有史以來，這是同類法案中涉額最高的一項，費用堪比美國人稱頌的「羅斯福新政」。投放金額的議定，是兩個月激烈辯論的結果，首先在總統個人團隊內部討論，然後是國會的唇槍舌戰。在當年二月，歐巴馬上台演講的這一天，史都華（Ethelbert Stewart，勞工統計局第四任局長）和胡佛（Herbert Hoover，美國第三十一任總統）的繼任官員推算而得的失業率是百分之八上下。但許多人感覺這個官方數字未免太低，二〇〇八年金融危機所致的傷痛與不安也被輕描淡寫了。於是，不少人一聽說聯邦政府這項高達七千八百七十億的昂貴承諾，心裡都安慰了一些，相信職位不會再流失，很快會回來的。

這也是歐巴馬及其團隊的信念與希望。法案的規模，至少在起步階段，乃基於一群經濟學家和經濟政策制訂者的計算結果，其中包括時任美國經濟顧問委員會主任羅默（Christine Romer）、國家經濟委員會主席薩默斯（Lawrence 'Larry' Summers）、財政部部長蓋特納（Timothy Geithner）、行政管理與預算局局長歐薩格（Peter Orzag）以及白宮幕僚長伊曼紐爾（Rahm Emanuel）。這一團隊是緊急籌組而成的，大選時並未緊密合作過。他們看到危機正迅速蔓延、愈演愈烈，也明白非行動不可。問題是該做什麼，該花多少錢。

法案所涉金額來自一道相對簡單的算術題：要填補經濟實際產出的總量與經濟能夠產出的總量之間的缺口，需要多少錢？差額一旦補上，就業低迷的趨勢理應逆轉，因為在普遍的認知中，就業是與GDP的增減直接相關的。計算缺口的大小，起碼需要兩項數據：取決於GDP的經濟實際規模，以及經濟潛在可達的規模。潛在規模又關乎另一概念「自然就業率」。原理大致是：一個經濟體若已達至或即將達至充分就業的狀態，就可充分實現其潛在的產量。經濟活動若持續升溫，則會出現逆向的缺口，也就是經濟表現在數據上超越其「潛在」產量。這樣一來，就會引起通貨膨脹。

問題來了：該如何計算產出的缺口？至今未有共識。官方的GDP數字能顯示一個普遍認可的實際產量，但如何量化「潛在」或「到頂」的產量，就相當棘手了。實際上，這注定是個不可知的數字。歐巴馬團隊也曾依賴多項估算數據，除了精通這一經濟學概念的羅默之外，白宮還徵求國會預算局及其經濟學家的意見，並從聯邦儲備局、行政管理及預算局等多個部門蒐集資料。計算下來，產出缺口（Output Gap）大約在百分之負一至負四．二之間。[2]

長久以來，經濟學家凱因斯在經濟大蕭條時期提出的理念已成為美國及西方多數政府（德國顯然是例外）運作框架的核心。實際經濟產量與理想經濟產量一旦出現差距，政策制訂者就會認為政府應該花錢解決。對於聯邦準備而言，這可能意味著降低利率、維持低資金成本等貨幣政策；對於國會而言，就是增加預算。光是計算缺口大小，再用等值資金補上，還不足夠。按理來說，政府花費要有「乘數效果」，即一美元的刺激之下，應該有多於一美元的收效。刺激方式不止一種，例如稅項減免、聯邦向州政府撥款，或是直接注資。經濟活動萎縮愈快，資金投放可能就要更積極大膽。

政府該花費多少，需要經過反覆運算，參考大量數據，才能決定。但當時經濟流動難測，混亂無序，歐巴馬團隊對產出缺口的計算充滿了不確定因素。他們手上的數據只反映暫時狀況，而且沒有一項官方指標能即時描述經濟活動。產出缺口是百分之〇．一，還是百分之四．二，會衍生出完全不同的刺激方案，所需資金動輒有上千億計美元的差別。這還是保守估計而已。

歐巴馬剛剛上任，要適應白宮生活，還要處理每況愈下的經濟危機，選舉圈子和大權移交的瑣碎禮節都顧不上了，雖然有些狼狽，但總算能應付下來。與此同時，他的經濟團隊正努力推出一套能在國會迅速通過並實施的方案。在十二月的內部備忘錄，曾有一場激烈的辯論。羅默指出，要填補目前的產出缺口，需要一筆龐大的花費。「把目標訂得高一些，就是在二〇一一年第一季之前，消除產出缺口，恢復充分就業。」她如此寫道，「刺激方案要發揮如此強效，就要結合政府支出、稅收、州政府及地方政府撥款等多項措施，而且這個組合要行得通。整套計畫在未來兩年需要一．八兆美元。」美國資深傳媒人瑞安．利沙（Ryan Lizza）和諾姆．塞伯（Noam

Scheiber）各自都曾撰文披露，這些數字並沒有進入最後備忘錄的討論，也沒有提交總統審閱。[3]薩默斯和伊曼紐爾衡量過國會的承受力之後，政治考量最終把數字拉低到一兆美元以下，最後議定的數字還不足八千億美元。

經濟刺激法案在二〇〇九年通過時是備受爭議的，這已是最體面的說法。此後兩年，失業率沒有跌穿百分之八，直到二〇一二年中才失守。當年歐巴馬閃爍其詞，說法案「將創造或保住三百五十萬個職位」，但民眾大多注目於「創造」而非「保住」，因為前者能統計數量，後者卻沒有可靠的計算方法。大多數經濟學家事後都認為，二〇〇九年的巨額法案，也許確實是阻止職位急劇流失和經濟緊縮的關鍵所在。但這一結論無法得到證明。在漫長的人類歷史中，我們從來只知道什麼事發生過；至於什麼事可能發生，是無從證實的。

時至今日，我們知道那筆巨額花費沒有如預期般迅速降低失業率，就業數字也沒有顯示三百五十萬個新職位的出現。事實是，根據勞工統計局的數據，從二〇〇九年二月到二〇一二年底，新增職位僅不足二百萬個。至於有沒有三百萬個職位被成功保住，即使是有，也無法從數字上獲得證明。

本書一直在追溯幾個經濟指標的起源和演變，這些指標正是上述方案的根本依據。試想一下，在二十世紀初，美國政府幾乎不具備任何衡量經濟活動的能力；如今，幾個歷史不足五十年、出現以來幾乎不曾修訂的經濟指標，卻主宰著整個國家的經濟格局，這是多麼驚人的轉變。二〇〇九年的經濟刺激法案，堪稱近年來最龐大、最鉅額的救市措施，其設計所依據的統計數字和理論框架，竟全然基於這些經濟指標。他們對經濟的預設想法，由過去到今天，一直是機械而生硬的：「經濟」是一個可量度的產量，加上一個已設定的充分就業水平。兩者若平衡，通貨膨脹低，供需充足，經濟穩定；兩者若失衡，地獄之門就敞開了。

翻閱法案議定時的政府備忘錄，沒人會想到這些經濟學概念的歷史有多短。事實反而是，這些預設想法，已深深滲入政策制訂過程，幾乎沒人會懷疑它們是否可靠。經濟已被視為一個可以準確量度、徹底掌控的對象。人們明白這個對象錯綜複雜，也不會幻想能輕鬆把它量度準確。在二〇〇八至〇九年，羅默、薩默斯、財政部部長蓋特納甚至歐巴馬本人，曾權衡比較過一系列經濟措施。在一九六〇年到二〇〇〇年初，前任經濟顧問委員會主席伯恩斯、前任聯邦準備會主席伏爾克和葛林斯潘，也曾在不同轉捩點有過類似思考。這些人都知道，經濟不是簡單的，解決方案也不是唾手可得的。

可是，他們一致抱持某些基本想法，相信國民經濟可被扭轉、可受重創、可遇動盪，又可在刺激之下回復穩健。這些想法的基礎，是一系列只存在不過幾十年的數據，以及一堆製成表格圖形、突顯變化模式以建構因果關係的統計數字。把大蕭條以來聯準會的花費整理出來，再與各時期新增職位並置觀察，就可以得出「投入X美元，即可創造Y個職位」的結論，這可能嗎？統計失業率的統一方法，計算產量和GDP的準則，都是一九四〇年代才出現；有關政府花費的完整理論，也是在凱因斯的世代才提出。可以說，決定數以萬億計美元花費之去向的所有計算模型，其基礎都是稚嫩薄弱、站不住腳的。

凱因斯是國民會計制度得以形成的原動力。他的理論付諸實踐，需要相當豐富準確的數據。這一要求，直接將歐巴馬經濟刺激法案的計算引入歧途，凱因斯也要負上一點責任。在此，筆者無意抨擊經濟刺激法案或凱因斯，雖然這麼做的人已為數不少。筆者認為，經濟刺激法案確實有點用處，不管怎麼說，它也阻止了經濟急速惡化。但法案的計算方法確實錯得徹底，一切想法和方案也沒有如期收效。換作凱因斯，他大概也會支持推行相同的措施。但不同的是，凱因斯素來認同不確定因素的存在，認同簡單的數字無法捕捉複雜體制的全貌，所以他一直敦促人們要靈活變通，發揮創意，而不能盲從教條，墨守成規。

在二十世紀中後期，也許有一段短暫時間，上述經濟指標的確能準確測量美國的「經濟」，也的確能指引政策制訂者，找出維持經濟成長和穩定的辦法。一九七〇

廣 告 回 信
臺灣北區郵政管理局登記證
第 1 5 5 1 2 號

請直接投郵，郵資由本公司負擔

231

新北市新店區民權路108-2號9樓

左岸文化事業有限公司 收

縣市

鄉鎮市區

路街

段

巷

弄

號

樓

左岸文化讀者回函卡

姓名：________

性別：____

生日：____年____月____日

E-Mail：________________

購買書名：________________

您如何購得本書：☐網路書店________

☐實體書店____縣（市）________書店

☐其他________________

您從何知道本書：☐書店　☐左岸書訊　☐網路訊息　☐媒體新聞介紹

☐其他________________

您對本書或本公司的建議________________

____

____

最新動態與閱讀分享 歡迎上網

左岸文化部落格

http://blog.roodo.com/rivegauche

臉書專頁

http://www.facebook.com/RiveGauchePublishingHouse

客服專線

0800-221-029

傳真

02-2218-8057

年代的嚴重通貨膨脹是一個例外，不過你也可以反駁，說因為當時國外連番震盪，導致辦法失靈。但是，目前有兩大因素，正大大削弱主要指標概括世界經濟實況的能力——科技與全球化。

經濟指標最能有效反映現況的時代，乃是由工業為主的民族國家所構成的時代。這些國家高度控制貿易與貨幣，國內與國外的勞動者及消費者有明顯分野。二十世紀晚期和二十一世紀初期的世界並不是這樣。二十世紀以來的經濟統計數據正逐漸脫離現實，也越來越容易誤導視聽。

就以通貨膨脹為例。葛林斯潘在一九九五年一次聽證會的證詞中提到，通膨問題正被過分誇大。一個經濟業內早已心照不宣的事實，亦由此傳向公眾：經濟統計的模式已出現衰老跡象！當時，還沒有人稱讚葛林斯潘為「經濟大師」或「財神」，也還沒有人批評他罔顧房地產泡沫而導致其引發的二〇〇八至二〇〇九年的金融危機。他是經濟政策的智者。就任聯準會主席之前，他的成就已經勝過許多人畢生的業績，不僅有自己的經濟分析事務所，也擔任過手錶品牌Nixon首席顧問。他對政府的統計方式瞭如指掌，不亞於任何人。在統領聯準會一眾經濟學家之前，他早已憑藉敏銳直覺，看出一九九〇年代經濟活動的測量方法大有不妥。

葛林斯潘是學者出身，先從商後從政，但一直保有一種稍顯抽離的教授氣質。

早年迷上的艾茵・蘭德（Ayn Rand）哲學理論，或許曾一度影響他的想法，讓他相信個別超群的個人意志能改變世界。在此，筆者不打算過分強調蘭德的影響（話說回來，蘭德若得知自己對後世有深遠影響，肯定非常高興）。但是，「現實乃由人為系統所塑造」這一看法，確實是我們認識主要經濟指標的核心觀點。指標就是我們捏造的數字，僅此而已。

葛林斯潘說官方誇大通膨數字，意即承認數字所言與現實所見確有距離。這些數字會如何引發反饋迴路，作用於數字所要測量描述的現實，先擱置不論。光是數字本身，就往往不能跟上時代的轉變。[4]

一九九五年的世界與一九三五或一九五五年的世界，的確有重大分別，但通貨膨脹的計算方法卻不曾因時而易。一九三五年，美國仍在竭力實現農郊電氣化；歐洲還在一戰戰後時期，基礎建設嚴重毀壞，數千萬人死於戰禍。一九九五年，網際網路公司網景（Netscape）正要開始為公眾提供網路服務；全球資訊網（World Wide Web）快將滲透生活各個角落；各國平均壽命均見成長；全球化浪潮正以空前強勢，席捲而來。一九三五年，農業和製造業是人們就業和收入的主要來源；一九九五年，只有極少數人還在務農，製造業職位早從一九七〇年代開始減少。服務業取而代之，成為就業主流，從資訊科技、專業諮詢到娛樂消遣行業，應有盡有。但是，我們統計經濟數據的方法，依然沿自那個以製造業、民族國家和男性勞動力為主導的世界。

統計專業的行家都明白，經濟在進化，計算方法也應隨之進化。誠然，從二十世紀初到如今，我們的世界在物質層面的變化不算翻天覆地。但政治和經濟體制早已轉型，甚至是以史上最快速度在不斷嬗變。發展到一九九〇年代，哪怕是五、六十年前新近出現的統計方法，也瀕臨落伍，不合時宜了。

負責經濟統計的專家並非渾然不知經濟體制的流動本質。相反，美國政府（以及各國政府）轄下的統計師和經濟學家非常瞭解經濟體制的轉變。一九四〇年代用於計算消費者物價指數的一籃子商品，和今天的一籃子很不一樣，重量也不同。過去，食物是籃子的主要內容。在一九五〇年，一個中等家庭可支配收入的百分之二十二用於採購食物；到了今天，比例是百分之十一，麵包和肉類的比重更高了，衣服也一樣。[5]在上世紀中，籃子裡有打字機，有電話，沒有電腦，至於智能電話，就別開玩笑了。

就我們所見，上述變化最終已體現於通貨膨脹的計算方法。一籃子商品總隨時間變化，新式商品會放入，過時商品會掉出，哪怕「固定」的一籃子也會因時而易。不過，還有一些更重大的經濟轉變，要等統計方法徹底改革，才能真正體現在數字上。某些商品被納入或排除計算，是科技進步或生活方式轉變所致，例如聽筒電線和錄影機的慘淡消失，便是顯而易懂的。不過，單一商品本身的改進，卻是隱而不現的，例如：小汽車就是小汽車，不管出於什麼時代，也還是小汽車。

長久以來，一般人或者至少習慣思考這類問題的那些人都明白，一件物品或許在一九五〇年、一九九〇年乃至二〇一〇年保持名稱不變，但內涵會變，就像小汽車會演變為一種截然不同的機器。如果人們不嘗試解釋「一輛小汽車」的演變模式，則其價格的上升，只能反映一點：小汽車變貴了。稱此為價格「通貨膨脹」一點沒錯，因為一輛小汽車在一九六〇年賣三千美元，一九九〇年賣兩萬美元，就價格而言確實貴了。就生活成本而言，標價的變化也確實重要。但標價不是生活成本變化的唯一層面。一輛小汽車在一九六〇年可能每加侖汽油的行駛里程數非常低，也就是很耗油。另一方面，從一九七〇至二〇一一年，即便一加侖汽油的價格曾多番波動，汽油在美國家庭平均開支中的比例卻不曾變化，一直在百分之三點五左右。燃料效能的提升是關鍵原因，防鎖煞車和冷暖調節系統也有影響。但無論如何一輛小汽車的價格無法道盡這些轉變。

就此可見，目前算出的通貨膨脹率，或已掩蓋某些重大經濟轉變，導致生活成本的計算也出錯。專家認識到這一點，也許會傾向改用「特徵計量法」(hedonics)。這一算法頗為新穎，也飽受爭議。葛林斯潘經過多年深思熟慮，研究經濟數據與經濟現實表現之間有何（或有否）關係，才有證詞中那句肺腑之言。他深知經濟統計數據不單是經濟的測量，而且是經濟的定義。如果體制一直變換流轉，定義體制的方法卻一成不變，數字和現實之間當然會出現鴻溝。

葛林斯潘在一九九〇年代的經濟數字中看到許多疑點。以GDP衡量的經濟成長正在迅速爬升，達至二十世紀以來的最高點。失業率低，但通貨膨脹並不顯著。生產力也低，但企業利潤和利潤率普遍創下新高。「這一切都不合情理」，葛林斯潘這麼想，許多人也一樣。按照經濟學理論，經濟成長率高，勞動市場緊縮（工作職缺增加），結果應該是通膨率上升，除非生產力也同時提升。生產力是一個相對簡單的概念，即每一單位的投入可產生的產量。再說淺一點，就是每小時機器或人的產量。理論上說，在失業率收緊、通膨率低的情況下，仍要實現成長，唯一可能就是工人在相同待遇和效率之下輸出更高的產量。否則，商品數量會減少，薪水開支會增加，市場需求會變強，接下來就是通貨膨脹。但是，根據經濟分析局的統計，一九九〇年代中期的生產力只有輕微提升，並不足以解釋在薪水和物價低通膨之情況下，經濟仍維持高成長率。

葛林斯潘認為，一定是通貨膨脹和生產力的計算方式有錯。在他看來，這些數字本身並不能自圓其說，所以委任了聯準會為數不少的一組經濟學家，調查究竟哪裡出了問題。經濟學家於是借助「多因素生產力」(multifactor productivity)的學術概念，嘗試從更多角度測量每小時的產量，而不僅僅著眼於人力和資本。如果觀察所得的產量，不能單從人力和資本來解釋，那唯一可以解釋的原因就是科技。在通貨膨脹、生產力及其他主要指標誕生時，標誌著一九九〇年代的資訊科技、電腦和網際網路等都還沒有面世呢。

在一九九〇年代，網際網路熱潮席捲全球，大眾充滿美好幻想，以為永久繁榮的烏托邦即將成真，經濟不用再受景氣循環影響；美國股市一路飆升，白宮預算出現盈餘。即便如此，經濟指標卻顯示生產力只有少許成長。大家似乎都知道，在個人電腦和虛擬連接帶來的美麗新世界，工作和玩樂的方式都已改變。大家都相信，有了新生的聯絡和資訊工具，工作能力會變強，工廠製造效率會提高，吃喝玩樂也充滿無限可能，但沒人能證明這一切是否真實。現在的上班族，桌上大多會有一台個人電腦。結果會是他們分析銷售數據的速度變快了，還是他們流連ESPN網站追看體育賽事的時間變長了？簡而言之，當時的經濟數據還搞不清楚「網際網路革命什麼東西？」，大部份人卻已開始網際網路生活，也樂在其中了。

葛林斯潘先從一個疑點下手：企業離奇的高利潤是否來自生產力提升？他認為統計數字肯定有問題，催促手下的經濟學家趕快解決。他們決定引入一系列新的統計方法和運算公式，以顯示資訊科技對經濟的影響。改進後的各項數據，尤其是「多因素生產力」，表明美國經濟確實越來越有效率了，科技進步提高了人力和資本的產量。因為新計算方法的引入，人們日常生活所見的經濟狀況，和統計數據所描述的經濟狀況，終於不再有明顯差距。

經濟學家大量使用特徵計量法，也是頗受爭議的。他們花了不少力氣，嘗試把一件商品經過改良的部分，也視為商品價格變動的因素來解釋，但到頭來，只有電視機、某類衣物和少數家用電器的價格解釋，會因「特徵」改良而有不同的調整。特徵計量法一度引來非議，有人堅信政府一直刻意壓低通膨率，所謂特徵調整不過是數字操縱的新伎倆。但事實上，算出的調整幅度小得可憐，根本不能達到操縱的陰暗意圖。[6]

葛林斯潘當年一眼看出，經濟指標已無法與經濟變化同步。這一獨到見解本該為大眾敲響警鐘，預示人們測量和掌握經濟狀況的能力已在減退。事實相反，那些心思縝密的統計學家和經濟學家只是一心想找出更好的計算方法，收集更可靠的數據，以求得更精確的結果。一直以來，人們相信掌握的數據越多越準確，控制經濟的能力就越強。這一核心理念從未遭到深層衝擊，尤其在繁榮蓬勃的一九九〇年代。二〇〇一年的經濟衰退也不算嚴重，二〇〇二年股市大挫又是九一一襲擊之後的反恐戰爭所致。因此，人們的內心深處依然堅信，那些主要的經濟指標是掌控經濟態勢的關鍵工具。當經濟指標描述的世界正與現實越來越脫節，對經濟指標的信心反而愈發堅固起來。

多因素生產力和特徵計量法的嘗試表明，堅持用上世紀中期產生的經濟指標來描述目前的經濟轉變，結果只會讓統計變得更錯綜複雜。統計結果牽涉龐大的數據和複雜的運算，但一登上新聞頭條，往往化作一、兩個數字。一簡一繁的反差是永遠存在的。一個「簡單」的GDP數字是成千上萬人處理成千上萬條數據之後的結果。通貨膨脹率、失業率以及其他主要經濟指標，一樣存在這種反差。

「經濟」本質複雜，經濟指標不斷細化，經濟數字頻頻更新，一切都讓經濟更難為人掌控。推出一項政策，並提出有力說明，必須輔以簡潔而確鑿的數字，卻掩蓋了數字背後的複雜問題。從科學角度而言，這是行不通的；哪怕統計學也不會認可這種做法。在衡量政府花費和失業率的問題上，單憑經濟政策制訂者手上的五、六十個數據點，沒有科學家會判定有什麼假設是可以成立的。

舉個例子。自二戰以來，美國有過十一次經濟衰退。十一次而已！如果研究衰退期間政府開支與其後的就業率和經濟成長率，而能得出什麼可靠結論的話，就無異於拒絕認清一個事實：十一次樣本太少，還不足以下任何定論。不過，二〇〇九年的經濟刺激法案，乃至所有政府開支方案，都得基於「可靠的」結論。統計學家都受過數學和概率理論的訓練，他們要分析大量數據，才能對可能性做出評估。即使如此，他們也還是同意，事情發展往往深受不可知的變數所影響，除非事情只涉及像拋硬幣那種輕而易舉、能完全掌握的行為。

因為數據有限，統計學家就用「迴歸分析」來補足。歐巴馬的經濟團隊在二〇〇八年十二月就依靠「迴歸分析」，簡單勾勒了幾種情境（政府花費六千億美元，經濟產出和就業率會是這樣；花費十八億，結果則是那樣」）。可是，就算這類分析像情境假設一樣可靠，樣本畢竟是太少、太有限了。就我們所見，有問題的不光是GDP、失業率、通貨膨脹等新生的經濟指標，還有新生的「景氣循環」。這個概念由米契爾（Wesley Mitchell）等學者提出，他們認為經濟的興衰循環都可由國家經濟分析局通過計算判定，並宣告起始。這實在太「高明」了。

在凱因斯模型中，政府有能力也應該適時調整政策，從而減緩或抑制經濟下滑的趨勢。上述數據的使用方式，固然合乎凱因斯模型，不過，也有另一派學者極力反對。他們之中，有不少人承自奧地利經濟學家海耶克（Frederich Hayek）的思想，而且其中的大多數人都奉在芝加哥大學任教多年的傅利曼教授為經濟學教父。這些主張絕對自由市場的學者，本身並不否認經濟指標的用處，只是不相信政府能妥善運作，所以寧可相信市場。他們認為市場能在經濟規律下自我調節，而不應因中央銀行家突發奇想而動盪，也不應為政黨人士的雄心壯志所左右。傅利曼和凱因斯不同。他相信二戰前的經濟大蕭條是政策失敗所致，確切而言，是中央銀行決策有誤，而不是市場出現缺陷。他不認為只有政府能保證實現充分就業，也時常痛斥那些自以為能準確計算政府花費的「乘數效果」的人。[7]

常有人說，傅利曼的思想在雷根執政期間（1981-1989）最為流行，自由市場經濟學在政府和共和黨內都占主導地位；同一年代，英國佘契爾夫人的托利黨政府也有類似的理念。不同的經濟哲學賦予政黨不同的活力，但政府一律還是凱因斯派的擁護者，一律堅信「經濟」是可以測量計算的，一蓋認為政府首要任務就是維護經濟穩定。就目前所見，這些信條已刻入世界上每一套官僚體制，滲進聯合國的管理框架，遍及全球每一角落的政府管治。傅利曼本人竭力反對這些核心信條，但他也有句名言，「現在我們都是凱因斯主義者。」足証這想法已成主流，勢不可擋。

主要經濟指標的影響迅速遍及全球，也逐漸捲入政府、產業和個人的每一個經濟決策，如籐蔓一般與公共（甚至私人的）生活各個分支盤纏糾結。以政府預算案為例，在二十世紀，既然官僚體制在美國、歐洲以至全球迅速膨脹，對於政府花費以及所預期達成的結果，都應該有更好的記錄才行。

為此，美國在一九七四年成立國會預算局（Congressional Budget Office），擔起記帳的重任。國會預算局成立時間不長，對政策的影響卻是無孔不入，舉足輕重的程度令人驚訝。一九七〇年設立的白宮行政管理及預算局（Management and Budget Office），其前身是一九二一年成立的預算局（Bureau of the Budget）。當初預算局旨在協助總統履行憲法規定的義務，每年負責提交政府預算案。國會預算局的責任則不同。這是一個專門監管政府開支的獨立機構，誕生於通貨膨脹問題嚴重、政府花費廣受注視的時期。國會預算局負責分析政府花費的結果，以及政府承諾的花費所預計達到的結果。到了一九八〇年代，聯邦政府開始依賴赤字開支，國會預算局又與行政管理及預算局合作，管理預算案的統計數據。一九八五年，財政赤字加劇，公眾高度關注（不失為二〇〇八年後公眾恐慌埋下伏筆），國會預算局正式被賦予管理預算案的職權，同時，國會也通過控制赤字的兩黨法案。

這個名為格拉姆—拉德曼（Gramm-Rudman）的法案，規定國會預算局必須「記錄」所有立法提案。聽起來繁重蹩腳，實際卻一點也不麻煩。國會預算局其中一項職能，是估算醫療和社會保險的政府花費。局內經濟學家和會計師都沒有政黨背景，不受政治立場影響，但他們的分析幾乎完全基於猜想而來的未來通膨率、經濟成長率和就業率。沒有一項數據是真實可知的，但每一項數據卻又決定著政府以稅收方式所得的收入。這根本是不可能的任務。再者，根據法律，任何一項十年預測，都必須假定國會的稅收政策不變，也沒有新的方案實施。說到這裡，你大概有點頭緒，為什麼我們在預測政府花費時，總是失敗得一塌糊塗。

現階段的美國也很失敗。二〇〇三年，在聯邦醫療保險（Medicare）增加處方藥費津貼的「D部份」之前，國會預算局預計，法案在未來十年將花費三千九百五十億美元。二〇〇五年三月，國會預算局將數字修正為五千九百三十億，多出了百分之五十。原因呢？因為登記加入處方藥計畫的人超過預期。十年之後，二〇一三年二月，國會預算局又宣布，過去關於二〇一〇年平價醫療法（Affordable Care Act of 2010，俗稱「歐巴馬健保」）之長期效應的原始假設不完善，導致預算成本過高，多出近兩千億美元，主要問題在於錯誤估計健康保險費用的上升速度。有學者指出，要「記錄」這樣一個計畫，或是二〇〇九年經濟刺激法案之類，其「初期設想必須由一支龐大的經濟學家團隊長期為之辯論與修正」，同時要納入「花上調查員、人口統計學家、市場分析人員多年精力的大量數據」。最後所得的結果，也只是「最有根據的理性推測」而已。[8]

編寫預算的程序也同時會扭曲政府花費的決策過程。國會預算局對政府計畫提案的「記錄」，要遵守嚴格的規定。比如說，局方可以根據通貨膨脹率的預測，或參考錄入預算案的任何資訊，來估算一個計畫的花費；但它預測政府儲蓄的能力卻備受限制。此外，某些社會效應，可能得益於某些形式的政府花費，但未必能輕易論證其因果關係。國會預算局對這些情況的掌握能力同樣是很低的。舉個例子，一個公路建設法案通過了一百億美元的撥款，用於洛杉磯的基礎建設。國會預算局可將這一百億美元的開支記入聯邦預算案。但是，如果因為這一百億，交通意外減少了，通勤時間縮短了，為政府省下數以百億計的資金，可移作其他用途，但國會預算局肯定沒有辦法在預算案當中予以說明。種種局限之下，國會幾乎不可能有任何放眼未來的策劃，同時又會輕率地削減開支，或者只作短期投入。在二〇〇九年的經濟刺激法案是個罕見的例外，因為當時的危機太過深重了。

經濟指標已深入政策制訂程序，能決定一筆筆天文數字的款項何去何從，國會預算局只是其中一例。不久以前，我們也看到，勞工統計局預測的通貨膨脹率能左右人們種種判斷，大至社會安全給付能否長期永續，小至短期失業救濟的金額調整，都深受這一指標的影響。

最重要的一項預測，是經濟成長率，也就是GDP的增減。對於許多全球性組織，這項預測都是最為關鍵的：國際貨幣基金組織、世界銀行、聯合國、經濟合作及發展組織、東南亞國家協會、中國共產黨、美國開發銀行……不勝枚舉。地球上這些國際組織、主權國家都在計算GDP，計算過程一致按照聯合國制訂的國民經濟會計準則。

《聯合國國民經濟會計制度》（The UN System of National Accounts）為人類商業和經濟行為提供同一標準，不論是定義「交易」的概念，說明「家庭」的意涵，還是區分市場活動（商品及服務買賣）與非營利機構中日益活躍的非市場活動，全都有詳細規定。這部規定載滿表格與報告，厚達數百頁紙，其終極目標極為遠大，也十分明白——國民會計無非是要回答「何人做何事」和「何人有何物」等等的問題。正如最新版本的前言裡寫道，國民經濟會計旨在完整回答一條問題：「何人與何人一起以何種方式為何種目的做何事，以換取何物？」

一系列的經濟指標，正是以國民經濟會計制度為載體，迅速充斥全球，看得人眼花繚亂。從中央情報局年鑒《世界概貌》（*The World Factbook*），到聯合國各大機構的預測工作，都極力提供原始數據。光是世界銀行，每年據此發布的專題報導和研究報告就多達數千份，力圖衡量並評估全球經濟生活的每一方面，不論是學校餐點的熱量計算，氣候變遷及其對北非貧窮現狀的影響，還是二十一世紀暴力的本質。事實上，隨手翻開任何一個國際機構的報告，你會發現滿紙盡是統計結果和測量數據。國民經濟會計制度在一九四〇年代極富創見，也甚具時代意義，到了今天，它帶來的數據已過度豐厚，沒人能吃得消了。

不過，國民經濟會計制度的負責人員仍在努力。一九九三年，經過一年的醞釀，制度完成修改，彌補了原制度自一九五〇年代啟用時已存在的不足。二〇〇八年，國際共用的會計方法再度修改。這一次修改動作很大，牽涉了幾十個國家，整合了上千種新理念。這套通行全球的國民經濟會計制度，是經濟學家顧志耐和史東（Richard Stone）及其追隨者的最高成就。現在世界上每一個國家將以同樣的方式計算國家經濟，得出的數字將與全球經濟活動的每一層面緊密交織。二〇〇八年會計制度一項重大改進，是納入智慧財產的計算。我們都要承認，資訊科技從未像現在這樣主宰人們的日常生活，不管是智慧手機、平板電腦，谷歌和亞馬遜等資訊集散平台，還是我們的線上分身。但是，源於上世紀中期的計量方法，並不能囊括這些活動；對於智慧產權等無形資產的出租或授權，也同樣束手無策。像無線電技術開發商高通（Qualcomm）那種公司，收入來自專利授權的銷售，商業模式自然不同於製造T型車和轎卡的福特。二〇〇八年的改革也嘗試納入一些過去有意避開GDP點算的商業活動，包括非正式的商業行為如家務助理、娛樂供給、現金交易等。在官方帳面上，這些活動從不存在，但早已深入生活。會計制度的改革也有助經濟分析局修正有關美國經濟的計算方式，以致後來發現少算了一年四千億美元的GDP。[9]

很少人聽說過國民經濟會計制度，雖然它正提供目前世界上最具影響力的數字，堪稱全球經濟指標的聖經。不過，我們已越來越留意這些數字。例如每月就業報告，我們知道在一九五〇年代晚期之前，失業數字一般是由勞工統計局低調公布的，追看的人很少，偶爾會有報章在當天略作報導。不管報告是好是壞，在路思義的《時代》雜誌或《新聞週刊》都只有短篇報導，有時也在《紐約時報》或《華爾街日報》的商業版一筆帶過。一九五六年，艾森豪（Dwight Eisenhower）競選連任，共和黨的黨綱曾提及總統任內的高就業水平，並引以為傲，但也只有略略幾筆。不論是人們對消息的關注程度，還是數字本身的精確程度，當年都無法與今日相比。

事實上，政府發布就業數字的整個過程，目前已發展為一項精密而完善的行動。《華盛頓郵報》記者薩斯路（Eli Saslow）的披露非常精彩：每月第一個星期五，位於華盛頓的勞工統計局會公布每月失業率，機密程度不下於白宮或中央情報局的一次會議。「在勞工部，一個沒有窗的房間裡，四十名經濟學家和新聞記者準備發出正式公布。他們仔細研讀手上的文件，文件註明：『機密數據：僅供已授權、已獲准或必須知情人士查閱』。三十分鐘前，他們才剛剛在嚴密監控下收到文件，辦公室電腦全部連上一個中央開關，確保在早上八點半之前，沒人能發布任何消息。」在二〇〇〇年代中期，勞工部為了防止就業報告過早洩露，甚至諮詢過負責美國核子武器密碼的安全專家。部門內部也一樣密不透風。負責整理數據的工作人員每上一次廁所，就要加密電腦，數據上鎖；清潔工人和門衛在數據公布前一個星期都不敢清理垃圾。只有白宮會在公布前十二小時的星期四晚上，從一個設有密碼、戒護森嚴的文件包裹，提前收到第二天將公諸於世的報告。[10]

保安的謹慎程度源於公眾對就業數字的仔細檢視程度。一九七〇年代，華爾街玩家已在炒賣這些數字，如果政府內部有人裡應外合，就能大賺一筆。勞工部封鎖消息，一來為了避免數字外洩，讓人有利可圖；二來是要防止政黨媒體或政治派別為了自身利益而曲解數字。越來越多的政府統計工作也開始使用這一套保安程序，例如農業部的每月作物產量報告，經濟分析局呈交聯準會的每季GDP報告及每月利率政策。在一九七〇年代，再也沒有人報導聯準會每月的政策調整，反正人們只要看聯準會委員會的月會開完之後幾週，利率是上升、下跌還是不變，就知道他們打算上調、下降還是持穩。

一九九〇年代，大量報導「經濟」消息的資訊管道湧現，網際網路的熱潮是背後的助力。數以百萬計的人開始從事當日沖銷買賣，更有數以千萬的人對新興科技公司如雅虎和Ebay的光明前景趨之若鶩。新經濟（New Economy）聲勢日益壯大，人們對數據的需求亦與日俱增。傳播媒體版圖也在發生變化，新聞網站二十四小時不間斷的播報模式，尤其需要源源不絕的新聞素材。政府定期公布經濟指標，不計其數的私人機構發表統計分析，正好供新聞媒體大作文章。這看來也許只是時代大潮下一個細小轉變，但資訊管道的改變，對於經濟數據逐漸進駐經濟活動中心，實在是至關重要的一步。在一九六〇年代，幾乎沒有媒體會討論就業報告；到了二〇〇〇年代，數百個媒體機構會這麼做，而且，人們在辯論經濟態勢和未來趨向時，就業數據總是重要的參考資料。

國內生產毛額（GDP）和國民生產毛額（GNP）的分別在於，GDP計算在美國領土以內商品和服務的總產量，GNP則計算美國國民在世界範圍內生產的商品與服務總量。因此，日本豐田汽車在田納西州所設的汽車製造廠（確有此事）會納入GDP的計算，但不會算入GNP。相反地，位於加州矽谷庫比蒂諾（Cupertino）的蘋果公司在中國設立的手機和平板電腦製造廠要算入GNP，而不計入GDP。官方改以GDP為主要經濟指標，原因是GDP與其他國內經濟的指標比較相關，例如政府統計的物價（通貨膨脹）和就業率，以及非政府統計的住宅銷售、消費者信心指數等等。

美國的GDP和GNP數值並無明顯分別。許多美國公司、機構和個人在國外有投資業務，並持有資產，許多外國人士和機構在美國也一樣，兩者大致平衡。哪一個指標為主，對美國的影響不大。不過，以此代彼，畢竟會有潛在問題，因為要全面瞭解經濟態勢，必須同時參考兩項指標。例如，過去二十年美國企業的跨國業務明顯擴展，盈利大增，GDP卻不能體現。就算是蘋果公司，由於境外業務興盛，在本土雖也實現龐大利潤，但無法在GDP反映出來。

若要從這兩項指標理解企業運作的轉變，也有不少困難。自從政府改用GDP，越來越多美國製造商把業務離岸委外，而且是交給外國工廠，而不是美國公司設於外國的工廠。這一變化在GDP和GNP都看不出來，因為這並非美國機構在境內或境外擁有的生產業務。不僅如此，當製造完成的商品運回美國出售，入境時要登記為「進口」商品，而「進口」有拉低GDP的作用（GDP的計算中，進口商品的進入意味著本地商品的扣除）。

至於其他國家，GDP和GNP的差距本來就很大。有些國家接受大量外國投資，本地產出卻極少。例如資源豐富的非洲國家，每年來自外國礦業公司的投資數以十億計，但國民生活依然貧困（最近已有改善），也沒有雄厚實力從事境外投資。這些國家的GDP很高，GNP卻低得多。目前的問題不僅僅是兩項指標的差距；而是若不將兩者合併考慮，而是偏重其一，對現實的認知難免會扭曲失準。

經濟學家顧志耐早已看出，人們盲目崇拜簡潔工整的數字，又憑數字解決社會和政治問題，是大有問題的，因為數字的本意並非如此。他曾以一貫複雜曲折的筆法寫道：「人類本有一種可貴的能力，能將複雜狀況簡而化之，取其梗概。這一能力若沒有嚴格準則來約束，將會非常危險。尤其是量化方法，那些確鑿的結果，似乎可為所測量的事物做一準確扼要的綜述，但其實通常是種誤導。有關國民經濟的計算，正給人這種錯覺，也會引致數字的濫用。這些數字牽涉的議題，恰恰是社會團體衝突角力的焦點所在。各方辯論的有效推進，往往得力於過度簡化的數字。錯覺與濫用就更嚴重了。」[11]

顧氏的文字功力未必一流，但足以一針見血。他若在世，也會認為今日現狀是當初的必然結果。經濟數據本是特定系統的統計學描述，卻已成為人類生存狀況的固定標籤。他若在世，也同樣會認同，在這個經濟難分國界、無孔不入的世界，GDP問題將帶來前所未有的嚴峻挑戰，正待我們深入探討。

CHAPTER 8

iPhone在哪裡？
Where's Waldo?

現在我們回到本書開頭所提出的問題：如果有人告訴你，我們關於經濟生活的核心假設中，有一條是錯誤的，你會怎麼想？如果那個假設已令當今世上最重要的雙邊關係風雲變色，你會怎麼想？如果有人告訴你，美國和中國之間根本沒有貿易逆差，你會怎麼想？

「每隔一段時間，世界上就會出現一件革命性產品，來改變一切。人在一生中，哪怕能為一件這樣的產品工作，也算幸運至極了。蘋果能推出幾件這樣的產品，實在非常幸運。」二〇〇七年一月，賈伯斯用謙遜的措辭，面向台下密密麻麻、全神貫注的觀眾，發表了蘋果手機iPhone。這個手感順滑的嶄新電子玩意一下攫住了大眾的想像，銷量迅速成倍暴漲：二〇〇八年售出超過一千萬支，二〇〇九年達到兩千萬，二〇一〇年接近四千萬。短短幾年之間，iPhone已無處不在，成為酷炫和時尚的象徵。iPhone不止是手機，而且是科技革命的圖騰，美國創新精神大獲全勝的標誌，一舉衝破了金融危機肆虐、人心惶惶的愁雲慘霧。問題只有一個：這部手機是中國製造的。

二〇一二年大選之前，美國人似乎在許多議題上都有深刻分歧：健保改革和經費來源、債務和赤字問題、移民及其政策改革（或不改革）——想達成共識，恐怕要等奇蹟出現。總統候選人羅姆尼和歐巴馬的助選團幾乎互不來往，因為各自爭取的選區和選民不一樣，支持率也有一定差距。

但是，美國人至少在一件事上享有共識：中國。確切來說，大多數美國人都認同，中國是美國的威脅，人民幣幣值一直被刻意低估，導致美國職位流失，製造業萎縮。羅姆尼在競選期間一再承諾，上任後第一件事，就是把中國列為「貨幣操縱國」。歐巴馬政府就職後，面對種種危機，態度也幾乎同樣強硬。美國的顧慮還有另一原因，就是中國持有的巨額美國國債（價值已逾一兆美元），以及逐年上升的美國對華貿易逆差，二〇一二年已經達到近三千億美元，二〇一三年還會更高。[1]

這個時候iPhone出現了。它是創新產業的天之驕子，創造者是美國發明家和企業家中最具「美國魂」的賈伯斯。但它也是美國財政赤字的負累。每一部新手機從深圳富士康工廠（蘋果在中國的合約代工）的生產線滾落，運往美國，最後在長堤港由巨型吊臂卸載上岸，對美國來說都不是什麼光彩事，也不能讓久病難愈的本土經濟有絲毫改善，因為每一部手機的身分都是「中國進口」。

二〇〇一年中國加入世貿以來，美國對華貿易逆差持續擴大。最初，人們覺得中國製造業成本低廉，經濟實力又漸顯強勢，貿易逆差在所難免。但是，貿易逆差很快就被解讀為美國經濟下滑的典型表現，全球貿易不平衡的明顯癥狀。二〇〇八至〇九年，金融危機讓國際市場陣腳大亂，很多人指出中美貿易逆差是問題根源。[2]也有人警惕美國，如果逆差持續擴大，本土經濟勢將崩塌，越來越多資金將流出美國，為的就是國外價格低廉、用完可丟的商品。

貿易逆差被視為國家經濟的負擔，主要因為它在數字上確實拖累經濟表現，拉低GDP數值。已申報進口商品的每一美元價值，都會在進口國的國民生產總值中扣除。

情勢看似嚴峻而緊迫。不過，這一連串的徵兆全然基於一個簡單卻未經考證的假設：我們整理所得的數據都準確無誤，而且能如實反映兩國之間進出口平衡狀況。經濟學家計算GDP的公式很簡單：GDP＝民間消費＋民間投資＋政府支出＋貿易出口－貿易進口。如果貿易出現順差，即出口大於進口，就對GDP有利；反之，則會降低GDP。這條公式在二十世紀中期制訂，當時的民族國家是相對閉合的經濟個體，這個算法不無道理。至於現在應否沿用，就要三思了。

長久以來，貿易差額已成為國力強弱興衰、實力平衡與否的表徵。在美國公眾的認知中，對華貿易逆差是經濟衰退的明證。歐洲國家看待貿易逆差也不比美國樂觀。自二〇一〇年起，歐元區國家的債務陰影徘徊不散，原因之一正是希臘、西班牙等南歐諸國與製造業巨頭德國之間的貿易失衡和負債問題。

但是，如果這些數字都是錯的呢？純粹因為貿易數字出錯，我們對於全球經濟的實質、國際貿易以及經濟系統的平衡狀態所習慣抱持的一套假設，也將錯誤百出，那又怎麼辦呢？事實倘若如此，過去關於這個世界的許多結論，顯然都過於單純卻不容質疑了，現在需要人們去大膽反思。

在主要經濟指標中，貿易也許是歷史最悠久的一個。政府最早的收入來源，除了徵收民間穀物農產，貿易課稅也是其一。從古到今，世界各國無不嘗試計算進出國境的商品流動，從中獲利。古今中外從事商業、銀行、貿易的人也一直在嘗試逃避貿易稅項。他們走私偷運，謊報貨物內容，報低貨物原價和預計售價。十七世紀的英國，查理一世授權通過了一份進出口記錄表，那可能是史上第一份。人類能夠記錄歷史以來，固然有過不少文獻記錄進口、出口、關稅等數據和事項，但英國的創舉在於首次把進口和出口合併記錄，代表著一種貿易意識的誕生：貿易是關乎流動的行為；流入和流出不能區別看待，而必須一併考慮，才能理解貿易對經濟生活的影響。[3]

雖有英國先行，但貿易統計沒有突然成為全球風尚。法國效仿了，西班牙卻沒有，雖然這個從拉丁美洲源源運來金銀的殖民帝國本身就是一個自成格局的貿易體系。美國則頗有超前意識。十八世紀中期，美國的殖民開拓者對宗主國的怨懟正是聚焦於貿易和關稅。當時課稅之深，美國人認為既不合理，也不道德。難怪在美國獨立後，國會交予財政部的首要任務之一，就是詳細整理貿易數據；也難怪主掌此事的先驅者之一，就是深信美國的未來繫於城市和工商的首任財政部長漢彌爾頓。他的想法素與傑佛遜以鄉土農業為主的發展理念爭持不下。

一七八九年，美國憲法正式生效。一七九一年，漢彌爾頓向新生的聯邦政府呈交《製造業報告》一文，為美國的發展方向做出鏗鏘陳述。他認為，美國應以扶助本地工業為要務，同時減少外來（尤其是英國）競爭，大幅提高製造業商品的進口稅。奇怪的是，漢彌爾頓提出的經濟政策，在他最位高權重的一七九〇年代，直到他與時任副總統伯爾（Aaron Burr）的死亡決鬥前，一直沒有得到充分發揮，反而到了傑佛遜政府時期才一一落實。傑佛遜就任總統之後，立刻推行了許多過去因政見差異而極力反對的政策，包括對進口商品發出近乎全面的禁令。

當然，傑佛遜的用意並非扶持本土製造業，而是挫傷英國，間接也有助於拿破崙政權。但不論如何，傑佛遜在一八〇七年後的關稅政策，的確實現了漢彌爾頓的設想，美國亦由此開始進入長達數十年的進口製造業商品重稅時期。為了推行關稅政策，必須有人記錄進出口數據。經過十九世紀初早期一番混亂與摸索，美國政府的記錄終於在一八二〇年代開始變得嚴格有序，最後由人口普查局全權負責所有貿易數據。[4]

進口關稅如此之高，一度超過百分之五十，聯邦政府也就一直對貿易數據的統計和計算保持濃厚興趣。那些殖民領土遼闊的歐洲大國也跟進。十九世紀的英法政府是世界殖民版圖的指揮中心。英國的自由貿易運動雖有進展，但未成氣候，殖民地貿易仍以鞏固倫敦和巴黎皇權統治為意圖。這些國家推行的關稅措施和經濟誘因，可確保殖民地在不斷送來原材料的同時，逐漸變成帝國製造業商品輸出的新興市場。例如，印度向英國出口的棉花，在曼徹斯特的織布工廠變為布料和衣物之後，又會重新出口到印度。

進入二十世紀，一件商品來源、產地、製造者，通常都是清晰確切的。印度種植的棉花，收割後運送到英美，自然會標記為「來自」某國家的「進口」商品，或「進入」某國家的「進口」商品，毫無懸念。要計算和記錄棉花的成本，過程也不複雜。

當然，永遠有人為了減免關稅而弄虛作假，甚至想避個乾淨而走私偷運。即便如此，追溯一件貨物的來源也不是難事，哪怕是製成品。比如，在麻塞諸塞州林恩市一家工廠製造、銷往全球的皮鞋，要計算其成本，再記錄為「出口」商品，是再簡單不過的事情。

第二次世界大戰之後，尤其是一九九〇年代以來種種發展趨勢之下，事情就再也不簡單了。簡潔的GDP算式（出口值和進口值的差，就是「經濟」的加或減）也開始失效。進口和出口的類別之間，界線已開始模糊不清，但人們計算GDP的方式，以及從數字推出結論的思維，卻一成未變。

貿易量不斷膨脹，政府部門也在努力跟進。一九六九到一九八九年，美國貿易由約七百五十億美元升至近九千億美元，成長率為百分之一千。此後二十年，即一九八九至二〇一一年，貿易值成長四倍，達至近四兆美元。以美元計算的貿易價值不斷攀升，貿易商品總量也急增至歷史新高。[5]在美國，海關負責即時記錄進出口流量，提供第一手數據；人口普查局自行開展的調查研究和加拿大海關官員提供的資料再為之輔證。到了二十世紀末，海關每月向普查局呈交七十五萬份進出口記錄，而這些文件只記載價值超過二千五百美元的貨物。各種商品的其他小額貿易不計其數，但因為價值未達標準，就不會錄入官方貿易數據。

普查局的統計只能展示美國貿易的局部。為了綜觀複雜的全貌，政府自一九八六年起，在商品貿易之外，還開始記錄更加難以捉摸、卻日益關鍵的服務貿易。負責此事的是經濟分析局。在此之前，政府也有類似部門，可視為前身。第一次世界大戰後不久，胡佛總統的商務部曾經試行包含服務業在內的跨國會計帳（international accounts）制度。那時，比起商品貿易，服務的貿易量比例很小，卻又無法弄清楚確切的數額。但是，到了一九八〇年代，服務業已經是全球貿易的重要組成部分，特別是金融服務業。

那麼，什麼構成了服務貿易？舉例來說，一家美國銀行的倫敦分行，如高盛證券，是所有人眼中全球化金融的代表，對它的印象好壞參半。高盛的倫敦分公司批出一筆貸款，給某瑞士企業在西非建一座工廠，這一連串交易形成「跨境金融」。在過去幾十年內，跨境金融已成為全球經濟活動的重要成分，卻不在傳統貿易統計範圍之中。換言之，從統計上來看，跨境金融完全不存在。

各地政府和機構已意識到，全球經濟活動已逐漸以服務而非商品為主體，便試著加以量度。美國經濟分析局就在一九八六年新設一個經濟類別，以囊括金融、教育、旅遊、數據處理、諮詢、保險等服務行業。在二十世紀中期，美國花旗銀行批予拉丁美洲一項交易的貸款（這很常見），任何官方數據都不會將其列為「出口」（但經濟分析局可能會寫入某份國際交易報告）。但是現在，如果位於紐約的高盛批出一筆貸款，給新加坡的某公司在馬來西亞興建工廠，這宗貸款就會（至少可能會）計入美國二〇一一年高達七百四十億美元的金融服務出口之內。

旅遊業是更大型的「出口服務」。一名倫敦人在達美航空買下一張飛往亞特蘭大的機票，就是一宗旅遊服務的出口，因為這是一家美國公司向非美國居民提供的一項服務。每一次一個中國旅行團包下一架舊金山觀光客車，或集體入住曼哈頓一間飯店，都算作美國對中國的服務業「出口」。反過來說，每一個參觀柬埔寨吳哥窟或者秘魯馬丘比丘的美國旅行團，都算是服務業的進口。教育是美國另一種主要出口服務。一名學生入讀美國大學院校，或者一名中國研究生在加州理工學院完成博士學位，都算作一次教育出口。智慧財產也是可供進出口的服務。例如，中國移動公司（China Mobile）向位於聖地牙哥的電訊巨頭高通公司取得一項移動電話技術的授權，就統計而言，也算作中國向美國進口了一項服務。

不過，官方數據顯示的美國對華貿易逆差只含商品貿易，而不計算服務。普查局每月公布的數字也只計算商品的進出口，並不包括經濟分析局一直記錄在案的服務貿易額。問題來了：美國對中國甚至對世界的貿易額都錄有逆差，但事實是美國的服務出口十分暢旺，順差顯著。二〇一一年，美國服務出口額比進口額高出兩千億美元。

統計的工作小有進展，但外人很難取得有關數據，負責統計的人也無不承認，現實中還有大量跨國經濟活動沒被點算。[6]看一看經濟分析局的計算方法，更覺撲朔迷離，因為所有數字都不可靠。比如說，要得知某中國旅行團在舊金山的消費額，「經濟分析局的算法只是把該團遊客人數乘以訪美遊客平均消費額」，[7]而平均消費額的數據則來自機場對旅客和旅行團的調查。這可非尖端科學應該的表現啊。

現在，要判斷某件物品在何處製造，物品每一部分價值歸於哪個國家，就更加困難而複雜。有關現代貿易的所有統計數據，皆基於一點簡單的認知：每個國家都是一個單位。這個單位是一個封閉系統。某些外來物會進來（進口），某些本國物會出去（出口），而國家經濟還是一個封閉的迴路，貿易僅會產生部分影響。

這種想法在今天還可行嗎？沒錯，多數人一生都在同一個國家度過，即使旅遊和貿易近年蓬勃發達，人們的生活地點大都不會離出生地太遠。人的身體大致位於定點，但經濟活動卻是靈活流動的。

究其原因，是經濟生活的本質已越來越取決於人們使用的服務，不管是旅遊、教育還是網路生活。不僅如此，一件商品屬於哪個地理領域，現在也越來越難界定。貿易數據聲稱可以準確界定問題，於是人們就從中歸納結論，用以制訂政策，用以標籤定位。不幸的是，我們的貿易統計是最不懂得順應全球變化趨勢的一套計量方法，因而導致了眼前這一不爭的事實：我們一切的決策，都基於一個不存在的世界。

美國與中國貿易平衡的問題，恐怕是最顯著的例子。倘若目前的數據大致屬實，就代表現實的確有貿易不平衡的情況，問題是這些數據是不準確的。事實上，如果在統計貿易額時，能根據所有產品的生產步驟準確判斷計算，美國可能根本沒有對華逆差。試想，一個與誰上誰下、誰強誰弱的全球思維息息相關的統計數字，竟在很大程度上，根本就是錯的。

錯誤的原因很簡單：我們判斷商品來源的方式，量度無形服務的方法，全都沒有及時進化。這並非因為負責整理數據的人員或機構能力有限；他們所有人都深知問題在於，因為負責統計的機構都是政府部門，難免受制於各種規章制度和預算限制，進化速度和程度都很有限，而全球經濟的進化卻是無限的。

當下的貿易數字背後假定每一件產品都有一個來源國，申報產品的價值便歸於這個國家；在二十世紀中期或以前，這也許是事實，但今天的情況顯然不同。沿用目前的方法統計貿易活動，確實有一個好處，就是便於比對過去數十年的貿易模式，但數字不應被視為貿易活動的最後總結。可是在大部分貿易問題上，我們卻有這種誤解。

二戰之後，《關稅暨貿易總協定》（General Agreement on Tariffs and Trade，GATT）嘗試制訂統一國際標準，為貿易的計算和進行方式提供規範。GATT是世界貿易組織的前身，它對於國際貿易的意義，等同聯合國之於國際外交，世界衛生組織之於疾病和營養。GATT是一個理想化的產物，旨在杜絕各國政府是否有以鄰為壑的政策傾向，防止各國再度挑起以貿易為武器和資本的世界霸主爭奪戰。

GATT奉行自願合作的精神，不將任何一套標準強加於各國，而讓各國自行決定進出口貿易的計算方法。有些國家計算的態度比較老實，有些則不是，問題自然就來了。畢竟，進口額在計算上會拖累經濟產量，而GDP又是二十世紀下半葉的國力象徵，那麼某些國家故意低估進口量而抬升出口量，用以得出漂亮的GDP數值，也就可以想像。

到了一九八〇年代，各國各行其是的做法顯然行不通了，一套定義更加清晰的準則應運而生。一九八〇年代末，世界貿易組織已有雛形，並制訂「原產地規則」（rules of origin），用以規定各國界定商品產地和海關商品申報的做法，並提出如何將之併入國家經濟指標的計算方法。

這個進展似乎不錯，可惜在新的國際準則推行之際，全球供應鏈已發生劇變。一九九〇年代「全球化」的徵兆之一，就是製造業的生產程序，因各大企業極力發掘最低成本國家的最低成本產品，而逐漸突破地理界線，遍及全球各地。要整理當中的頭緒，是既複雜又昂貴的工作。後來有一種先進軟體降臨人間，能夠自動追蹤世界各地供應鏈、物流網絡和港口活動，事情才變得簡單一些。以前底特律某汽車製造廠的零件供應商可能位於密西根州、賓州、俄亥俄州或印第安納州，但極少會在美國以外。到了一九九〇年代，情況就改變了。

「原產地規則」卻沒有什麼改變，現在也依然如是。一件產品的原產地國家，就是產品發生最終「實質性轉變」的國家。根據這一規則，一架使用馬來西亞的塑膠、中國的零件並且在美國組裝的汽車，就會烙上「美國製造」的印記。「福特探險家」車款便是這樣出廠的。

原產地規則的另一面，就是iPhone手機。iPhone的「實質性轉變」發生在中國，因此被列為美國自中國進口的產品。事實上，至少有三位關注這一議題的經濟學家在計算之後發現，在美國每賣出一台iPhone，對華貿易逆差就會增加二百二十九美元；每賣出一台iPad，又會增加二百七十五美元。[8]這意味著截至二〇一三年，蘋果公司在美國的iPhone銷量每年替美國帶來高達六十億美元的對華貿易逆差。而iPhone還只是美國企業在中國製造的成千上萬種產品之一。

同樣的故事也發生在其他國家及其供應鏈上。韓國大型企業三星電子是平板電視、電腦螢幕和智慧手機的主要製造商，其製造工序已轉移到中國。由於「原產地規則」已廣泛應用並成為國際慣例，三星產品也列為來自中國的進口產品。日本、德國還有其他國家的公司在中國製造的設備也有同樣的命運。不管是德國引以為豪的工業公司，還是日本、美國的企業，也不論哪個國家的本土製造業基礎如何雄厚，每個國家現在都把製造工序分派到世界各地，全球化生產已成行業規範。

二〇一〇年，第四代iPhone在美國的平均零售價是五百四十九美元。不過，最近買過智慧手機的人都知道，通過電信公司的月付方案購買手機，每月會有相當可觀的通話費折抵。例如，在美國與威信通訊（Verizon）簽下兩年合約的iPhone用戶，購機費用就從五百四十九美元降至一百九十九美元。不過，從貿易的角度來看，這些都不存在。唯一存在的是手機進口時申報的價值（當然與在蘋果專賣店的價格不同）。這一進口價值，一旦填入海關表格並由普查局記錄在案，就不會再與手機未來的各種價格變化產生任何關係。

這可不是說，普查局的人員被申報價值所騙了。我採訪過一些負責整合數據的人，每個人都明白官方貿易數據和原產地規則的局限。狄克生（Dave Dickerson）擁有二十九年普查局在職經驗，現任普查局對外貿易部門副主管。他非常明白，一件產品的各個組成部份，當中涉及的智慧財產，都可能讓人對「原產國」做出全然不同的判斷。然而，這類數據的記錄已持續了幾十年。狄克生解釋道，多年累積的數據可供日後追溯對比，為了保留這一價值，普查局仍然會「按照廣泛共識，沿用『原產國』的國際標準定義，即『原產國』就是產品發生實質性轉變的最後一個國家。全球化趨勢的確帶來變數，統計方法也多種多樣，但我們認為維持慣用的申報標準，仍然是有價值的。」

美國經濟分析局局長蘭德費爾德（Steve Landefeld）多年來一直關注貿易統計。他主持過不少工作小組進行專門研討，也坦率承認在他的世界裡，最大的挑戰就是「嘗試追蹤每一件產品中每部分的附加價值。」眼下的問題在於，海關申報是直截了當的；要分解出一件製造業產品的每一部分，卻沒那麼簡單。根據蘭德費爾德的解釋，那意味著「所有企業，不論所屬行業，都必須追蹤記錄每一件產品的來歷，記錄過程必須遵循同一個分類系統，並且以一致的規格和方式上報記錄。」

可是，僅僅是蘋果的iPhone手機、iPad平板電腦和iPod播放器，就要花上幾個經濟學家團隊無數小時的心血，以精湛的研究技巧配合仔細謹慎的分析，才能破解出其中每一個零件是何時何地由何人製造，每一部分的價值又是多少。嘗試以上分析的經濟學家團隊當時也沒有達成共識，到底該如何將電子設備內部逐一分解，再歸於生產鏈上相應節點以釐定價值。問題在於「附加價值」。我們該如何界定產品哪一部分的價值應該歸於哪個國家的哪家公司。拆解這個問題就像玩俄羅斯娃娃，每次你以為找到最後一個了，再仔細找找，又總能打開更小的一個。

iPhone的零件來自許多供應商。就像其他生產高感受（high-touch）產品的公司一樣，蘋果費盡工夫避免旗下產品的零件供應商曝光。一來是為了保密，避免同行得知零件的來價，二來也為了讓各供應商互不知悉，競標出價時戰況會更激烈。蘋果的神秘作風，某種程度上是受賈伯斯敏感天性的直接影響。他為人偏執多疑又聰明絕頂，面對公眾是個魅力懾人的表演者，在生意上則是個不擇手段的合作夥伴。在這一點上，蘋果和其他競爭者並無不同，過分依賴賈伯斯的個人魅力始終是個錯誤。

iPhone和iPad的零件供應商多達數十家，但有一些技高膽大的研究團隊和分析人員已找出起碼五個零件來源零件國：德國英飛淩（Infineon）製造相機模組，日本東芝（Toshiba）供應觸控螢幕，美國博通（Broadcomm）提供無線耳機和車內免持話機所需的藍牙晶片。

至於蘋果產品的最終標價中各國占多少份額，分析人員各持不同意見，唯有一點不存在分歧：被標註為「原產國」並導致美國貿易逆差擴大的中國，不是占最大份額的國家。最大的份額應歸於美國，因為這些電子產品牽涉的智慧財產、設計理念和行銷企劃全部出自加州庫比蒂諾的蘋果公司總部。這些都屬於「服務」，而且比起經濟分析局每月記錄的服務更加難以名狀。直到二〇一三年，經濟分析局才正式修改GDP的記錄方法，將開發智慧財產的成本納入國民所得的計算。但貿易數據的統計方式仍沒有因此改變。

不論是iPhone，還是市面上數千種的科技產品，價值都不在於硬體的材質或者動手組裝的人員，而在於產品的發明。蘋果產品的誕生，都源於賈伯斯及其首席設計師伊夫（Jonathan Ive），還有繼任蘋果執行長庫克的大膽創意和高明行銷。他們帶領的團隊孕育了這些電子玩意，從產品設計、專利申請到包裝外觀，源源為品牌注入生命力。智慧財產配合行銷策略才是蘋果成功的關鍵，才是每一台iPhone最大的「附加價值」。

這樣看來，表面上的原產國中國只能分得很小一部分的價值。根據估計，每台iPhone或者iPad只有大約十美元的價值屬於中國本地經濟，用來支付富士康工廠那數十萬員工的薪水。二〇一〇至一一年，富士康發生多起員工自殺事件，引來負面評論和嚴正調查。更擾亂視聽的是，分得少許利潤的富士康，甚至不是一家中國公司，起碼不是中國大陸的公司，而是一個台灣企業集團在中國的合約製造商。

回想俄羅斯娃娃的比喻，再思考一下：就算把價值逐一歸於上述國家，也未必是正確的。德國英飛凌「製造」的相機模組，也包含其公司的智慧財產、行銷企劃和設計理念，而機體本身則來自德國以外的工廠，中國也可能是其一。美國博通只是設計藍牙晶片，並沒有親自製造。負責製造的是其他公司，地點也很可能不在美國。所以，分析人員想要準確描摹蘋果產品附加價值的「生態系統」，就要進一步把產品的各個零件逐一拆解，但這樣可能還不夠。還有，數百萬顧客買的手機保護殼，裡面的塑膠從哪裡來？馬來西亞還是印尼？外殼由誰設計，又由哪個工廠製造？到底有沒有一件東西是真正產自某個地方的呢？

對於從事貿易和統計相關的人來說，以上問題都不是秘密。亞洲開發銀行（Asia Development Bank）在二〇一〇年的統計資料表明，如果官方數據能更準確計算附加價值，那麼iPhone本身為中國帶來的貿易順差應該是七千三百萬美元，而不是帳面上所見的數十億美元。最近，世界貿易組織、經濟合作暨發展組織、聯準會不同部門已著手處理更大的課題，嘗試將每一產品的每部分價值分配給來源國，在此基礎上重新評估貿易平衡狀況。

WTO和OECD多次表明，這種新的統計思維大有必要，而且勢必顛覆我們對目前全球貿易的理解。兩大組織合作的研究中有段話，可謂一語中的、毫不客氣：「生產方式漸趨全球化，人們也越來越意識到，傳統的貿易統計可能讓人誤解貿易對於經濟成長和國民所得的意義，也就是所見非所得。」不過，洞察問題與著手解決問題尚有一大段距離。這兩大組織走在變革前沿，聯手建立了一個統計「附加價值貿易」的資料庫，旨在將前述蘋果產品的分析推演到成千上萬的其他產品上。

二〇一二年中，這項新統計發布了初步結果。新資料庫顯示，美中貿易逆差應該比公布的金額減少百分之二十六。雖然此研究力求真實反映供應鏈體系，也嘗試納入服務貿易的計算，不過一切數據仍是猜想居多。原因很簡單：誰也沒有足夠資源、人力和機制去計算世上每一件製造業產品、每一個組件的價值，再把每一部分的服務準確歸於所屬的國家。就此看來，這是一個人人都可能瞭解卻沒人能切實解決的問題。[9]

改用一套能體現各國附加價值的經濟指標，可不是一件小事。這需要用到幾千名人手去追蹤全球供應鏈，並分析林林總總的產品，也需要世界各國海關推出新的調查方法和申報表格。這樣一來，所有從事進出口貿易的人申報貨品價值時，要遵從的就不再是二十世紀ＷＴＯ訂下的標準，而是二十一世紀某些尚未面世的準則。

要近兩百個國家達成共識，使用同一套計算進出口物品價值和申報海關的方法，本身就是非常複雜的事。這件事花了幾十年才完成，既是世界貿易組織的立身之本，也是全球貿易自由的必要步驟。貨品的價值和計算方式若無統一標準，則關稅的制訂也無統一標準，任何自由貿易協定或全球供應鏈都會失去根柢。愛之恨之，這些標準定義了寬鬆的全球體系，也決定了當今世界的面貌。然而，我們也已悟到，塑造世界的這些標準數據既不清晰，也不準確。

若要得到更準確的數據，目前對附加價值的計算還應大幅成長才夠。企業也要改變產品的上報方式。試想一下食品的營養成分表如何把一包洋芋片或一盒牛奶分解為熱量、脂肪、蛋白質和碳水化合物。對於每一件製成品，我們也要做同樣的分解，但內容會是生產地點以及生產鏈上每一國家持有的成本比例。蘋果產品的產銷生態系統已有不少人研究過，完成了一部分的分析。但對於世界供應鏈上的其他產品，我們仍然無處下手。

計算結果將會呈現，我們想像的世界和現實的世界有很大差距。過去十年，美國人的身分認同一直糾結於中國的崛起。在他們眼中，中國這個低成本的製造業大國正在削弱美國經濟，拉低美國工薪水平，陷美國工人階層於水深火熱。美國工人（尤其是製造業）的工資連年下降，失業率持續上升，是毫無疑問的事實。但是，如果貿易數據確實高估了——而且可能嚴重高估了——美中貿易失衡的程度，那麼認為美國工人逆境源於中國的想法就是錯誤的。換言之，如果認為只要中國調整人民幣幣值，或者美國對中國的進口產品和侵犯智慧財產現象採取強硬措施，美國經濟就會自然好轉，這種想法也是錯誤的。中國既然不是問題的主因，那麼對華採取懲罰性措施，也不能解決任何問題。

同一道理也能用於解釋世界上其他問題。比如，日本從中國崛起中獲得的利益，可能實際上比數據顯示的要大。另一方面，中國表面上出口暢旺，實際上得益卻少得多，中國政府也已發現這一點，所以才決意建立內需消費主導的穩健經濟模式。

此外，自二〇一〇年，美國製造業已逐漸復甦，但就業數字和工薪水平卻沒有明顯成長。由此可見貿易數據所掩蓋的一個事實：科技發展、機器生產和全球供應鏈體系才是削減工人的薪水和職位的罪魁禍首。

但是，我們理解世界的方式，仍然基於那些主要的經濟指標。經濟指標界定了「經濟」的內涵，經濟指標的數字被用來回答「我們表現好不好？」的問題。其實有疑點的絕不僅在於貿易數字，事實上，每個經濟指標都事關重大又漏洞百出。

毫無疑問，持續沿用一致的統計數據，確實是有必要的。始於一九二九年的經濟大蕭條如此難以對付，正是因為缺乏數據指引。當時胡佛政府及其國會對眼下危機一無所知，又無法對比古今、以史為鑑，也不能檢驗政策能否有效解困。種種無知無能，就是各國政府和中央銀行拙於應對的主因。一九三〇年代的英國，不論是麥克當諾（Ramsay McDonald）的工黨政府，還是鮑德溫（Stanley Baldwin）的保守黨政府，也一樣陷入毫無頭緒的狀態，後來才由凱因斯來全力建立國民經濟會計制度和統計方案。

大蕭條至戰後那些年，統計框架逐漸成形，開始提供穩定可靠的數據，以供人們瞭解經濟體系的運作。這是史無前例的突破。此後，人們也開始能夠觀察各種政策和資源投放如何逐漸影響經濟體系。當然，這段成形的時間很短。哪怕算上統計學家之前嘗試用新方法蒐集數據的時間，也依然是短暫的。GDP的計算最遠僅可追溯到一九四〇年代，通貨膨脹和就業的統計在相應指標出現之前，也只有幾十年歷史而已。

最近幾年，全球所有統計機構都費盡心力去修正蒐集和分析數據的方法。世界各地都在不斷修訂國民會計帳的準則。美國經濟分析局特別熱衷於探索新的統計方案。自一九九五年起擔任局長的蘭德費爾德，比任何人都更能敏銳洞悉這些數據和指標的利弊。在無數國會聽證、媒體訪問、大小會議和報告文件中，他一直強烈主張：數據統計必須與時俱進。例如，他曾敦促統計部門多花時間追蹤一個企業的真正所在地，以便判斷究竟哪一國家的GDP從中受惠，程度如何。例如，全球最大型企業之一IBM的總部設於美國紐約州阿蒙克市（Armonk），但在印度分公司的員工人數（約十一萬）已超越了美國的員工人數（大約十萬）。

蘭德費爾德也堅持附加價值應得到更完善的追蹤計算。目前，全球經濟已逐漸由創意理念而非有形產品所主導。美國二〇一三年修訂GDP的概念，將智慧財產納入其中，確實有助人們理解經濟現狀。蘭德費爾德的想法正確，但經濟分析局畢竟是個小型政府部門，年度經費不超過一億美元。過去幾年，他曾提出一個低於一千萬美元的預算增加方案，希望創立新的數據組別，著手應對因為時代進步所衍生的各種疑難。美國政府願意花上兩倍於經濟分析局年度預算的資金去製造一架戰鬥機，卻連年無法順利通過預算案。要這樣一個政府撥出額外經費，為的只是更清楚瞭解現實世界，並以新的數據為依據，以求更合理分配數以兆元計的國家預算，結果可想而知，是幾近徒勞的。

蘭德費爾德在方案中提出一大串問題，每一個都理直氣壯、迫在眉睫：我們應如何解讀日益龐雜的服務業？人們的經濟生活越來越趨向網路，應該如何衡量其經濟衝擊？另外，我們如何能更準確計算所得分配？通過研究稅單和大量紀實性資料，可知收入和資產不均正在加劇。但我們並沒有真正計算所有形式的收入，退稅、健保資助和食物券都沒有計算在內；同理，我們也沒有計算所有支出。還有，我們計算GDP時，等於把地區之間明顯而巨大的差異都揉進一個數字裡，這又怎麼解釋？一個簡單的數字，掩蓋了俄克拉荷馬州從石油、天然氣資源和服務業獲得的蓬勃成長，也掩蓋了佛羅里達州過分依賴旅遊業和不動產業而出現經濟不景的事實，這樣不會太含糊了嗎？

勞工統計局副局長高爾文（John Galvin）也有同樣的信念，也同樣明白數字能告知或遮蔽什麼事實。高爾文恪守心中的公共服務原則，認為勞工統計局既以服務社會民眾為己任，也有嚴守道德底線的職責，令人肅然起敬。他曾對作者說：「很久以前，前任勞工統計局局長賴特（Carroll Wright）說過，我們的任務就是秉持無畏精神，傳達國家經濟和勞工狀況的真相。」他認為，勞工統計局的統計工作是「民主課責的工具」（instruments of democratic accountability）。畢竟，這些數據能獲得廣泛認同，沒有被拿來作為政治操縱的工具。如果不是這些數據，任何人都可以在公開或私人生活中罔顧事實，大放厥詞。

誠然，在二〇〇七年，阿根廷政府因不滿有關統計部門上報的通膨數字，下令撤走部門全體人員；二〇一一年，烏拉圭政府也因統計部門報出高於往年的通膨率而拘捕部門主任，並處以十五萬美元罰款。雖然美國沒有類似事件，但人們已慣於認定官方數據背後總有政治意圖。這些想法也並非過慮。二〇一二年十月，暴躁毒舌的前通用電氣執行長傑克．威爾許（Jack Welch）曾質疑美國就業數字有鬼。當時公布的就業數字較預期強勁，他抨擊是歐巴馬政府為選舉造勢的政治假象。

這一指控必然會令高爾文大為震驚，畢竟勞工統計局已採取不少措施，防範資料被政治操縱或意外洩露。他的首要工作還不是防止消息外洩，而是順應勞動力流動性日增的趨勢，尋找更好的方法來計算失望勞工和自僱人士數目以及商品的成本。他和局內人員都已證實統計數據和現實有各種差距。然而，所有公共辯論幾乎只圍繞那些出現在新聞頭條的簡單數字，而忽略數字背後的豐富資訊。「大多數人，」他說：「都沒有時間看完並讀懂整份失業率報告。」人們只是抓住新聞頭條中的數字就算了。

媒體和政客最喜歡這些一目了然、定期公布的數字，報導起來簡單，理解起來容易，也很好消化。但這些數字本身並沒有人們賦予的份量。它們只是平均值，模糊了人群之間的重大分別。例如，高等教育學歷白人女性的失業率，即使在〇八至〇九年經濟衰退期，也一直在百分之四以下；相比之下，高中以下非洲裔美籍男性的失業率一直維持在雙位數，過去幾年甚至逼近百分之二十。所謂「失業率」也模糊了地區之間的巨大差異。二〇一〇年，內華達州失業率增至百分之十四，但內布拉斯加州還不到百分之五；佛羅里達州最高達至百分十一點四，愛荷華州不到百分之六。

一個四捨五入的數字，說不了這麼多事，也不能讓你明白，世上根本沒有一個全國失業率能夠概括國家每一地區、每一個人的就業情況。教育程度和居住地區都很關鍵。人們誤以為全國性數字有足夠的解釋力。這一錯覺誤導了政府尋求真相的方向，也扭曲公眾對現實狀況的認知。在二〇一〇年，一個生活在內布拉斯加州奧馬哈市、擁有大學學歷的白人女性，如果在讀懂就業數字之後還擔心失業的話，就未免有點神經質了。但當時全國熱議的就業危機——重災區是拉斯維加斯和加州中部，失業率比新聞報導的百分之八至九還要高——難免會引起不必要的嚴重焦慮。再者，人們慣於尋求一個單一的說法，這種慣性也進而誤導政治辯論和經濟政策提案的思路，因為目前我們還沒有研發任何工具來分析數據的組成，透視地區、教育及種族因素對數字的影響。

所以，我們正面臨不少挑戰：主要經濟指標無法與時俱進（儘管這不是任何人的錯）；經濟數字已植根於文化，成為表現好壞的標記；我們完全依賴於幾個簡單而重大的平均值，而正因如此，我們無法準確看清複雜的經濟體系；我們既無意願也無資源去提出新指標或修訂現有指標，從而將一切時代變化納入統計範圍。

最後，我們還嚴重欠缺國際資料。iPhone的故事與統計數據顯示，我們極度缺乏那些不由政府機構所蒐集的數據。除了有些學術單位及OECD之類的組織，間歇地投入時間精力研究新架構之外，我們擁有的僅是國內的數據，而我們卻利用這些數據盲目地了解全球現實。

那該怎麼辦呢？問題就在眼前，不得不面對了。所幸的是，在全球不少高等學府、商業領域、國際機構和經費及時間充裕的政府部門，已有不少人迎難而上。結果是各有千秋，各有所長，這也是人之常情。最奇特也最具說服力的，莫過於一個深山環抱的內陸小國實驗用另一指標來取代GDP。這聽起來夠新奇有趣了。但更有趣的是，小國的實驗竟成為著名案例。不管是諾貝爾獎經濟學家、法國總統還是全球大大小小的倡議團體，都陸續相信未來的方向不再是以現行經濟指標配合更好的統計方法，而是徹底以新的統計理念取而代之。這個新理念，來自一個最不像經濟學創意大師的人——不丹國王。

CHAPTER 9

國民幸福指數 Gross National Happiness

一九七二年，年僅十六歲的旺楚克（Jigme Singye Wangchuk）登基，成為深山小國不丹的第四任國王。不丹是內陸國，喜馬拉雅山脈環抱國境，領土面積約等於瑞士（只比美國馬利蘭州稍大），是印度之北、中國之南的一片秘境。印度在一九四七年脫離英國，但兩百年英治時期仍在該地區留下痕跡。這位王儲從小被送到印度大吉嶺的英文學校，後來又到倫敦念書；少年時回到他未來將統治的王國，當時國家人口還不到五十萬。大多數國民生活在南方偏遠而肥沃的山谷，還有零星牧民住在群山高聳入雲、滿目懸崖陡壁的北方，與羊群和犛牛為伴。不丹不論地理或文化都與世隔絕，直到一九九九年才開放電視網絡。這是一個最不像會進行大膽試驗的國家。

這位新的君主已見識過世界大局，知道一個國家在全球範圍成功與否，越來越取決於國內生產毛額。不過，少年國王卻有一個大膽的想法：不再以產量衡量國家健康程度，換一個指標試試；不再強調產品和產量，著眼於生活品質。在一九七二年，這是個非常激進的點子。

我們都知道大多數國家的做法：聯合國已制訂國民經濟會計框架，全球各國都理應使用。美國和蘇聯兩大政體正在激烈競賽，爭相吸納更多同盟。國力高下之分在於導彈、盟友數量及經濟成長速度。種種壓力之下，不丹王室也難以獨善其身。各國政府都竭力在弱肉強食的國際秩序中搶占更高席位。數字已無處不在，自成一套邏輯：不論在國內或國際範圍，一個政府是否稱職服眾，就視乎其物質成就——糧食、住宅、製造業成品、財富，一切都越多越好。

不丹王國的君主旺楚克沒有隨波逐流，反而另闢蹊徑。這位年輕的國王有沒有聽說過甘迺迪對GNP的尖銳批評，目前並無證據可見。畢竟，甘迺迪在堪薩斯做那番演講時，他還不到十二歲。但不知為何，他在登基後的新政之一，就是把GNP換成另一個指標：幸福。自那以後，不丹的追求不再是物質層面的繁榮，而是全民的美好生活和個人的幸福狀態。國王相信，只有所有國民都感到幸福，國家才是成功的。

不丹人開始制訂量度國民幸福的方法時，並沒有忽略物質需求。但他們明白，社會是個複雜的機體，物質需求和富足的精神世界、美滿的家庭生活還有文化與傳統一樣，只是其中一個面向。

不丹是唯一明確表示拒絕使用國民經濟會計制度的國家。當時，這一制度已應用於世界上絕大多數國家，就連蘇聯和中國也按國際標準計算產量。蘇聯也同時計算「社會生產毛額」，即工業活動上報的總產量（「上報」是關鍵詞）。但是，不丹對國際標準說「不」。這個國家將國民幸福提升為主要指標的同時，也開創了新的統計路向，演繹了對傳統的尊重。不丹第一部見載的法典源於十八世紀，制訂者是一位仁波切上師。法典有言：「政府若不能為人民創造幸福，就沒有存在的意義。」[1]相傳不丹在幾個世紀前由高僧後裔開國，每一任國王身上都有先人的神魂。如此看來，一九七二年登基的十六歲國王遠比他的肉身要活得久。起碼不丹人都抱有這種想法。

國王宣布不丹將使用自己的指標是一回事，具體制訂指標又是另一回事。制訂過程仍在繼續，但其後幾十年，不丹確實已推出一套具體指標，並籌組專業團隊，負責調查訪問、收集分析資料和總結官方數據。團隊不但聘請各方統計部門和聯合國的專家，還有一群志同道合的學者加盟，他們都深信GNP（或GDP）正在過分簡化國家經濟，並誤導人們解決重大問題的思路。

國民幸福總值的理論框架源於千年的佛理，也來自佛光普照下秘境小國的悠久文化，本身與新紀元（New Age）運動的教義相通，與美國經濟分析局的統計哲學則氣場不合。新紀元運動的教義原本就深受佛教影響，兩者暗合也不奇怪。許多負責制訂指標框架的不丹人都曾學佛修行，包括最著名的不丹學者烏拉（Karma Ura）。他集牛津大學教育和佛學背景於一身，現任不丹研究中心主任。根據指標的定義，幸福就是「創造美好環境，鼓勵人們能夠持續追求福祉。」所以，指標認為「幸福」既是集體現象也是個人體驗，真正的「幸福」包含「精神、物質、身體和社交需求」的全面滿足。

這一方法有別於源自二十世紀中期英美經濟統計制度，兩者差異之大，再怎麼強調也不過分。主要經濟指標的發明者和追隨者一定無法理解，像「幸福」、「福祉」這種軟性、主觀因子是複雜經濟體系的一部分。當然，過去也有一些不痛不癢的意見，例如顧志耐提倡無償家務勞動應算入國家收入，卡托納論證過主觀自信心與消費者行為有莫大關係。不過這些主張的前提，依然是經濟應立基於物質世界，並受理性行動者所主宰。在這樣一個世界裡，所謂精神和社交需求，說得好聽是無形的，說得難聽就是無關的。

小國不丹拒絕了世界通行的統計框架，也逐漸引起了全球效應。除了不丹之外，世界各國目前都以ＧＤＰ為經濟成就的主要指標。但是，大部分國家也在反省以ＧＤＰ為唯一主要指標是否妥當。在不丹的大膽變革之前，我們也聽過羅伯特・甘迺迪批評GNP的演說。不過那番滔滔雄辯，是對更宏大文化問題的質問。一九七○年代，西方全體國家都在重審自己的核心信條和價值觀；有關經濟應推動物質生產，實現產量最大化的理念，也得到反思。但種種自省，大多流於文化層面，而不觸及建制。正當伯恩斯忙於計算通貨膨脹率，白宮推出一系列經濟政策又無法緩解危機時，大眾文化介入了。民眾時而關注，時而抽離，時而又深入探討。也許不同的文化背景和當時的通膨也有關連，可是沒有人能看得出來。

不管怎樣，學術界一些經濟學家已開始反思主要的經濟指標。GDP越高越好，通膨越低越好，經濟越景氣，就業越理想，社會就越穩定，國家就越強大——這些因果推導，是否毫無漏洞？是否涵蓋所有關鍵因子？經濟學家在重新評估，有的甚至開始提問，現在的經濟體系創造的幸福是比從前更多，還是更少？現代社會追求產量最大化的高壓之下，國民的需求和意願是否全都得到滿足？

就連這些提問，也是有巨人走在前的。邊沁、彌爾等西方哲學家與密宗活佛所見略同，堅信新社會主要目標是為最多數的人創造幸福。踏入二十世紀，政府熱衷於經濟統計，數字大行其道，但同樣有人積極計算生活的軟性部份，例如家庭生活、性生活或主觀福祉。一九六○年代，蓋洛普發起民意測驗，調查人們的健康、福祉和生活滿意程度。在一九七○年代以前，這些只是獨立、個別的嘗試，全球的主流思想依然是將所有國家推向同一種統計制度下，運用同一組標準指標量度經濟。[2]

不丹將「幸福」列為國家要務，顯然打破了這一主流。不丹雖小，畢竟也是個國家，在聯合國占有一席，國家主權也得到認可。從這一點看來，不丹棄用產量而改用「幸福」，其意義之重大，遠勝於數以百萬計的人紛紛以實現自我價值為人生目標，或者幾個私人機構不約而同地論證GDP不可作為衡量社會是否成功的標準。至今為止，不丹是唯一拒絕使用現代經濟量度標準的主權國家。雖然目前還沒有國家加入不丹的獨家俱樂部，但一九七二年之後，越來越多人質疑我們目前到底在量度什麼，量度方法又是什麼。

不丹花了數十年時間，不斷改進國民幸福指數的量度方法。其中關鍵的一點，是不丹人對於「幸福」的理解，是有別於西方的。經濟學家烏拉解釋說：「不丹的國民幸福指數與西方文獻所見的『幸福』有著鮮明區別……它並不專指主觀福祉，而不顧其他層面。」二〇〇八年不丹總理也說過：「國民幸福指數的『幸福』不同於那種稍縱即逝、愉悅良好的自我感覺，雖然這種感覺往往與『幸福』一詞相聯繫。我們明白，如果他人正在受苦，就不存在真正的快樂。真正的快樂源於服務他人，源於與自然和諧並存，源於天生的智慧和美好的心靈能化為現實。」[3]

在西方，一個公眾人物用這種語言講話，幾乎是無法想像的事。然而在過去幾年，上述想法已逐漸進入曾經不容發問的西方文化殿堂，甚至進駐中心位置。目前看來有兩大並行路線：第一條承自史都華以及二十世紀顧志耐和凱因斯的成果，並加以改進，旨在更精確地計算一部 iPhone 每個組件的價值，並更精準地定義「就業率」；另一條視社會為完整機體，是精神與物質、集體與個人的集合。伯南克的聯準會和歐巴馬政府從未清晰表述過類似的想法。如果要他們改用不丹的統計方法，恐怕只會換來困惑的神色和嘲諷的笑意。不過，法國總統薩科奇在二〇〇七年和二〇一二年間效仿了不丹的做法。

薩科奇在人們眼中從不是個善於深思熟慮的人物。不管是敵是友，都形容他為人自我，雷厲風行，力圖讓二十一世紀的法國經濟更具殺傷力和競爭力。這些描述都沒錯。他就任之後幾年主持了一個高層委員會，明確指定它的任務是反思 GDP 作為統計指標之首的利弊，並尋求一個新指標來代替 GDP，大致要近似於十六歲不丹國王在一九七二年推出的那個指標。[4]

「我有個堅定的想法，」薩科奇解釋籌組委員會的原因時說，「如果量度經濟表現的方法不改變，我們的行為就不會改變。……數據和會計帳目反映我們的期望，反映我們賦予事物的價值，與我們對世界和經濟的看法密不可分。……這些數字，如果看作是獨立於人而存在、不容質疑的客觀資料，固然讓人心安理得，但同時也非常危險……由此，一道鴻溝就會出現：專家確信自己的知識正確無誤，國民卻感到現實生活根本不是數據顯示的那樣，兩者都無法相互理解。」薩科奇秉持這種精神和想法，在二〇〇八年委託諾貝爾獎經濟學家史迪格里茲（Joseph Stiglitz）和沈恩（Amartya Sen），聯手法國出生的經濟學家費杜西（Jean-Paul Fitoussi）來主持委員會，目標是修訂乃至取消GDP，改用另一指標。

薩科奇此舉背後有何動力，我們很難得知。主要經濟指標的基礎是物質，這幾乎是不容動搖的。如果西方世界有哪個國家提出質疑，那首先應該是法國。美國社會和現代資本主義經濟素來妄自強調金錢和成長，法國對此一直存疑，甚至強烈抗拒。那些統計方案在法國聲名狼藉，是因為它們無法捕捉法國文化中許多難人可貴的東西，例如，一頓精心烹調的家庭晚餐在國民所得中的價值，遠遠低於工廠機器製造的一輛寶獅轎車。法國雖然不比其他歐洲或盎格魯—撒克遜的發達國家更能兼蓄佛家教義，但法國人的確比較懂得關注生活的內在價值，因此會認為生活質量和美感是社會福祉的關鍵。

文化是模糊飄渺的，易被輕視調侃，也易被過度簡化；當一切都說不清楚時，文化又常被誤用作放諸四海而皆準的解釋。縱有不少誤解，文化終究是重要的，我們量度方法也受其影響。目前的主要經濟指標是西方歷史某一階段的產物。確切而言，經濟指標反映的大致是二十世紀中期英美經濟體系和政策制訂者眼中最重要的事物。對於這些人來說，經濟是遵循客觀規律的機械體系。如果經濟不穩或失衡，原因一定是計算工具出錯，或者是數據資料對現實的描述失準。

二十世紀中期，美國日益強盛，其經濟思維亦「出口」到世界每一角落。當然，蘇聯陣營和共產主義國家堅決反對，主張集體繁榮而非個人富裕的經濟發展模式。不過，就算是蘇聯也以物質生產作為國力的證明。整場冷戰下來，雙方都宣稱自己的產量和質量高於對手，其中包括規模和殺傷力與日俱增的合法武器。

有些國家對兩種模式都不認同。印度獨立後第一任總統尼赫魯曾提出另一套計算原則和方法來引導國家步向成功。他拒絕冷戰時期非黑即白的二分立場，並從古代佛教和印度教汲取智慧，提出和平共存的設想。這些嘗試不論是出於崇高或自私的動機，最後都無法中止冷戰將世界撕成兩派的趨勢，也無法阻擋美國和聯合國的經濟統計網絡遍及全球的進程。

一旦使用那種經濟統計方法，隨之就會落入工業化和「現代化」為重的模式。在此過程中，其他社會價值自然會歸入或被貶入私人生活範疇，從而脫離公共政策的考量範圍。很多人會說，在二十一世紀初期以前，世界各國樂此不疲地追求產量、就業、物價、商業、貿易、工業化和消費，確實創造了數之不盡的財富。這麼說並沒有錯。上世紀中期成形的統計體系的確讓經濟變得更有活力，效率更高；主要經濟指標也的確能刺激社會追求更高的生產力和物質產出，滿足更多人的需求，就像幾個世紀前指南針和一系列科學發明讓人們能環遊世界一樣神奇。

西方國家及其物質至上的經濟思維獲得空前成就，但不代表所有人的需求都已得到滿足。正因如此成功，人們又開始新一輪自省，也有人會開始發問說，等一下，有什麼是這些數字無法計算的？人類生活有哪些重要層面被忽略？產量越來越高是否代表人們越來越滿意？現代經濟是否真的在生產空前優質也空前大量的產品？這個度量經濟的方法實現了種種繁榮，將來還能否保持這種效力？

正是因為以上問題，不丹選擇不從主流，繼而也啟發了法國的大膽變革。眾所周知，美國獨立宣言捍衛國民的「生命權、自由權和追求幸福的權利」，反觀現在，定義「幸福」是何其困難。我們都知道，主觀的人生經驗會影響對現實的認知。經濟數據對那些主觀經驗毫無解釋。原因之一是經濟並非血肉之軀，沒有感覺也沒有期許。經濟只是統計學所建構的。同時我們也知道，人類的情感、信仰、恐懼、希望和期許會塑造人類的行為，對經濟活動也有莫大影響。這一切如何訴諸數字並為人所用？從這一問題出發，有人便開始嘗試制訂客觀量度主觀體驗的方法。

你可能會問，何必這麼麻煩？既然「幸福」、「滿足」和「福祉」全是主觀表述，偏要用數字來表示，豈不是白費力氣？如果要人們給自己的幸福指數打分，從一到十，那麼這一個人的六分，程度可能相當於另一個人的九分。人們說起自己的感覺，有時會不盡誠實，騙自己也騙別人，這是傳統經濟學家都知道的一個基本事實。但經濟行為是不可掩蓋的，行為本身不會撒謊。換言之，行為及其在現實世界產生的結果都可以量化測定，但「福祉」卻不能計算。

但是，在過去三十年，一些研究人類行為和經濟學的學者，已不知不覺開始構思主觀體驗的計算和量化方法。在卡托納的智慧引領下，幾位經濟學家分別著手研究最適用於測量福祉的標準方法，包括康納曼（Daniel Kahneman，其研究獲二〇〇年諾貝爾經濟學獎）、迪那（Edward Diener）、克魯格（Alan Krueger，後來成為歐巴馬的經濟顧問委員會主席）和諾德豪斯（William Nordhaus）。這些學者都來自經濟學或社會學背景，著眼於以數字和算式來表示行為與現象。簡而言之，他們希望找到計算「幸福」的方法，就像通膨率、失業率和GDP的算法一樣。

學者會這麼想，是因為相信GDP已無法準確反映現實，所產生的誘因也無法讓世界變得美好，甚至無助於提升國力。經濟指標竟會妨礙一個國家自我提升實力，削弱國家在全球激烈角逐中的競爭力——聽到這裡，哪怕是最不在意改善國民福祉的政府，也會大感憂心。奉薩科奇之命的史迪格里茲、沈恩和費杜西在公布工作進展時提到：「現今社會越來越以表現為主導，統計變得至關重要。對什麼進行統計都會影響到我們的行為。如果統計方法是錯誤的，我們追求的事物也是錯誤的。法國人在銳意提升GDP之際，生活可能會越來越窘迫。」

要說明GDP如何傷及全民福祉，甚至與之相斥，最顯著的例子就是一家高產量、重污染的工廠。工廠產量在GDP的計算中顯示為正項。如果當地居民不滿河水變綠、疾病傳播，那麼解決問題的成本在GDP中也是正項。健康保障開支上漲，同樣有利於國民產量的數值。但是工廠生產活動對於附近居民的影響卻不可見於經濟指標。諸如工人致殘的慘狀、飽受蹂躪的自然環境、支離破碎的社區生活，這些代價都不在計算範圍。

當然，也有很多工廠不會傷及當地環境，還能創建社區，提供就業機會，資建學校、商店和住宅。在GDP的計算中，這些成果都顯示為中性。產出的結果是建設還是破壞，GDP並不能加以區別，也不會分辨產出對社會是否有益。GDP也沒有呈現立場，無法表達人們因某項產出而感到更滿足而安心，還是覺得更貧乏而恐懼。

GDP本身確有不足。GDP刺激各國追求產量的最大化，同樣會帶來局限。於是，有人開始研究「幸福」，尋求新的量度方法。究其發端，可溯至一九七〇年代。

當時，有不少聲音質疑西方世界物質主義，質疑工業社會那毫無疑問的巨大產量是否真能兌現承諾，帶給人們幸福。或者這麼說，二十世紀中期以來，歐美各國已創造出人類奮鬥幾個世紀、夢寐以求的巨大財富；大家開始認為，只有必需品還不足夠，奢侈品的供應也要充分，人們才會普遍感到心滿意足。這樣的世界就算不是烏托邦，也相去不遠了。但是，生活在一九七〇年代的人沒有心滿意足的感覺，他們切身體驗著通貨膨脹帶來的苦痛，思索著這一現象的意義，懷疑著西方社會發展是否從此脫離正軌。[5]

研究「幸福」的學者一心要撥開迷霧，走到了學術前沿。到二十世紀末，他們已積累越來越豐富的調查研究以供參考。提問「幸福」的不只有蓋洛普公司，許多國家已自行開展有關「幸福」和「福祉」的調查。自一九九〇年代開始，「世界價值觀調查」（World Values Survey）集結一眾歐美學者，在一百多個國家調查人們的經驗、信仰和幸福感。皮尤基金會（Pew Foundation）亦自資發起全球性調查。這些調查是生成指標的原始材料。到一九九〇年代末，人們掌握的數據足以推算現代經濟究竟在生產多少「幸福」。

方興未艾的「幸福」研究不純然是不丹經濟原則的延伸。實際上，不丹對於「幸福」的定義有別於西方學界。西方世界堅信，人的個體是神聖的，「幸福」是個人價值的體現。不丹人則認為，「幸福」是一種集體現象，而不是提問「我幸福嗎？」之後的回答。不丹提出幸福指數，目標不是讓每一個人表示「幸福」，而是讓所有人都認可國家經濟在現在和未來都是可行的，而且能持續發展，公正持平。從這層意義理解，不丹的「幸福」並非主觀體驗，而是有實在定義，定義的內容是每個人應該擁有的土地、居所、食物和社區等生活條件，以及國家將之實現的能力。

目前人們已習慣稱不丹為全球最幸福的國家。但事實上，不丹那種「幸福」在美國或歐洲大多數國家可能很難吸引人。這個國家依然古舊破落，現代奢侈消費少之又少，國家收入水平低下。不過，人們的基本生存需要仍能得到滿足，精神需求也獲得重視。不丹經濟學家烏拉有言：「財富的真正形式是美不勝收的自然環境，充滿活力的健康身體，強烈的凝聚力和歸屬感，生命的意義以及享用時間的自由。」[6]這派美好景象，背後的代價是成長率和產量。此二者恰恰是其他國家現代經濟體系的核心。犧牲經濟成長和產量，在不丹是可接受的。換作在視經濟為無休止成長機器的國家，可能就行不通了。

在不丹以外，「幸福」研究基本是把「產出」換為「幸福」。現代經濟的目標是提高產量，盡可能皆大歡喜。幸福指數的宗旨則是為更多人創造更多幸福，簡而言之就是「幸福最大化」。

這一研究思路的最佳表率莫過於「國民時間會計」研究，相關成果可謂浩瀚詳實。領軍學者有兩位，其一是普林斯頓大學經濟系教授克魯格（Alan Krueger），他曾短暫擔任歐巴馬政府的國家經濟顧問委員會主席；其二是《快思慢想》的作者康納曼（Daniel Kahneman），他畢生研究聚焦於行為對經濟的塑造，恰能與時間會計的制訂完美結合。國民時間會計基於一項大型調查，要求人們持續記錄自己如何使用時間，是否因從事的活動感到愉悅或厭惡。數據累積下來，克魯格及其研究人員創造了「U指數」（即英文unpleasant index「厭惡指數」的簡稱）。U指數用數字表示人們花了多少時間做厭惡的事情，例如搭乘擁擠的交通工具通勤、洗衣服、買菜、照顧小孩（人們回想起來，總說帶孩子是人生中最讓人滿足、最有意義的事。但身處當時，很多人只覺得無法忍受。）

U指數的部分原理聽來可能有點奇怪。過去幾十年「幸福」研究發現，每個文化中大部分人都認為自己是幸福的，只是有地區差異而已。有些文化的人覺得自己應該感到幸福，也傾向於表示自己是幸福的。美國就是其一。另外一些國家，例如亞美尼亞，幸福則不是主要的社會利益，人們也不會刻意強調。蓋洛普調查發現，拉丁美洲幸福的人比例非常高，尤其是哥倫比亞和洪都拉斯。箇中奧秘也關乎文化。不管怎麼說，幸福調查已顯示全世界的人都傾向往好處看。克魯格等人曾提到：「大多數人在大部分時間都處於正面情緒中，因此，如果一個事件給人的最強烈感受是負面情緒，那麼這一事件的意義就相當重大了。」[7]

時間記錄是有問題的，提出這一研究方法的學者都知道，但解決起來卻不容易。問題就在於，人們厭惡的事，恰恰是為了美好生活而非做不可的事。家務是種負累，誰會喜歡吸塵、洗廁所呢（當然，確實有人表示很愛洗衣服，也很享受不斷精進疊衣服的造詣）？然而，不做家務，負累就更重，最極端者可能會變成囤積狂，家中恐怖情況足可上電視駭人秀，現實中絕對沒人願意仿效這種活法。通勤或許也不盡愉快，但沒有一份收入來抵銷這種不快，生活就會更糟。至於養兒育女，孩子還小的時候，固然構成日復一日的壓力，等到辛勞嚐盡，大多數人還是認為人生最滿足的就是家庭和兒女。時間會計能提供大量微觀資料，但無法縱觀全局；它能修補GDP的某些漏洞，但本身也有盲點。

人們一旦意識到當前主要經濟指標的局限，就開始不停改良舊指標，發明新指標。U指數等新指標不斷進化，局限也愈發明顯，每個指標都各有缺點。幸福總值統計的廣泛流行，也將引出新的問題。幸福的定義十分棘手。正因如此，根據各種幸福指標和調查所得的最幸福國家排行榜，往往都是不一致的。蓋洛普、皮尤基金會、世界價值觀調查都各有排行結果；位於倫敦的列格坦研究所（Legatum Institute）

也在進行幸福研究，規模和成果都蔚然可觀，他們的排行榜也與其他機構不同。哥倫比亞的個人幸福分數很高，但根據列格坦的定義，「幸福」要包括集體財富、創業機遇、教育機會、個人自由與健康。方法不同，數字就不同；數字不同，結論自然不同。

薩科奇籌組的委員會似乎也明白，統計方法都難免有缺陷。他們相信「福祉有多個面向」，因而提倡使用一種「儀錶板」方法（dashboard approach，即列出統計對象各方面的數值，就像航空儀錶板同時顯示飛行速度、油量等數值一樣）。委員會也想一併解決另一難題：人們對「幸福」的理解是相對的，難免受攀比心態影響。康納曼和特沃斯基（Amos Twersky）等行為學家已一再證實，不少人即使擁有的少，但只要比鄰居和同事擁有的多，就會感到愉快。心理學家會設下一個參考點，作為比較的金額底線。結果，很多人寧願自己年薪五萬而身邊人年薪四萬，也不希望自己每年賺七萬五千而身邊人賺十萬。凱因斯也留意到這一現象，所有人在生活中都有所體驗，不用經濟學家研究證明也知道。[8]

史迪格里茲的觀察尤其值得一提。他在世界銀行和學術界縱橫多年，特別關注一個問題：不平等現象在國家經濟成就的算式中沒有體現，GDP的計算也對之視而不見。常見的統計指標「人均收入」，只是國家收入除以人口所得的平均值，也有同樣的毛病。美國股神巴菲特的人均收入和他的秘書是一樣的（巴菲特說過，他的秘書的個人稅率比自己還高，這句話已成名言）。但人人都知道，收入平等只是假象，根本不存在。目前也有一些計算收入不平等的全球通用指標，最不準確卻也最常用的是吉尼係數（本身也並非毫無問題）。史迪格里茲一再敦促，所有新的國家統計方案都應將收入不平等現象納入計算。目前，美國國家經濟分析局有項試行計畫正是為此而設。

上述工作嘗試解決一系列主要經濟指標帶來的核心問題，但只能觸及皮毛。這些經濟指標已根深蒂固，正決定著所有國家（不丹除外）衡量經濟成就和評估經濟政策可行性的方法。我們當然不能因為GDP無法計算非市場的產出形式，就棄而不用，換上另一個對症下藥但也不無漏洞的統計指標。正如「儀錶板」方法（又稱「大拼盤」方法），雖然能解決資料片面單一的問題，但也因收錄太多變量，而有堆砌失焦之嫌。一個強調所有因子都很重要的統計方案，並不比一個強調某一因子重要的方案更高明。

意識到經濟指標的局限所在，只是一個開端。現在，美國人已越來越精於計算商業事務，從地產買賣到零售業務，網路商店交易量到實體商鋪銷售額，大型企業成本到個別家庭開支，都能處理得當。其他國家也進展良好。德國對巴伐利亞省的收入水平、漢堡市的支出統計都十分詳實。中國政府對能源消耗、污染水平和國民壽命的統計工作，遠勝於史上歷任君主或毛澤東（儘管其官方數據的誠信一直備受質疑）。

但是，我們還不善於將幸福和滿意程度算入經濟。就如貿易和就業數字所見，哪怕是沿用已久、飽經試煉的指標也有重大局限。即使統計方法沒錯，人們使用數據的方法始終有誤。例如，失業數字本身沒有問題，但前提是我們必須明白「就業」是人為界定的狀態，而不是客觀點算的結果。如前所述，根據勞工統計局的標準，一個人要「失業」，必須先成為勞動力的一分子。要成為勞動力的一分子，你必須有工作或正在找工作。要處於「找工作」的狀態，你必須在填寫問卷時表明自己過去四週曾主動求職。如果沒有，那你其實不是「失業」；你只是一個「失望勞工」，只是「徘徊於勞動力群體的外緣」，不算是勞動力的一分子。如果你已經一年沒有找工作了，從統計角度而言，你連「失望」也算不上——你根本不存在。你本人當然存在（這是另一課題），但就業統計的世界裡就是沒有你。

統計方法既然如此，那麼失業率下降的原因，就有可能不是因為新職位或入職人數上升，而是越來越多人放棄求職，脫離勞動力市場所致。這不僅是理論上的一種可能，而且是二〇〇九以來美國和大半個歐洲的真實狀況（但美國在二〇一〇年之後確實創造了一些新職位）。然而放眼世界，舉世矚目的失業率下降趨勢，原因不在於經濟體系正創造更多就業機會，而恰恰是它目前無法創造就業機會。公平而論，勞工統計局存有不同類別的失業統計方案和失業率數字，有些把就業不足、「徘徊於外緣」和兼職的勞工也計算在內。但這些數字得到的關注，遠遠不如那個寫進新聞標題的失業數字。

就業數字非常重要。有充分證據（主要來自調查）表明，就業改善有益於社會安樂穩定，效果勝過國家收入和產量成長。即使增加的只是低收入職位，一樣有利於社會。當然，如果一個經濟體系的新增職位都來自低收入、低技術行業，在二十一世紀的競爭環境下恐怕難以立足。美國正在面臨這一挑戰。但不論如何，ＧＤＰ成長率從百分之二微升至百分之二點五，只能讓一個承諾要保證經濟成長的政黨感到欣喜，相比之下，失業率下降半個百分點卻能讓全民受惠。如果下降原因是職位增加，而非是失望勞工離開就業市場，那就更讓人高興。[9]由此推論，經濟政策若以擴大就業為目標，會比提高產量更能實現國民幸福。說得現實點，一個執政黨想尋求連任，與其提高ＧＤＰ成長率，不如爭取實現普遍就業，這樣機會更大。

「幸福」研究為經濟引入一個關鍵維度，也催生一組新的統計方法。這些方法當然不能徹底取代現有指標。在統計的國度裡，幸福指數仍是二等公民。但有關個人幸福和集體福祉的研究確實貢獻良多，不僅能曝露傳統數據和經濟政策的弱點，還能彰顯過去五十年全球變化趨勢，點明當下世界與過去的差異所在。

主要經濟指標誕生之時，人類歷史的主線是對抗貧乏。人類奮力掙扎求存，為的是充足的糧食、居所和衛生條件。經濟學理論的發展也一直以貧乏為背景。因此，「失業」的概念直到十九世紀末才出現。這並不難理解：人要吃飯就必須幹活，不可能失業，除非自願餓死。有關貧乏的種種假設自然也影響經濟學理論的演進。假設之一，就是社會有可能出現商品需求高而勞工不足的現象。二十世紀以前，勞工稀少而土地充裕，是世界上絕大部分地區的狀況。到了二十世紀，人口爆炸，科技起飛，糧食產量激增，勞動力需求銳減，情況就完全顛倒了。

人們的生存狀態也顛倒了，以前總是渴求不斷，缺乏安全感，現在卻物資充裕，取之不盡。社會科學家高伯瑞（John Kenneth Galbraith）的著作正好能準確捕捉二十世紀中期美國的經濟現實。這位哈佛學者曾任《財星》雜誌撰稿人，甘迺迪政府的顧問，也做過公務員。前文提到，他於一九五八年的著作《富裕社會》（*The Affluent Society*）在創出驚人銷量之餘，也觸及文化神經，現在讀來依然不覺過時。

高伯瑞的中心論點在於，傳統經濟學源於一個物資匱乏的世界，不適用於戰後的美國。如今的時代特徵是物資過剩，而非慾求不滿；一切都供大於求，無所欠缺。

現代美國經濟發展方向不再是滿足基本需求，而是催生更多新需求。主要經濟指標無疑也在加強這一趨勢。二十世紀美國人的富足生活足讓十九世紀的先人羨慕得牙癢癢，但他們沒有樂在其中，反而在市場和資本主義的推動下，落入一個不斷消費、不斷渴求的無限循環，個人需求也隨之超越了集體利益。

其後的學者稱此為「快樂水車」心態。這個永不圓滿的循環困住了美國人，也逐漸籠罩歐洲乃至全球各國。循環運轉的動力，來自一個由消費拉動成長的經濟體系，主導一切的是GDP為首的經濟數據（包括房產交易、汽車銷量、廣告開支），終極的主宰則是一個人為了滿足自我需求可達到的消費極限。

高伯瑞警告世人，長此以往，公共利益必遭磨蝕，自然資源將供應不足，屆時會出現報酬遞減。不久之後，這一現象又有了新的名稱「伊斯特林矛盾」（Easterlin paradox），命名取自南加州大學經濟學家伊斯特林（Richard Easterlin）。他在一九七四年的論著呼應高伯瑞的觀點，指出越來越多的商品獲得並不能讓人更加幸福。此後的調查研究一再顯示，富裕的國家和國民，並不比貧困的國家和國民過得幸福；在一段長時間內，即使人們所得的物質產品越來越豐富，社會越來越安穩，人們也沒有變得更加幸福。

伊斯特林的論述有如「千金難買有情人」這句老話的學術版。但他的分析也不完全準確。首先，已有研究表明，當起點足夠低時，金錢的確可以買來幸福。此外，還要考慮上文提及的參考點。人們的幸福參考點會隨時間推移而變化。比如，你最初有個一千五百平方英呎的家，還有四分之一英畝的土地，你會覺得「嘿，不錯哦。」後來，你找到更好的工作，調升了薪水，還生了幾個孩子，於是買了兩千五百平方英呎的房子，你又會覺得「嘿，不錯哦。」然後某日，你停滯不前了，甚至丟了工作，被迫賣房套現，換了一個兩千平方英呎的房子，附近環境也不怎麼樣。這時的你有很高的參考點，但那不是最初的起點。社會不會為所有人設下持續成長的參考點，所以個人的收入越高，幸福的成長就越少。[10]

調查結果看來就是如此。然而，調查提出的證據還不夠清晰分明，數十年累積下來，問題反而更加渾沌不清。物質生活和幸福程度有何關係，人們一直辯論不已。不難想像，這些辯論也一再觸及意識形態的敏感地帶。有的人認為自由市場萬歲，自然會拒絕認同伊斯特林矛盾，相關的調查和理據都相當充分。有的人批評「快樂水車」心態，譴責當代資本主義帶來無限膨脹的消費主義，自然會認為「伊斯特林矛盾」一語道破目前經濟體系的弊端；環境惡化和氣候變遷又為這派論述再添分量。這些人相信，基本需求一日得到滿足，「快樂水車」的效應再不能產生幸福，反而會傷及經濟與自然系統的永續發展，禍延子孫後代。[11]

這就是辯論的大致方向。然而，論題大多圍繞信仰和價值觀，並非確鑿不二的證據。唯有一點清晰可見：主要經濟指標過分簡單，又靜止不變，目前已無法解決許多重大問題。再者，這些指標最初也不是為解決上述問題而制訂。正如我們所見，經濟學家如費雪、伯恩斯、史東（Richard Stone）等人，早已認定某些活動和經驗的統計難免流於主觀偏僻而模糊視野，也因變化無常而無助制訂經濟政策，因此故意將之排除。這也是二十世紀中期經濟學的正統思維。從這一角度而言，主要經濟指標並沒有錯，他們的確顯示了他們本應量度的事物。

一九七〇年代以後，經濟和物質生活出現更多嚴峻問題，政府與學界的壓力與日俱增。不丹創開改革先例，幸福和主觀福祉的研究緊隨其後。但是，仍然沒有一套自成體系的統計方法可以取代GDP相關主要經濟指標。沒錯，不丹的幸福指數統計到一九九〇年代末已趨於完備，但其價值觀源於農耕傳統、深山生活和佛教信仰，幸福指數也就很難被其他國家採納。

然後就是聯合國。聯合國常被批評組織鬆散，效率奇低，各國代表總是七嘴八舌卻難以成事。凡事又需經委員會決定，動輒幾年工夫，最終的決議早已不合時宜，而且棱角磨盡。「聯合國旨在維護世界和平。」話說的沒錯，但誰會不支持世界和平呢？不過，正因這些特點，聯合國是推出新指標、重估社會成敗的理想組織。近年來聯合國已有多番努力，儘管還不能完全取代主要經濟指標，但已提出一項極具潛力的選擇。

一九九〇年，聯合國首次發布人類發展指數（Human Development Index，HDI）。HDI由多位專家聯手制訂，幕後功臣之一當屬沈恩。這位諾貝爾經濟學獎得主一九三三年生於孟加拉西部。家族精英輩出，見識廣博，教育背景優良；其後數十載，曾求學、執教於英國劍橋大學和倫敦大學，也親身歷經一九四七年印巴分治時期的戰亂、暴動與饑荒。人的成長總有前因後果，難以一一說明。總之，種種經歷讓沈恩立志探索社會貧窮、不平等和發展問題的根源，特別是個人行為與社會之間的神秘互動，並為此奉上畢生精力。

沈恩憑其學術研究，獲得劍橋三一學院、麻省理工和哈佛等多所世界頂級學府的教授席位；一九九八年獲頒諾貝爾獎，人類發展指數的研究是得獎原因之一。他曾寫道：「人類是一切活動的終端；一切發展都應為人類帶來更高的成就，更多的自由和更強的能力。究其根本，至關重要的是人類的生活，而不是他們持有的商品、賺取的收入；收入和財富固然……是重要的，但不能直接用於衡量生活水平。」[12]

人類發展指數旨在提出一套比GDP更全面的計量方法。沈恩也認為，這一指數對國家更有幫助，特別是那些正為消滅貧窮、控制疾病和普及教育尋求合理政策的發展中國家。簡而言之，GDP只能突顯發達國家與發展中國家的產量差距，對後者並無裨益；人類發展指數卻能為所有國家提供更有效的統計工具。二十世紀下半葉，許多嶄露頭角的國家都乖乖成立統計部門，統計的方法和變量都以美國為榜樣，這幾乎是約定俗成。但是，對於一九七〇年代的孟加拉、秘魯、塞內加爾等小國而言，GDP和失業率都沒有太大意義，人類發展指數卻能切合發展中國家的國情與需要。GDP無法計算收入不平等的現象，無法顯示國民生活品質的嚴重差距，這些明顯的缺陷，人類發展指數能一一彌補，而且對於發達國家或發展中國家都同樣適用。

針對上述缺陷，人類發展指數給出一系列量化指標：人均壽命、嬰兒夭折率、識字率、教育程度、健康水平、飲食情況、性別差異、城鄉差距、收入分配，甚至更多。每個國家各項指標都有評分，最後合計總分，排列名次。這個全球排行榜雖然基於「人類發展」而非GDP，但結果仍然呼應各國的GDP排位。富裕國家分數普遍較高，美國、德國、日本和北歐諸國年年穩入十強，撒哈拉以南的非洲國家常踞榜末。不過，人類發展指數的主旨不在生成排行榜，而是通過細分各項指標，解讀發展狀況，驗證政策得失，並比較各國處理重大問題的成效。

人類發展指數自一九九〇年推出以來，經過多番修訂改善，並提交出聯合國《人類發展報告》。每份報告會總結兩至三年的全球發展數據，帶出一個新的主題：一九九九年主題是「全球化」，二〇〇二年是「民主」，二〇一一年報告聚焦於發展與永續性，尤其是冒升中的國家對氣候環境的影響，二〇一三年集中探討「南方的崛起」。除了全球性報告之外，還有根據人類發展指數而整合的國家和地區報告。這些大大小小的報告能為更廣泛的討論提供起點，用於分析當前挑戰，檢討過去工作和探討未來解決方案。

當然，局限是在所難免的。人類發展報告處副處長傑斯博森（Eva Jesperson）在接受筆者訪問時明言，統計工作由聯合國負責，所以報告全然依賴於各成員國提供的數據，這是必須謹慎看待的事實。如果一個國家有意誤報識字率，報告處負責人員是無法檢查糾正的。當然，這不是指數或報告本身的問題。就像GDP和就業數字，每個國家都可以隨意造假；冷戰期間，蘇聯無疑曾誇大官方數據，營造經濟實力雄厚的假象。最近幾年，外界也多次對中國官方數據表示懷疑，因為中國訂下五年計畫時，聲明會獎勵按時達標的地方政府，這無疑是在鼓勵地方官員謊稱達標或超標完成任務。

但中國與蘇聯不同。中國政府似乎明白造假只能表面光彩，對國家沒有任何好處。這並不是說中國官方數據一定準確，但中央政府確實能正視弄虛作假、政治粉飾等統計弊端，也明白潛在的種種風險。一個飛行員有責任讓飛機安全準時抵達，如果他明知情況不妙，還謊稱油量充足，天氣穩定，肯定百害而無一利。二〇一一年，中國政府一再苟延，終於決定停止公布全國房價數據，原因是官方指數早已不能如實反映房價暴漲的現象。為什麼會這樣？原來每次中央政府下令地方遏止樓市投機炒賣，地方官員事後都會謊稱房價已受控制。有評論指出，中央政府知道房價狂飆的事實已無法隱瞞，所以只好停止公布官方數字，以免欲藏不果，反而引人注目。這固然是一種解讀，但縱觀過去幾年，中國政府一直盡力準確掌握經濟態勢，調控經濟成長。如此看來，取消房價數據的做法，無疑表示政府一心想瞭解實情，不願自欺欺人。

人類發展指數依賴各國提交的資料，數據真假全憑自覺。某些國家在意數字是否體面，多於能否準確呈現社會，難免導致指數失真。這說明ＨＤＩ正如其他主要指標一樣，也有自身的局限，但指數本身依然是有效的。一九九〇年代初次發布以來，轉眼已逾二十載，發展統計在全球越來越普遍，新的指數和指標也不斷湧現，有的關注氣候和永續性（例如全球報告倡議組織和全球永續性報告），有的針對能源消耗，世界銀行和國際貨幣基金組織也各有調查研究。早在一九六〇年，世界銀行已開始制訂「世界發展指標」（World Development Indicators），目前已有超過三百個統計類別，統計範圍超過二百個國家。

二十一世紀可謂指標爆發的世代，有幸福指數、主觀福祉、聯合國人類發展指數，還有通貨膨脹、貿易額、就業率等現行指標的進化版本，多不勝數。指標不像軍火，一旦氾濫也沒有什麼危險。但就人們的統計能力而論，方法越多，幫助反而越小。主要經濟指標在二十世紀中期逐漸成形，繼而通行世界，至今仍是全球統計規範。同時，新的統計方法陸續進駐主流，其中不少數字來自採購經理（產業活動一手數據的提供者）、地產中介（房地產市場的最佳統計者）等業內人士的自發組織（trade groups）。此外，不少國際或跨國組織也逐漸看到全球統計慣例的弱點，開始嘗試去修正、增補和拓展，也提出不少新方案。

這些方案正指向前所未見的新方向。人類發展指數關注的變量固然與國民經濟會計不同，但終究是一種國家度量方案，統計始於國家，最終也服務於國家，資料蒐集工作全由政府負責。幸福研究的焦點不在產業績效或經濟數值，而在個人，但始終是以國民需求是否得到滿足為依據，衡量國家的表現。

然而，這種新的統計方案出現了，不僅關懷個人，而且以創新大膽、無所不包的方式重新量度經濟。設計者借鑑歷史經驗，但不為之束縛；明白國家的重要意義，但不視之為最重要的統計單位。他們也意識到，現行經濟指標所折射的世界，並非真正的世界；那只是一個調查研究、計算公式所得的數字堆砌而來的虛幻建構。

近年電影《駭客任務》（*The Matrix*）票房大熱，故事源於一個簡單的設想：人們眼中千真萬確、堅不可摧的世界是由一個電腦程式虛擬而來，設計者想阻止人們去接觸真實的世界。電影有眩目的特技效果、帥氣的皮質戲服和精彩武打場面，配合深具新時代靈修意蘊的對白，背後的訊息只有一個：人們感知的世界，不論從宏觀或微觀而言，都在日漸偏離傳統定義或概念中的真實世界；人們看到的世界，猶如投向岩壁的光影，依稀可見片刻實景，卻看不到紋理痕跡，更深層的真相也藏在陰影之下。

主要經濟指標也是人為的建構，是數字的駭客帝國。經濟指標構築出一個虛擬世界，裡面由數字定義一切，現實會得到局部呈現，也會變得模糊扭曲。貿易數據無法準確記錄蘋果產品的生產過程，就是最好的例子。失業不是真實的狀態而是統計的產物（如果你沒有工作，但因市面上沒有合適的工作而不去求職，就不算「失業」），也是有力的說明。

但這麼說也不對。主要經濟指標構築的世界不完全是虛假的幻象；激進分子總執意懷疑政府有意操縱經濟指標，也是過慮的想法。經濟指標的產生，確實是為了理解和處理經濟調控的複雜問題，本身帶有美好願望，只是它們也有局限，未必能指引我們，而且情況還越來越糟。

《駭客任務》的大英雄尼歐看穿了虛擬世界，還在幾個平行空間中穿梭遊走，試圖破解迷陣。現實世界沒有這種戲劇色彩，但不少人已意識到，所謂「經濟」是由經濟指標所塑造，只是反映現實的版本之一。目前，本土和全球經濟發展都一日千里，謎團也越滾越大，「經濟」卻只能提供一種描述，而且未必準確。於是，一群經濟創意大師正努力改變人們認識世界的視角，竭力幫助人們看清經濟指標所掩蓋的事實。這群統計界的英雄尼歐，正是我們的希望所在。

CHAPTER 10 阿凡達駕到 The Avatars

一七四九年，瑞典國王下令成立一個新的部門「報表局」，瑞典語稱為「Tabellverket」，意指圖表任務。報表局專門負責蒐集國家數據，刊行出版，本質上就是人口統計局。一個世紀之前，瑞典派遣出征三十年戰爭的軍隊，堪稱全歐最強，所向無敵。眼看國力漸趨衰減，在歐洲大陸的影響力將大不如前，雖然不是什麼災難，但畢竟差強人意。因此，國王希望能更清楚掌握國內各種趨勢，從而制訂良策，扭轉劣勢。

瑞典終究沒能再現昔日輝煌，但卻成功建起一個效率超卓、人人溫飽的社會。八百萬瑞典國民的生活，毫不遜於世上任何一處的人。瑞典率先成立報表局，自然稱得上是世界第一個蒐集出生率、死亡率、婚姻率等官方數據的國家。兩百五十年之後，一個聰明又古怪的流行病學家羅斯林（Hans Rosling）正在瑞典烏普薩拉（Uppsala）大學講課，台下學生全都想法保守，但也不失敏感，充滿熱情。突然之間，他開始重新思考統計數據的用處。他發現學生一看到數據，就露出乏味的表情，眼皮也沉重起來；數字一直以靜態、死板的方式呈現，學生早已麻木冷感。即使畫上記號來提示數據背後的深意，那靜止不動的筆跡始終難以引人注意。

羅斯林也驚覺，學生懂的是那麼少，固有的想法又錯得那麼離譜。許多教授也早有同感。他特別驚訝的是，學生普遍相信世界只分為發達國家與發展中國家，或說是工業化而富裕的歐洲國家（特別是瑞典）與尚未完成工業化的貧窮亞非拉國家，並認為兩者之間有巨大鴻溝。但是，羅斯林從自己的統計研究可知，這一想法是完全錯誤的。如何才能把數字蘊含的知識傳達出去，又不會讓人悶得分心走神，錯過寶貴一課呢？

要教的第一件事是，發達國家和發展中國家之間的重大差異早已不復存在。「現在已經不分『我們』和『他們』，兩者也沒有差距。」羅斯林教授喜歡這樣說，「大部分人都活在中間。」[1]但是光有說法，再加上收入、壽命、健康、教育和產量等數據補充，也還是不夠。人們看到數據的圖表列陣，大多無法聯繫自身來理解，更沒辦法記住，就算數據反映的其實是他們深深關注的問題，結果也一樣。數據是如此冰冷乏味。於是，羅斯林明白了，要打動那些不習慣以統計思維認識世界的學生，就必須徹底改變數據的呈現方式。

最後，羅斯林的解決方案是一項簡單而亮眼的小發明。那是一套前所未有的軟體系統，能讓羅斯林（實際上是所有人）一改過去以靜態圖表呈現數字的做法，換以一種靈活流轉、動感十足的模式。也許沒有多少人能適應統計學的思維方式，但人人都對視覺影像有直接感應。羅斯林的表現技巧極其震撼，過目難忘，難以用文字形容，這也是重點所在。在他研發的動態圖像軟體中，數字會沿圖線行走，圖像會運動變形。只要在台式或平板電腦安裝他的軟體，就能用泡泡圖形表示世界各國的健康、財富、就業乃至任何變量。然後，泡泡開始上竄下跳，遊走穿梭，活像墨西哥跳跳豆一樣。這樣的數據演示看來古靈精怪，又十分活潑有趣，引人入勝，與過去所見截然不同。羅斯林的動態數據軟體就是能讓數字跳起舞來，幻化成各種活動圖形，令人馬上對數字產生直觀而感性的認知。[2]

羅斯林懷著畢生對統計學的熱愛，想出這個新奇刺激、打動人心的方法，將數字的重要意義傳達出去。他認為「傳達」極為重要，因為「數據能證實我們所思所信是否真確」。數據是強大的工具，但過去的呈現方式卻難以充分發揮數據的威力。有了他的發明，人們在認識數據時就能寓學於樂，一看就懂。學生全都非常雀躍。二〇〇六年，羅斯林在一次TED演講演示軟體之後，更火速爆紅，成為國際名人。

大家都知道，這個溫和謙遜的瑞典學者就是賦予數字生命，讓統計學變酷的人。

自那時起，羅斯林就成為數據動態演示和資訊免費發放的先鋒人物。他的軟體系統已獲Google注資，協助研發旗下動態圖表應用程式Google Motion。不過，羅斯林所有研究成果其實已經放上他的網站Gapminder，免費給公眾使用。網站提供全球各國政府和大型機構採集整合而成的數據資料，足以全面展現世界在過去幾世紀的演變過程。他認為，主要經濟指標只是冰山一隅，還需參考健康、教育、能源、人口統計等多方面數據，才能完整描述世界全景。羅斯林的研究就像地球的掃描成像，又如一個統計數據的豪華大拼盤，而這一切都化為說服力十足的鮮活動畫，讓人準確看清世界家園的現狀。

羅斯林自然也留意到，目前統計方法確有不足，數據反映的世界版圖也未必準確。主要問題之一是資料蒐集和分析方法一旦改變，當前經濟指標的價值可能全被抹殺。這些指標縱然不算歷史悠久，畢竟已沿用經年，足夠供人們進行有意義的對比研究，衡量發展過程中的得失好壞。正如他對筆者所說：「改變統計方法，就無法進行跨時比較。這是一個問題。一種方法使用時間越長就越難改變，而人們又仍然希望能做出比較。GDP怎能被取代呢？一旦取代，過去六十年的數據就與我們再無關係。這個問題幾百年前就已出現，西班牙的白銀貿易就是一個例子。不管是什麼統計，時間越長，就會越不相關。」

我們也許能承認現行統計方法有所局限，也許還能提出新方法，顯著改進舊有模式。但即便如此，老問題仍然存在——新的方法一旦實行，總會不小心引出一堆新的問題。打個比方，如果要大幅修改國內生產毛額的計算方法，所得數據就無法與過往記錄對比，那麼各國政府、聯合國、世界銀行、數十萬個非政府組織、全球媒體乃至世界上幾十億人又從何判斷數據的含義呢？數據總要置於某種背景下來理解才有意義。主要經濟指標隨著時間推移，愈能占據核心地位，影響力也愈大。原因之一是時間越長，人們越容易從數據中找到各種有用的模型和參照點。國內生產毛額成長百分之四，可能意味經濟表現良好、欠佳或者普通。如果不知道過去二十年百分平均成長率是百分之三，就無法做出判斷。

羅斯林也承認：「沒有一個國家會就統計數據展開辯論。這從來不是一個政治課題，因為太悶了。」然而，在過去幾年，人們開始越來越留意統計數據的本質，也會關注數據如何塑造自己的生活。羅斯林這一質樸而顛覆的理念也表明，大多數人已準備好也願意透過數據認識世界，卻礙於那些神秘莫測的方法和難以滲透的呈現方式而不得要領。那些方法也許是統計學者的立身之本，卻難以用於制訂有效的政策，啟發有益的辯論。數據的表達方式和表現形式都應更平易近人才好。

這一籲求或許恰能解釋近年悄然興起、自成領域某一類統計學專著。美國二〇一二年大選期間出現了一個意料之外的大熱人物，他就是席佛（Nate Silver）。席佛因神準預測職業棒球賽果而成名，後來成為民意調查分析師。那次大選的下半年度，他在《紐約時報》的部落格「538」（FiveThirtyEight，得名自美國選舉人團總人數）吸引了網路近四分之一訪客流量。每天多達六百萬的網頁瀏覽人次，為的就是他對成千上萬種大選民意調查所作的精妙分析。

如此熱衷研究民調，並不代表席佛是異於常人的統計狂熱分子。席佛的過人之處，在於他能將一貫玄而又玄的選情預測，變成一項更接近科學的研究課題。他不帶個人立場，所有民調一概用統計學方法加以分析，預測結果準得嚇人。這也同時證明，那些統計方法確實是有效工具，可以廣泛用於求解任何社會議題。

席佛也自知統計學有時能預知後事，有時卻無能為力。傳播媒體總是要求非黑即白、一清二楚的說法，固然是人之常情，也是民眾所需。不過，這一要求，與人們對未來認知的局限本是矛盾的，與統計數據提供的有限資訊也是矛盾的。席佛一直竭力讓公眾明白這一道理。基於主要經濟指標的經濟預測，自然更說不清楚。民意調查採納的資料範圍畢竟較窄；用於衡量一個經濟體系的數據卻浩如煙海，而且會越來越紛繁，更重要的是，這些數據總是被一再修訂。[3]

眾所周知，美國勞工統計局每月第一個星期五會公布失業數字。失業率和新增就業職位總是焦點所在。同一時間，還會公布修訂後的上月就業數據，雖然有時會涉及數以十萬計職位的增減，但比較少人會留意。國內生產毛額的情況也一樣。經濟分析局會根據陸續錄入國民會計帳的種種資料，不斷審度衡量，先有三項初期預測，然後再連年多次修訂。

但是，經濟預測往往只著眼於初期報告，而不顧其後的多番修訂。大眾傳播媒體、金融行業和公司企業全都希望初期預測確鑿無誤，這是目前的數據根本無法滿足的。假如你是開拓重工（Caterpillar）的首席經濟學家，壓力肯定不小，因為你總要對國內生產毛額、營建支出、房屋市場的變化趨勢做出概述。不光是美國本土，連中國、拉丁美洲甚至全球的情況都要清楚明白。公司會藉助你的預測，決定為未來庫存多少原材料，成本會是多少。政府的工作也差不多，官員總要根據國內生產毛額的預期增減來決定稅收的用途，然後才能制訂預算案。

不過，席佛特別強調，我們能從統計數據看到的最多只是未來的各種可能性，而不是一條清晰敞亮的前路。經濟已成日常核心話題，統計數據的誤用亦越來越常見。上一屆政府在制訂二〇〇九年經濟刺激法案時，早已顯露這一傾向。今天的新聞工作者和各方專家，也仍在依據主要經濟指標，斷言未來趨勢。如果我們能認清各種經濟體系的複雜本質，就能明白單憑過往有限資料是難以預知未來的。在下任何判斷時都能留有餘地，謙遜存疑，想必是更高明的取態。簡而言之，主要經濟指標只能顯示各種可能性，僅此而已。

羅斯林的軟體正好能將主要經濟指標的作用發揮到極致，讓人從數字理解已有的現實，也能看到一些愈發明顯的趨勢。在此，經濟指標旨在描述，而非求解。羅斯林利用數據來活現過去，照亮當下，但不去預測那不可預測的未來。主要經濟指標的問題，並不在於數字能夠說清或無法說清的事情，而更在於人們利用和誤用數字的方式。究其本源，國內生產毛額乃用於計算國家產出，而不可量度集體福祉，也不能判別一個國家能否滿足人民所需、所求及所想。失業率可以反映勞動市場在極短時間內的暫時狀況，可以給予勞工和工會更多與管理階層磋商的空間，也可以向政策制訂者清楚展示刺激就業措施的成效。但失業率並不是一個生活品質的指標。在計算失業數字時，一個工資不足生活所需的職位和一個讓人安享晚年的職位，從來都不加區分，原因之一就是失業率本與生活品質無關。

當然，目前的主要經濟指標還有其他問題。前文提到，貿易數字已無法反映供應鏈的全球化趨勢。我們也看到，經濟指標中最「德高望重」的國內生產毛額，現在已是國力象徵，無所不包，一錘定音。但它於一九九一年才在美國由經濟分析局提出，並取代國民生產毛額而成為首要指標。實際上，不管國內生產毛額還是國民生產毛額，都無法跟上科技帶來的劇變。問題並不在統計學家身上，只是國內生產毛額和國民會計帳所量度的經濟體系的變化之迅速，已遠遠超越這些量度方法的改進速度。

現行國內生產毛額的計算方法廣為詬病，其中麻省理工學院的教授布林約爾松（Erik Brynjolfsson）的批評最為尖銳。他自稱「經濟學迷」，在麻省理工自組團隊，專門提出尖刻問題，質疑人們對於宏觀經濟的核心前設。

試舉一例。布林約爾松和同事麥克菲（Andrew McAfee）一直集中研究經濟成長（以國內生產毛額計算）與職位成長之相關性不復存在的原因。回顧二〇〇九年的經濟刺激法案，當時決定法案規模的因素，包括產出缺口的概念，國內生產毛額與就業兩者之間理所當然的相互關係，以及制訂者的宏大願景。布林約爾松和他的同事以詳實精深的量化研究結合細緻周密的分析，終於為傳統模型的崩潰找到解釋，表述方式也相當簡約，恐怕連提出簡化論的奧坎也會嘆服不已。（編按：指奧坎的剃刀原理。他主張在同一表象下，比較簡單的那個理論更可能是正確的那一個。）

自一九九〇年代起，科技飛速發展，從機器人科學到軟體開發，一切都在大幅提升生產力，但薪金水平和就業數字卻沒有可觀成長。布林約爾松的研究小組認為，觀其源起，這一趨勢是因為科技不斷發展，企業也拼命運用科技提高效率，但與此同時，經濟發展、就業和平均收入之間原本那種必然關聯正慢慢斷裂。二〇〇九年歐巴馬的經濟小組在籌備法案時，如果能對此詳加研究，他們關於經濟狀況的每一個設想必會更加謹慎。

科技正在提升利潤，刺激成長，也逐漸削弱傳統就業形式。不過，這只是國內生產毛額的計算方法所忽略的其中一個結構性轉變。布林約爾松和南韓籍博士後研究員吳珠熙（Joo Hee Oh）也在研究國內生產毛額算法無法跟上科技發展的原因。這並不是說美國國家經濟分析局對同一問題毫無感知或不夠重視。實際上，經濟分析局擁有國會特批的獨立經費和研究人員，專門處理其他渠道蒐集而來的原始數據。但他們的研究進度只能如此，速度也不能再快，除非公眾和政府突然對國家事務的輕重主次有了全新的看法。上一次國會忽然想到要因應時局來重整官方統計，是在戰後大蕭條時期。目前還沒有跡象表明未來會有那樣緊急的情況，至少在短期內是不會了。

在此期間，不少像布林約爾松那樣的學者和研究人員努力指出人們的認知偏誤。其研究引起公眾注意，意義可謂重大。從一九九〇年代開始，全球經濟都在資訊科技革命下發生轉型。在一九九〇年代，人們對科技只是驚豔和仰望，並未切身體驗，熱情旋即轉淡。現在，科技卻已逐漸深深滲透社會、政治、企業生活各個層面，再怎麼強調其重要性也不誇張。但是，經濟活動的傳統量度方法幾乎無法計算這些轉變。就算可以，數據也總是滯後的。之前提到，在一九九〇年代，新興的個人電腦對經濟產量的唯一影響，就是戴爾（Dell）那樣的大公司在美國本土生產的硬體設備。那時網際網路已廣泛使用，數據分析處理已大大簡化，通訊速度也顯著提升，但在生產力和國內生產毛額的計算中都沒有實質反映。再說，當時的網路科技比起二〇一〇年之後的今天，簡直是微不足道。

統計問題引起了布林約爾松等研究人員的興趣。更重要的是，聯準會前主席葛林斯潘也早已開始留意。葛林斯潘要求聯準會的經濟學家開始探討資訊科技對生產效率的促進作用。布林約爾松的研究幾乎可視為其延續。千禧年來臨，資訊科技再度革新，掀起又一波熱潮，勢不可擋。在極短時間內，數以億計人成為網頁工具、電子遊戲和社交網路應用程式的用家。官方經濟數據的統計方法雖經過多年檢測和調適才成形，但一下子無法計算這些突如其來的新玩意，倒也不足為奇。正因無法計算，經濟數據難免失真，必然會與現實的經濟狀態形成落差。

一九九〇年代，個人電腦和網際網路漸趨普及，經濟隨之飛速成長。今天，數量龐大的網路「免費產品」也正為經濟注入活力。Google、維基百科、Yelp點評網、網路和移動銀行服務、YouTube、Expedia旅遊網以及成千上萬的應用程式，無一不在為個人和機構省錢省時，輕鬆處理大小事務。可是，在統計的世界裡，這些工具全都不存在。怎麼會這樣呢？因為它們不光是前所未有，而且是免費的。消費者物價指數只會記錄一件已購買或已出售的商品，一籃子商品反映的是購買行為的歷時轉變。免費商品自然不在此列。嚴格來說，免費的商品不是市場交換的一部分，而市場交換正是所謂「經濟」的主體。網際網路的所有免費商品在統計世界中都是隱形的，和家務勞動、黑市交易和自願工作的性質一樣。

布林約爾松認為，由於這些商品不見於統計數字裡，我們的經濟產出總量一直被低估。這一點要假設不難，證明卻不易。為此，布林約爾松利用「消費者剩餘」的概念，根據這些網際網路免費商品在消費者心中的價值，來推算商品對於經濟產量的貢獻。這些商品沒有價格，但畢竟會花費時間。在資本主義社會，時間就是金錢。因此，我們也能設計一道公式，把所用的時間換算成所花的金錢。聽起來很簡單，但布林約爾松和吳珠熙花了許多心血來設計各種公式，詳細分析消費者行為的時間調查數據，才得出一套準確可信、同行認可的方法，來計算免費商品可增加的經濟產量。

根據初步估算，在二〇〇二至二〇一一年間，網際網路應用工具每年可創造高達三百四十億的消費者剩餘。毫無疑問，這一數字此後只會連年上升。請留意，消費者剩餘只是一個虛構的術語，是人為創造的統計學概念。這一數字並不能確切反映網際網路免費商品對經濟活動的貢獻，只是嘗試以消費者賦予商品的使用時間來表示其價值而已。[4]

實際上，這些商品的貢獻可能要比布林約爾松團隊的估算結果還要高出幾倍。新一代資訊科技正以各種方式促進經濟成長。臉書的功能多為娛樂消遣，也有助培養社交關係，而且是強大的市場推廣工具。不論運動品牌Nike、迪士尼公司那樣的大型企業，還是愛荷華州一個偏遠城鎮的小公司，都可以在臉書自我宣傳。況且，這只是臉書的功能之一，還稱不上最厲害。在一九三〇年代，政府決定將非市場交易的經濟活動排除在國民會計帳之外，顧志耐曾強烈反對。在社交媒體席捲全球的千禧年代，這一決定的後果看來是更加嚴重了。

社交網路對商業活動和公司內部營運的幫助究竟有多大？沒有人真的知道。在大型企業負責人力資源的專業人士可能會告訴你，LinkedIn等職場社交網站正在改變招聘方式，現在能更快捷有效地為職位空缺找到合適人選。市場推廣人員對臉書、推特、Yelp點評網、Foursquare用戶定位服務等社交網路工具的威力深信不疑。還有更多新奇眩目的應用程式可供使用，就算還未流行，也很快就人人必備了。再看看廣告業。美國百貨公司之父沃納梅克有一道困擾多年的難題：廣告費用總有一半白白浪費，卻永遠不知道是哪一半。今天的廣告界相信，Google的計算方案可以找出答案，哪怕現在還不行，也指日可待了。

軟體功能和數位儲存也帶來了驚人變化，不管是蘋果那樣的企業巨頭，還是生產單一專精產品的小型公司，都能透過軟體系統來實現供應鏈的全球化。只要安裝先進軟體和庫存統籌控制系統，就能輕鬆組裝來自全球各地的零件。波音七八七夢幻客機是全球化供應鏈的典型產物，生產初期的困難也源於此。機身數百種零物件先在世界各地生產，再由巨型貨櫃輪船運往太平洋西北部集中組裝。一架飛機居然能這樣生產出來，這恐怕比它那些飛行故障還更嚇人。數位儲存則是引發全球資訊爆炸的主因。利用硬體儲存一個字元信息的成本不斷上漲，而提供超大內存的雲端硬盤正蜂擁而至，硬體自然顯得越來越多餘了。

國內生產毛額反映商品目前的市場價值（當然也包括政府開支與投入），而上述變化因為沒有具體提高商品的「市場價值」，因此其價值就不會算入經濟指標。布林約爾松等學者也注意到，如果某一物件的成本銳減，可能有助降低通膨數字，意味著人們購買能力更高，生活也隨之改善，但並不會增加國內生產毛額。市場價值劇降也會傷及大小企業。一九九〇年代音樂產業呈現數位化趨勢，人們能以更低廉價格購買更多種類的音樂產品，自此，傳統唱片業受到致命打擊。個人電腦價格大幅降低，近期平板電子產品熱賣，全球互聯也更為方便。但這些產品越賣越便宜，對國內生產毛額的積極作用也越來越不明顯。

布林約爾松估計，所有嶄新科技可能已帶來「數以萬億美元計的收益，但並沒有算入經濟分析局公布的國民生產毛額」。其實，這個驚人的數字，經濟分析局及現任局長蘭德費爾德也未必會否認。本書在一開始提到，二〇一三年中期，經濟分析局公布了一九二九年以來每年國民生產毛額的修訂數據，把國民會計帳本不包括的「無形資產」也計算在內。修訂之後，美國二〇一二年的經濟總量比原本計算的高出百分之三。「無形資產」包括品牌資產（比如「百事可樂」這個名稱），還有過去列為開支的研究和發展經費。

經濟分析局明白自己的計算方法有諸多局限，也一直積極嘗試緊貼經濟趨勢。再過幾年，國內生產毛額就很可能會更準確反映資訊經濟帶來的收益。但經濟分析局畢竟沒有足夠經費，也沒有獲得政府授權去改變現有統計框架，無法重新分析來自各種渠道的原始數據。因此，布林約爾松那樣的學者和聯準會的經濟學家就成為關鍵人物。經濟分析局局長蘭德費爾德直言，「聯準會薪水較高」，轄下銀行比工資有限的政府部門更能吸引頂尖人才，所以聯準會和學術界在經濟指標的重審與改革中擔任主要角色，也是創意的來源。

誠然，資訊及其他新興科技的效應一旦能充分體現於國內生產毛額和國民會計帳，國家財富總量可能會高於過去，卻未必意味著個人財富會有所增加。國內生產毛額上升，我們確實會莫名其妙變得更富有，但那只是按人均計算的結果，是將國內生產毛額除以總人口得出的數字。如果說，你的收入比過去十年高出百分之三，你手上並不會多出百分之三的現錢。不僅如此，那些未被計算的經濟效益，在現實中也不會平均分配到每一個人身上。事實是，那些從網際網路免費商品得益最多的人，也是在發達國家的經濟結構轉變中獲利最多的人。他們原本就更有機會接受教育、接觸科技，更懂得利用社交媒體工具來消遣和賺錢，也更容易踏入目前經濟中最充滿活力的領域；他們不是只有高中畢業文憑的人，不是年過半百、靠製造業謀生的人，也不是整天和全球各地的競爭對手搶飯碗、拼技術，還擔心工薪縮水的人。

經濟轉型之下，有人如魚得水，有人向下沉淪，這些差距也沒有在國內生產毛額的統計中體現。政府一直在記錄收入水平，也劃分各種收入類別，所有資料都儲存在勞工統計局和經濟分析局。不過，蘭德費爾德也會承認，目前還要花不少工夫，才能更準確呈現社會各收入組別的大小分佈，並找出真正受惠於國內生產毛額成長的人群。困難之一，就是目前的收入數據大多來自民眾自願參與的問卷調查。如果每位受訪者都說實話，而且受訪人群的收入、地域和種族比例恰恰相等於國家人口的相應比例，自然最為理想。但事實不會如此。蘭德費爾德也說：「為了調查收入及分配不均情況，我們會從不同來源蒐集數據。但大部分數據來自中產階級。低收入或高收入家庭普遍不願接受問卷調查。」如此一來，官方數據就更難印證布林約爾松的研究成果。如果研究結果屬實，則說明有不少人過得比目前官方數據所說的要好。另一方面，也有許多人過得比數據顯示的要差，因為數位科技和教育背景導致的實力落差尚未得到反映。

國內生產毛額的計算問題，同樣也突顯出失業統計的種種不足。失業統計由來已久，也仍在發展。從二十世紀初美國勞工統計局史都華任內開始，之後就業數據蒐集範圍擴至各行各業，現在局內中央系統已可讓大小企業自行提交數據，每月還能完成幾萬個家庭調查。在歐洲乃至世界大部分地區，各國都在進行類似工作，但方法不盡相同。例如，英國失業數據的主要參考之一是領取失業救濟的人數。美國也有這項數據，但不用作失業率的主要依據。再者，自雇人士越來越多，「就業」的定義也變得含糊不清，與二十世紀的情況大不相同了。

然而，失業統計面臨的最大挑戰，不是就業的定義與類別，而是人們慣以一個失業數字代表全國狀況的錯誤想法。事實上，在不同的教育背景、性別、種族和地域群組中，失業數據有著極大差異。有些人具備較高教育和技術程度，而且能順利適應資訊經濟（現在連工廠也要求工人能操作由電腦系統控制的機器），在市場上會很受歡迎。在美國和歐洲大部分國家，這種人不用擔心失業。但在教育水平低，技術又不足的人群中，失業危機就比新聞頭條的失業率所說的更為深重，恐怕比二○○八年美國的百分之八、英國和法國的百分之十一還更糟糕。這些分組失業統計，都一一寫在勞工統計局每月報告的附錄裡。但是這些數據一直深深淹沒在讓人眼花繚亂的文字和圖表中，實在很難引人注意，也很少人去查閱。

在經濟統計歷史較短的國家，經濟指標的局限就更加明顯。數據的可靠程度自然是問題之一，統計人員所承受的政治壓力也不容忽視。這裡涉及的問題不同於美國學術界和經濟學家指出的問題；美國的這些學者只是批評統計方法，對於相關經濟指標的統計部門抱以完全信賴，深信統計過程務實而公允。但是，在某些國家，經濟指標難免受政治牽扯。試想一下，如果在美國，一個團體指出勞工統計局有意低估通膨率，總統竟被說服，罷去有關官員的職位，並換上另個對通膨問題更加「敏銳」的人，這會是多大的一宗醜聞！但這種事在阿根廷就發生過。當時，有位勇敢無畏的學者想盡一切能避開所有政府部門的辦法，以求準確計算國家的通膨現象。

二○一三年初，阿根廷出了一件不太光彩的事：它成為世界上第一個收到國際貨幣基金組織制裁警告的國家，原因是國家經濟數據失實不公。國際貨幣基金組織的執行董事會要求阿根廷的「經濟指標必須按照國際統計慣例和規則準確計算」，否則會撤回貸款。這是怎麼回事？原來在二〇〇七年，阿根廷國家統計局公布一月通膨率為百分之一點五，預測全年通膨率將近百分之二十。總統柯什內爾十分不悅。他一直宣稱阿根廷經濟已在好轉，如今出現高通膨率，豈不是自打嘴巴？為此，他以統計方法出錯為由，罷免時任國家統計局局長貝瓦庫娃（Graciela Bevacqua）。結果如他所願，新任局長在幾個月後公布了遠遠低於年初的通膨數字。[5]

罷職一事引起全球轟動。阿根廷總統的政治干預令人馬上意識到，這個國家沒有能力保證經濟統計免受政治壓力的影響。這也是一次錯誤示範，告訴世人在經濟指標不理想時，最好的解決辦法是解雇負責統計的人員，換一個會讓數字乖乖聽話的人。如果有其他國家領袖學會這一招，後果將十分危險。阿根廷政府的干預並不止於向統計部門施壓。二〇〇七年之後，阿根廷不少獨立私人機構開始自行統計通貨膨脹率，希望得出更真切的數據。有一個非營利機構通過調查百貨商店價格來計算通膨率，算出足足比二〇一二年國家統計局數字高出三倍的結果。這時，機構也恰好被經濟部取消「非營利」的資格。幾年下來，阿根廷統計醜聞不斷，官方數據的誠信備受質疑，最終面臨被世界最重要的金融機構棄之門外的危機。

阿根廷事件深具警世意義，也提醒人們統計獨立的經濟指標是何其重要。那不僅是人們理解世界的關鍵，也是一國外交和經濟事務順利運行的必要條件。此外，阿根廷事件也為千里之外的美國麻省理工學院一眾學者帶來靈感。萊格伯恩（Roberto Rigobon）和卡瓦羅（Alberto Cavallo）兩位教授目睹阿根廷國家統計被政治化的現象，繼而心生一計。卡瓦羅教授在阿根廷出生和成長，特別希望找出能避開政府干涉的經濟指標。政府可以隨意罷免統計部門人員，可以騷擾開展獨立研究的國內私人機構，也可以縮減甚至切斷這些機構的外國捐款來源。然而，如果對手是一個在網路掃描所有商品價格的電腦程式，政府可能就無從下手了。

結果，「十億物價計畫」（Billion Prices Project）應運而生。這是一個消費者物價即時索引，由萊格伯恩、卡瓦羅與電腦程式設計師合作開發。在美國乃至全世界，商品銷售的主場已轉到網路上。沒錯，目前網路平台的銷售量還遠遠比不上實體商鋪，在美國僅占整體銷量不足百分之十，其他國家地區份額更低。但是，實體商鋪的網站早已提供大部份商品的價格。也就是說，只要設計一個足夠聰明的軟體，就能在網路追蹤記錄所有商品價格，而且能每天更新。利用這些資料，再運行勞工統計局等國家統計部門的計算公式，就能像官方統計那樣處理數據，還不用費勁去做問卷調查，再逐一將調查結果輸入系統。勞工統計局和其他統計部門要花數萬小時人力來蒐集資料，調整一籃子商品的內容，再制訂每月商品索引。這個電腦程式卻只要不斷掃描網頁就好，工作速度遙遙領先。

「十億物價計畫」蒐集的資料數量驚人。二〇一三年，這組索引程式已在超過七十個國家運行，目前還在不斷改進。光是英美兩國，就有來自上千家零售商的逾五十萬個商品價格加入程式。[6]萊格伯恩和卡瓦羅的做法不同於勞工統計局或經濟分析局。他們不會為掃描而來的一籃子商品「稱重」，只是根據零售商網站的資料即時整理籃子的內容，添加或移除某些商品。例如，某個型號的平板電視或移動設備推出了新的型號，這一轉變很容易得到如實反映：舊型號不再出售，自然就掉出籃子。正如今天，市面出售的蘋果二代手機也所剩無幾了。

你也許會認為，這組程式只是機械地整合幾十萬個價格，再加總求平均，得出的通膨率一定與官方以精密嚴謹的方法所得的結果有很大出入。事實不然。「十億物價計畫」為每個國家計算的通膨率，都與該國官方數據極為相符，只有一個例外。沒錯，就是阿根廷。

萊格伯恩和卡瓦羅的研究成果意義非凡，原因如下。首先，如果有陰謀論者想冤枉政府統計人員，指責他們有心惡意低估通膨率，現在就不那麼容易了。這組程式只顧像小蚯蚓一樣在網路上無孔不入，哪有什麼政治意圖。它無時無刻不在飛快運行，不帶任何感情色彩，一股腦兒地吸收數據。當然，高明的陰謀論者是無懼事實的。他們仍能提出一個亦幻亦真（反正目前也無反面證據）的說法，例如麻省理工的兩位教授有不為人知的企圖，暗中收取當權者的資助，負責替政府製造低通膨率的假象，以便繼續剝削民眾的血汗錢，繼續壓低不斷縮減（而且已近乎無）的社會福利。撇開這些疑點，「十億物價計畫」至少能以完全不同的方法和技術來統計通膨，為官方數據作一驗證，已屬難能可貴。

其次，這組程式能為一個主要經濟指標提供即時統計，成本還比官方低得多。統計部門的經費也許遠遠不及國防和醫療，但在美國每年還是要花幾十億，其他國家也不少。光是消費者物價指數一項，每年就要用上兩億美元。數據發布時往往已經滯後，又有多番修訂，一旦出現極端天氣變化等突發而非循環的因素，還要再加修改。不論是連鎖式消費者物價指數（即按照消費者的消費模式來調整一籃子商品）或是傳統消費者物價指數，在業內和政治上都已引起激烈爭議。二〇一三年曾有提議以連鎖消費者物價指數來計算社會安全金（未來政府發放的資助金增幅會因此放緩），當時的辯爭就是一個例子。「十億物價計畫」可以避開這些麻煩，因為程式全由電腦操作，沒有人為干涉，對所有商品一視同仁，對消費者購買的內容和數量也毫無價值判斷。而且，成本也相對低得多。

當然，成本只是其中一項考慮因素。主要經濟指標就像經濟領域的哨防。人們出於一種集體自我要求，認為必須投入大量經費去蒐集資料，也要多番修訂統計結果，這樣的錢值得花。但是，正如我們所見，現行主要經濟指標的重大局限，就是在服務業、科學技術和環球態勢的轉變下，人們對經濟的一些核心前設已變得不合時宜。過去要依靠大量人手，兢兢業業地蒐集物價資料，是因為過去的做事方式只能如此。今天的資訊科技顯然已能提供更多、更快、更便宜的方法來完成同樣的事情。統計部門固然也在如饑似渴地將資訊科技融入工作，但遠遠比不上「十億物價計畫」那樣徹底。

一組即時計算通膨的電腦程式，並不是萊格伯恩和卡瓦羅才能想出的主意。Google擁有龐大的授權資訊和數之不盡的應用方法，目前更開始投放相當的精力，嘗試即時量度經濟活動。Google主導美國乃至全球的線上廣告和網路搜索業務，目前只有中國仍是例外。Google的各種演算程序每日處理的資訊字元數以兆計，各位工程師和分析師都能以與眾不同的視角來觀察全球各國社會每日的一舉一動，對人們的興趣、憂思和欲求瞭如指掌。Google深明旗下人才各有獨特之處，所以也傾注不少資源，儘量將手上的巨量資訊放於不同的角度下觀察分析。Google擁有來源廣闊而規模龐大的資訊，因而能推出各種演算程序，來預測危機、選情、市場發展乃至任何人類關注的核心議題。

范里安（Hal Varian）多年來擔任Google首席經濟學家，許多大型企業都會聘請至少一個經濟學家，負責預測未來經濟主要趨勢。企業管理高層對未來的判斷直接影響公司的重大決定，例如開支、雇員、庫存以及未來發展（如有）投資的規模。舉個例子，像通用電氣和漢威聯合那種企業，每年在世界各地生產大量精密昂貴的機器，資本設備的開支十分龐大。如果他們認為來年中國的工業活動會更趨強勢，美國製造業卻會走向疲弱，那麼有關生產提升幅度（ramp up production）和合作地區的決定，都會由此主宰。利率變化和經濟成長的預測，則會決定公司應否貸款或回購股份，雇員賠償應與公司股價掛鉤，還是以一筆較高獎金的形式支付。

范里安的職責又有些不同。他專門研究Google可以回答但尚未回答的問題。例如，Google早已研發一套計算方案，能根據其伺服器錄得的所有交易和經濟活動來計算國內生產毛額，可適用於世界上大部分國家。Google也嘗試為每一門產業即時判斷就業趨勢，並以不同方法計算「知識型工作者」的生產力，統計範圍不只有旗下所有員工，還包括生活於新生資訊科技和社交媒體世代的所有人。范里安也善用Google的廣闊資訊網絡，推出「Google物價指數」，方法與「十億物價計畫」有異曲同工之妙。這一指數可能會為各國統計部門的消費者物價指數作一補充，甚至終有一天會取而代之。

范里安是經濟學家出身，也是多年的經濟學理論和商學院教授。因此，他特別想知道，各種層出不窮的新型科技，以及時刻呈指數成長的數據和資訊，到底會為世界帶來什麼。出於這一研究興趣，范里安與引領資訊浪潮的Google一拍即合。當他發現官方數據幾乎沒有因為科技發展而重新調整，自然大吃一驚。「看看民營企業在過去十到十五年的發展，」他說，「你會發現不管是UPS聯合包裹、沃爾瑪還是Visa和MasterCard信用卡公司，甚至所有大型企業，他們都已建立起自己的數據庫，並擁有精密而強大的即時資訊處理系統，隨時能統計和統籌業務。反觀公共部門，數據管理卻沒有多少變化，更別說用上那些統計工具。人口統計還是用老辦法：發出表格，用鉛筆或鋼筆填寫，再寄回來。現在我們能獲得那麼多即時物價資訊，卻還沒開始根據掃描數據來計算消費者物價指數。」於是，Google物價指數誕生了。[7]

Google物價指數一直沒有廣泛公布，也不知會否繼續存在。它和「十億物價計畫」的計算結果相似，並沒有嚴重偏離消費者物價指數，呈現的大致趨勢都與官方相符，只有一些細小差異。例如，二〇一〇年Google物價指數算出的通膨率，就比消費者物價指數公布的結果要高，事實證明前者更為準確。有趣的是，Google物價指數和「十億物價計畫」都漏掉了消費者物價指數中一個重要的組成部分：房屋價格。房屋價格（以「業主等價租金」計算）在消費者物價指數中占重要比例，但計算與否，似乎都不太影響兩套通膨統計方案的結果。這一現象表明，房屋價格大致與整體物價和收入水平的變化同步，只有二〇〇〇年中期房市泡沫時期例外。房價固然與食物和能源一樣，價格是浮動不定的。但一個只計算網路零售的電子指數，最終竟能與包含房價在內的官方通膨指數那麼接近。

統計學家正在密切留意各種創新科技。事實上，在二〇〇八年金融危機的餘震之後，二〇一〇年政府通過了〈多德—弗蘭克華爾街改革和消費者保護法〉，並授權籌組一個新的政府統計部門——金融研究辦公室。金融研究辦公室在二〇一一年才成立，現在已是每年經費過億的部門，專門負責研究統計指標和模型，從中尋找或推出新的方法來預知嚴重經濟問題，以防全球金融體系再次遇險，乃至崩毀。政府的想法是，如果早點設立一個分析經濟體系的部門，那麼許多危機或許在二〇〇八年前就能防患未然。金融研究辦公室的職責不在於改良現有主要經濟指標，但部門得以成立，正表明政府和那些創意無限的學者一樣，已經意識到「經濟」這隻龐然大物的量度方法必須有所改進。

本書的最後一位「阿凡達」，對於政府經濟指標或商業、學術機構廣泛採用的指標都沒有太大作用。他手下確實有不少研究各種指標的分析師團隊。有些指標屬於政府統計部門，有些由美國房地產經紀商協會、供應管理協會和企業經濟學家協會等機構使用，還有數百種出自全美和世界各大機構。所有指標在他眼中都只是數字，只是眾多變量中的一種，解讀方法因人而異，而且永遠、永遠值得懷疑。他擁有全球最大、最成功也盈利最高的對沖基金公司，市值超過一千億。他的財富數以十億美元計，或許還不止。儘管如此，在那個高端金融和經濟政策的權貴圈子之外，幾乎沒有人認識他。他就是達利奧（Ray Dalio）。

一九七五年，達利奧成立了自己的公司橋水聯合基金。目前公司在康狄乃克州西港市坐擁一方園區，隱於一片森林之中，位置不算偏遠。但對於不知情的人來說，這個公司總部如同隱形。橋水基金一向充滿神秘感，近年才偶爾出面回應外界的疑問，與世隔絕的選址正好與之配合。二〇〇八年金融危機之後，美國處於水深火熱之中，橋水卻連年為客戶實現雙位數的回報。這些客戶盡是大型機構，包括不少基金和退休金計畫。雖然不是每年爆賺，但橋水過去二十年的平均回報率是百分之十四，即使在二〇〇二和二〇〇八至〇九年全球市場嚴重緊縮時期也不例外。

橋水聯合基金的成功是個謎團，這與創辦人的性格大有關係。達利奧並不害怕上鏡，只是沒有興趣公開露面。在金融危機時期，他才稍有改變。他和大多數成功的對沖基金經紀一樣，行事慣於隱秘，彷彿私藏了一道保證高回報的秘方，必須時刻嚴密守衛。在困難時期，業內對手頻遭重挫，橋水卻持續大賺，秘方一說更像是真有其事。他比我們多知道一些什麼嗎？他是否對經濟和市場的運行有某種神秘的理解，而我們一直以來都忽略了？

資產管理產業的競爭環境，也是橋水行事神秘的原因。如果你要爭取州政府一項退休基金的授權，要負責管理動輒超過五億美元的資產，那你必須向客戶解釋，為什麼你的投資方案會比別人贏得更高回報？為什麼客戶要花幾百萬美元，任由你積極運用那筆基金？把基金放入指數型基金，或者買買國債，回報可能也差不多（甚至更好），為什麼要在你身上花這麼多錢？這一行業的勝敗關鍵，在於充分證明自己對世界運行和未來發展有獨到見解，這番見解能長期為客戶帶來可觀收益。

橋水和達利奧的自證比別人更進一步。他聲稱自有一套獨特準則，可讓公司更準確分析世界經濟，投資決策也會更明智。這些年來，他一再完善這套分析方法，並寫成一本小書。每一位新職員都會收到一本，也必須好好學習。小書名字很簡單，就是《基本原則》。開頭有段苦口婆心的話，讀來好像那些自我提升或心靈雞湯之類的書。達利奧的入門書有一個主要目標，正如他所寫：「首先，我希望你為自己好好思考一下，從而判斷(1)你想要什麼；(2)什麼是真實的；以及(3)你能以此做些什麼。我希望你能清晰而周全地思考，這樣你才能得到自己想要的東西。這本書的用意就是幫助你達成目標。現在，我只要求你做到以下兩點。(1)保持頭腦開明；(2)誠實地回答，你想要什麼？什麼是真實的？你能以此做些什麼？」[8]

這本書一半是作者自傳，一半是生存守則。達利奧說自己是生於長島的普通孩子，隨著年歲漸長，慢慢形成以下人生信條：意見往往是錯誤的，要少犯錯，就要不斷檢驗意見的正誤；「要深刻理解現實，並懂得善用現實來達成目標，這樣的人才會成功」；「痛苦＋反省＝進步」；還有，不論個人還是系統（包括經濟），本質上都是「機器」，是可以運用技巧、經過鑽研而理解的，這是最重要的一點。

達利奧這套哲學要求人全盤接受自己的理念，缺一不可，頗有格式塔的影子，也極易招人嘲笑。事實上，嘲笑的聲音一直存在。二〇一一年，《基本原則》出版，逐漸為人所知，不論是一貫尖酸的金融界還是廣大媒體，總難免有人嗤之以鼻。《紐約》週刊曾有一句刻薄的形容，說達利奧那些格言就像「宣揚極端自由資本主義的小說家安．蘭德（Ayn Rand）和心靈療法大師可帕拉（Deepak Chopra）聯手，創作了一片塞在幸運餅乾裡的小紙條」。[9]也有人說，橋水聯合基金是一個「異教組織」，有位受人膜拜的首領，一套自創的術語，加上一群虔誠的信徒兼雇員，僅此而已。許多橋水的專業人員都是一踏出大學校門就加入公司，事前毫無工作經驗。這更表明，達利奧不僅善於以錢賺錢，點石成金，也同樣精於影響人心，塑造企業文化。

如果橋水的業績不那麼出眾，人們大可將達利奧和他的經濟哲學摒棄一旁，置之不理。你如果生性愛嘲笑別人，也可以儘管嘲笑個夠。但事實並非如此。這家公司還有一個詭異的習慣：所有會議都要錄影。如果忘了誰說過什麼話，有什麼爭議，理解有什麼分歧，只要倒帶重播就可以解決。這些影片也用於自我檢討和小組檢討。這實在非比尋常。公司同樣異常的連年高回報，只說明兩種可能：要麼達利奧確實掌握了一種特殊的分析世界的方法，並能根據分析來明智行動，要麼他就是一個吉星高照的傢伙。說是運氣使然，也未必沒有道理，畢竟公司在二〇一三年的收益據稱曾一度大跌。但是，橋水多年以來一直傲視同儕，並不是因為公司內部那些講求規律和嚴格術語的經濟理念，而是因為他們對於現實自有一種與眾不同的分析方法，對於投資市場和經濟學家以統計和經濟指標理解現實（即本書的內容）的做法，也有一番獨到的見解。

達利奧對一切意見抱有理性的懷疑，即使是專家的看法也不例外。對於這個依賴統計數據來表述的世界，他也同樣充滿疑問。達利奧讓自己的團隊將全球幾百種統計數據逐一分析。這些分析不是光看表面數字，而要在數據的長期變化中總結出別人無法看到的規律。也就是說，那些人人奉為圭臬的經濟定律，達利奧全不放在眼裡。他相信世界如同一台機器，是可以弄明白的，但也知道世上其實沒人真的明白。在橋水的分析人員眼中，現行的統計數據和經濟指標不過是一些現成的資料，負責計算整理的人也都是凡夫俗子，所以並不代表絕對真理，也沒有神聖不可侵犯之處。

達利奧及其團隊另有方法。他們始於這樣一個前設：一切數據都有局限，都有可能出錯。不管是利率、國內生產毛額、黃金價格還是消費者意願，都只是用於瞭解現實世界和制訂決策的素材。達利奧從不認為有誰能準確判斷任何事，經營基金時也會設想無數種情況，預測每一種後果。橋水有龐大的分析師團隊，兼精定量和定質研究，以便達利奧從中歸納獨有的經濟模型，用以融合指標數據和每日最新資訊，包括小至消費趨勢、收購合併、各大機構的股市動態，大至日本或美國國債流向，各國中央銀行的黃金購買和量化寬鬆的政策實施，反正不論何人何時做何事，情況持續多久，他都瞭如指掌。他有自己的電腦程式，運行著各種模型，一切指標都會錄入分析，目的就是要找出這些變量之間的神秘聯繫，預示未來種種交易趨勢。

簡而言之，達利奧的公司不僅會分析全球通用的經濟指標，也會創造自己的經濟指標，繼而衍生出一些固定的交易模型，從而準確展現世界經濟圖景。橋水聯合基金獨家炮製的經濟指標源於其創始人的經濟哲學，基於那年復一年數以百萬美元為單位的研究工作，並有賴於一眾聰明絕頂、分析縝密的專家，也離不開公司內部那種非比尋常，甚至離奇詭譎的文化。橋水制訂投資策略時，並不基於主要經濟指標的分析，也不依賴那些規模有限、以偏概全的統計數據所展示的世界趨勢，他們的依據是自己提出的一組經濟指標。

就在今年，橋水也許已遇到窒礙。二〇一二和二〇一三年，公司的表現不算特別亮眼，這說明了其分析系統（包括達利奧本人）對全球經濟局勢的判斷有誤，又或者是對金融資產相應表現的預測出錯了。公司多年累積的業績一直領先同行，但投資畢竟是件吊詭的事。有時眼光準確，還是虧損告終；有時錯判形勢，卻能大賺一筆。同樣道理，公司表現優異，其股價未必會一直向好；人們能未雨綢繆，預知風險和障礙，但歷史未必會重演，未來也總有變數。達利奧也許確能在公司推行一些獨特的經濟原則，也擁有充分的業績基礎和資源，足以自行為世界描繪一張數字版圖。但即便如此，他總會在某些時刻看走了眼，而無法準確把握這個維度豐富、互常變幻的現實世界。

如果一國政府能擁有與橋水聯合基金相當的資源（或者說，如果美國政府願意投入資源的話），也許就能更迅速修訂主要經濟指標，使之與時並進。政府未來仍會因知識不足、判斷失準而做錯決定，但他們現在還是可以嘗試採納布林約爾松等頂尖經濟學者和理論家的研究成果，而且可以馬上開始，不必再拖上十年八載。這樣一來，政府就可以思考一下，既然物價的決定因素已不是地區或本土經濟，而是全球經濟，不論石油、鋼鐵等必需原物料的價格或是人們的薪資水平，全部取決於全球市場，那如今「通貨膨脹」的意義是什麼？還有，「就業」是什麼意思？一個領著薪水卻在貧窮線掙扎的人，在就業率的統計時算作正值，但一個離校一年半後才找到高薪厚職的大學畢業生，卻列為失業個案，這又是為什麼？在一九三〇年代，這些指標剛剛誕生時，上述問題都不存在，但今天卻至關重要。再者，我們或許可以重新整理貿易數據，追蹤市場價值的真正流向，也可以深刻反省一下，國內生產毛額是否漏算了什麼，哪些被遺漏的東西正亟待關注。

時至今日，有不少人已提出，主要經濟指標所描述的世界與現實極為不符。本章提到的這些統計國度的「阿凡達」只是其中幾位。大體而言，他們並不認為主要經濟指標是錯的，反而還相當認可那些勤懇細心的統計人員（阿根廷除外），事實上也應該給予認可。現行經濟數據有其與生俱來的問題，原本旨在量度二十世紀中期工業化民族國家的經濟表現。二十一世紀初的資訊經濟正逐漸超越民族國家界限，這些統計方法就無能為力了。不過，正如我們所見，這還不是最大的問題。更嚴重者在於，人們對經濟指標賦予過重的分量。經濟指標本來只能反映局部情況，展示物質和經濟生活的某些層面，我們卻視之為經濟的絕對標籤，還指望這些指標告訴我們一國的開支該如何計畫。

所以，最後的問題是，現狀如此，我們可以做些什麼？我們總不能各自成立一些市值數十億美元的對沖基金。老實說，也沒有多少人會有此打算。再者，除非社會掀起某些運動浪潮，觸發經濟產業轉型，否則再好的對沖基金也難以進一步滿足社會需求。我們也不會成為想布林約爾松那樣的「經濟學迷」，不會抽空去設計一個「十億物價計畫」。大多數的公司企業不願也不想割裂與統計歷史的關聯，因為冒不起這個風險。開拓重工的行政總監不會因為自己有強烈的預感，覺得新興國家會繼續保持強勢成長，就貿然加設工廠或提高推土機產量；他們必須以數據和經濟指標作為決策的依據，而且參考的都是現行的主要經濟指標。既然如此，除了盡量善用已有的統計工具，儘量批判思考之外，我們還可以做什麼呢？

其實，我們確實還大有可為。這裡不是要提出一勞永逸的萬能方案，也不是要推出一組前所未有的經濟指標。要找到答案，首先要往回追溯，我們不必回到原點，只要重返經濟指標尚未主宰全球經濟的時候就可以；我們也不是要重構歷史，而是要回顧過去，花上哪怕只有片刻的時間反思，希望能從中摸索前路。

結論：量身訂製計量法
Conclusion: Made to Measure

經濟學家顧志耐著手研究國民所得的量化方法時，乃在回答一個簡單的問題：「經濟」應該如何測量？研究過程中，他將「經濟」定義為市場對商業活動的價格反映。正如我們所見，這一框架有意忽略種種現實存在的經濟活動方式，諸如家務勞動、義務工作以及大量未被記錄的商業交易，都因以現金交易，或屬私人性質，甚或不容於法律，所以不納入計算。話雖如此，顧志耐的計算模型畢竟開創先河。

前勞工統計局局長史都華及其後各任局長量度失業狀況時，也在回答一些簡單的問題：「失業」的意義為何？在任一時刻，有多少人符合「失業」的定義？「失業」是一個統計指標，也是一個存在狀態，但兩者不是同一回事。統計所說的「失業」不等於沒有工作。一個「失業」的人，必須想要求職，並且正在求職。這是因為在十九世紀及二十世紀上半葉，世界上還沒有社會安全網，沒有失業保險，沒有退休金計畫，也沒有所謂的退休年齡。活在那一時期，人們不會自願失業，或者「停止求職」。他們如果不靠打工賺錢，就會經營農場，或者繼承遺產，不然就等著餓死。當時「失業率」成為統計指標，確實為勞工權益團體提供了有力工具。這在經濟低迷時期尤其重要，美國大蕭條就是顯著例子。有了「失業率」，勞工維權人士可以促請政府救助被迫離職和沒有工作的人；胡佛總統自以為國泰民安，不必再採取積極措施之際，也正是「失業率」給了政府當頭棒喝。

經濟心理學家卡托納設計了一系列調查，測量人們對經濟態勢的觀感。當時，他意在尋找量化證據，用以證明人們的主觀情緒能影響未來價格水平（通貨膨脹）和行為模式。這在二戰期間尤為關鍵，因為美國國內經濟活動一旦失調，就無法應付戰時生產需求。此時，顧志耐和眾多學者也加入其中，合力計算美國在國民生活需求得以滿足的前提下，究竟能投入多少資源備戰。

經濟學家費雪挑戰了一個棘手課題：計算生活成本。當時，他出於一個學者的求知熱情，一心要訂出最為精準的統計指標。他為「通貨膨脹」提出定義、尋求價格的最佳量化方法時，將「經濟」視為一個完全封閉、人為統計的系統，而不是一個要滿足數百萬人口的生活需求、慾念和期望的真實體系。費雪日後的追隨者看法亦大致如此。久而久之，消費者物價指數不僅成為主要經濟指標，也演變成一個情緒指標。對於銀行和政府的政策制訂人士而言，消費者物價指數確實可用於判斷經濟穩健程度，而且準確有效。然而，普羅大眾一旦視之為評定經濟態勢與政府施政的指標，就會徒添焦慮，爭議不斷，時至今日也依然如此。

縱觀各大經濟指標的初始理念，沒有一個在誕生時就要承載今天的分量，也沒有一個是絕對的經濟標準，既無法直接反映生活品質好壞與國家成敗，也不能說明一國政府是獨具慧眼還是自掘墳墓。單憑經濟指標，美國大學畢業生無法判斷芝加哥的就業機會如何，創業人士也不能決定目前是否最佳時機。而且，多年以來，不論政府或學界的經濟學家和統計學家，都不曾為經濟指標提出反思或改良。那麼，國會是否應該加持國債或擴大支出，通用電氣的新工廠應該設在密西西比州還是中國，經濟政策的輕重主次是否合理，全都無法以經濟指標作為解答的依據。

如此看來，經濟指標用處不大？事實當然並非一直如此。它們出現之前，經濟狀態從來沒有得到如此清晰的呈現。一九三〇年代初期，政府和企業對於自己的政策措施是否收效，可謂瞎子摸海，茫無頭緒。到了一九五〇年代，各種經濟指標橫空出世，利用高端統計方法，帶來豐富而全面的數據資料。人們詳加研究，積極運用，越來越有信心調控並運轉「經濟」這個新玩意。二十世紀中後期，冷戰結束，美國一躍成為超級大國，各大指標迅速融入日常生活，開始全面主宰經濟活動。對於經濟指標的創始人而言，這實非初衷，也是超乎想像的。

幾十年過後，經濟指標已不只是政府、企業參考的統計數字，而是社會成敗的絕對標示。這一演變過程極為迅速而不易察覺，幾乎沒有人意識到統計數據已經變質。在一九四〇、五〇年代，工人團體、勞工局和公司企業曾多次磋商討論，關於消費者物價指數之合理性的辯論也日趨熱烈，但要到一九七〇年代，通貨膨脹指數才融入美國公共生活，進而入駐中心位置。誠然，在一九二〇、三〇年代大蕭條期間的德國，通貨膨脹早已伴隨經濟創傷成為集體回憶。但對於大多數國家而言，直至一九七〇年代，美國通膨失控，拉丁美洲國家物價飛漲、幣值大跌，CPI決定的通膨率才真正進入公共意識，開始牽引大眾情緒。

主要經濟指標的創始人，看到自己的研究成果如今竟成為國民身分的關鍵，可能會大感驕傲而嘴角上揚，但更有可能被統計數據的誤讀濫用嚇得臉色煞白。本書引言曾舉一例，提到二〇一二年美國大選，有一句話廣為流傳：「沒有一位總統曾在失業率超過百分之七・二的情形下連任。」在不同的報導中，數字或有改動，但大意總是一致的。當年我們都看到，這句「真言」並沒有在大選中應驗，歐巴馬在失業率百分之七・九的情形下重返白宮。

真正的問題在於這些貌似定律的說法。人們根據一些極為有限的數據資料，竟能得出如此斬釘截鐵的論斷。這一現象，勞工局負責人已有充分認識。史都華若仍在位，肯定也會有所警覺。我們知道，失業率在一九四〇年代末才開始公布，而到一九五〇年代末，每月更新的失業數字才開始得到公眾關注。失業數字必須先成為公共討論的熱點，才能左右選情。的確，如果人們一致感覺經濟處於低迷，百萬人口無以為生，在任總統當然會芒刺在背，但不代表經濟數字和選民行為之間存在必然的因果關係。即便有，任何一位統計學家也不敢單憑區區十六個數據樣本妄下斷言。十六，就是一九四八至二〇一二年之間美國大選次數。況且，在此期間，只有艾森豪、尼克森、雷根、克林頓和小布希五位總統成功連任，卡特、老布希兩位連任未遂。[1]

「沒有一位總統曾在失業率超過百分之七・二的情形下連任。」這句話生動地表明，人們賦予經濟指標的分量實在太重，對於經濟指標能準確反映現實、預測未來的要求，也太過苛刻了。一千年之後，假設這些指標仍為人使用（儘管不太可能），我們也許就能根據更豐富的數據，得出更清晰的模型，從而針對概率、關聯和潛在因果做出更為肯定（但仍需修正）的論斷。反觀目前，我們只有五十多年的數據，實在不可斷言。然而，人們現在討論經濟數據的方式，卻彷彿已認為統計歷史已相當悠久，數據也相當豐富，足可推出各種各樣的結論了。

再者，目前經濟體系正在飛速轉型，若以為一個數字就能概括就業狀況，是相當不智的想法。不少研究報導已指出，每月的就業數字都要經過多次修訂，上下調幅甚至非常顯著。美國的情況最為明顯。例如，勞工統計局二〇一三年五月的公告，把二月的新增職位數字從二六八，〇〇〇個上調到三三二，〇〇〇，三月的同一數字上調幅度更誇張，從八八，〇〇〇個躍升至一三八，〇〇〇個。然而，廣大媒體往往只關注首次公布，人們也只習慣看這一數字。勞工統計局的統計人員當然不會建議人們視初次發布數據為絕對真理。但傳播媒體二十四小時不斷更新，新聞初次發布之後就一切結束了。雖然修訂數據偶有見報，但「統計局數據多項修訂，上一個月就業數字驚現大逆轉」之類的新聞標題，始終未曾出現。

你也許能反駁，說這些數據畢竟方向無誤。換言之，現實呈下降趨勢，數據不會顯示上升。但即便如此，「失業率」這一簡單易懂的數字，依然會模糊視野，讓我們無法看清現實。目前，「失業率」在每個已開發國家都深受民眾關注，問題就更為嚴重。人們有一個普遍的錯覺，認為失業率既然是全國性的數字，則一定代表一個國家的真實狀況，不管是西班牙、英國還是美國。然而，正如前文所述，失業率並不是一個平均值，各個群體會因年齡、種族、性別、地域以及（最重要的）教育程度的差異，而呈現不同的狀況。

全國性數字代表全國真實狀況——若抱持這一迷思，就看不清真相，想要解決集體難題或尋找個人出路，也肯定不得要領。只是失業保險一項，美國聯邦政府每年就要花幾十億美元，歐洲各國政府的開支更大。除了數百億的撥款之外，還有勞工部和其他職業訓練和求職機構的大小計畫項目。再說，二〇〇八至〇九年金融危機期間，各項保留和創造職位的緊急措施所花費的幾千億美元，也還要計算進去。

這些開支十分龐大，收效卻微乎其微。上述措施所依據的總體經濟學理論，自天才凱因斯之後，已經日漸呆板笨拙。數據輸入，結果輸出，僅此而已。然而，複雜的社會怎能由一個失業率數字一言蔽之？在歐洲，西班牙失業率高，德國卻未必；在美國，某些州失業問題嚴重，有的地區幾乎從不用擔心；無大學學歷的南美裔和非洲裔年輕男子就業困難，大學畢業的女性卻不難找到工作。此外，還有一些職位薪水極低，結果有人要同時打兩份工，才能勉強生活下來，這一問題十分關鍵。從數據上看，這類人都屬於充分就業。他們可能在一個醫療機構做清潔工人，或者從事「商業服務」。這個職業類別來自勞工統計局，內容遍布社會各界，包括大廈保安、信件派遞員、領最低工資的店務助理等等。這些職位都值得尊重，都是苦活累活，但通常不構成蓬勃經濟的基礎。我們與其簡化問題，盲目撥款，不如細考失業的現實情況，細看特定群體，訂出量體裁衣的公共政策，反而更見成效。

最初的主要經濟指標，旨在為政策制訂者提供有效工具，從而解決最迫切深重的經濟問題。在一九三〇年代，經濟政策大膽創新，是理所當然的事。畢竟，各國政府才剛剛開始利用數據資料來解決經濟結構問題，做事沒有包袱；經濟指標亦確實能幫助政府在紛繁多元的政策之間權衡取捨。時至今日，經濟指標的用途已有改變。全國性的經濟數據非但不能刺激創意思維，反而成了思想桎梏。國會明文要求預算局每年預測成長率，本身就為來年投資設下了重重障礙。公司企業將開支與通膨數據掛鉤，未來卻可能出現投資不足的現象。

那麼，究竟該怎麼辦？如果能針對現實需求了，訂出全新統計框架，使用全新的數據指標，那是再好不過。新方法應該力求簡約，易於解讀。國內生產毛額不要了，換成國民滿意指數看看。失業率也不要了，改用就業—教育比率試試。現行數據全都有問題？那就徹底一點，創建前所未有的指標。

實際上，我們正在創建新指標，同時更新舊指標。本書的舉例有限，但足以說明，世上不乏各路高手，正透過反思修訂或想像發明，努力衝破經濟數據的局限。單是經濟分析局，已開始將多種收入水平的變量和物價平減指數納入計算。至於勞工統計局，也已開創一系列失業率計算的補充方案，把失業人數融合工作時數等因素一併考慮，手法與價格計算一樣豐富多變。

不過，任何經濟指標都只表現為數字，這是問題的關鍵。國內生產毛額無法完整概括經濟生活，因為根本沒有一個數字可以描述我們的生活。任何一個數字都有局限，而且各有局限。國內生產毛額不能顯示幸福、滿意的程度和家務勞動的價值，不會（而且不能）將親友聚會等非市場活動統計在內，也不能計算國家數據蒐集範圍以外的經濟活動。諸如私人現金交易，移民往老家的轉帳或匯款，服務貿易等所謂「隱形經濟」，儘管遍及全球，價值以千億美元計算，卻仍然不算入國內生產毛額。可是，如果以其他指標取代國內生產毛額，又會有別的經濟活動被排除在外。

假設我們真能創建一個指標，能將所有關乎經濟穩定繁榮的變量囊括在內。那麼，各個變量的比重如何分配？幸福程度和產量，哪個比例高些？哪些屬於「隱形經濟」，哪些屬於商品服務的附加價值部分？總要有某種方法論，來指引各個變量的比重分配。一旦要提出某種計算公式，必然涉及價值判斷。如此一來，公式的合理性，比起顧志耐、史東、沈恩和聯合國人類發展計畫的指標和算法，自然也不會高明到哪裡去。

單一數字永遠不足夠——這是國內生產毛額的最大局限。問題不在於計算方法、統計範圍，而在於以單一數字呈現複雜多變之經濟體系的想法。這一批評，也適用於所有創自二十世紀、主導目前經濟話語的經濟指標。主要經濟指標過去能解答一些特定問題，將來也依然可以。有經濟指標，遠勝於無。不論政策制訂、企業決策或個人投資，經濟指標依然能提供基本指引，有助判斷時機，採取行動。

但是，數據的實際用法並非如此。目前，人們並不將數據視為工具，從中得出決策指引，而是只從表面理解數字，囫圇吞棗，盲目視之為現實的絕對反映。數據只能提供某種座標和方向，本身有諸多局限，因此只能描述所謂的「經濟」；而且，這只是現實的局部反映，不可等同於「人類生活的世界」。

同樣的問題來了：我們該怎麼辦？我們應該知道些什麼？如何獲得所需的資訊？答案當然不只一種，要視乎你的身分和需求。政府部門、機構組織、企業和個人都各有要務在身，每天要解決的問題也不一樣。沒有一個放諸四海皆準的答案，能滿足所有人的需要。

首先要明白，所有經濟指標都源於龐大的數據；統計學是數據蒐集回來後，人為進行分析的學問；統計數據也是由人為建構，旨在提出理解資料的方式。每一筆原始數據都具有同等價值，但人們極少能物盡其用。每一份失業報告都載有大量數據，大至社會各行各業，細至各個年齡、教育程度和職業類型，都有詳盡資料顯示就業狀況。每一份通貨膨脹分析都有數之不盡的表格，不管是電視、麵包、汽油，還是法律服務、智慧手機、電動鑽頭，各種商品的價格浮動都有明確記錄。房價報告總會按照區域地段而分別統計，貿易報告也會細錄大小產業的具體表現。至於國內生產毛額的年度報告，自然也會附有數以百計的圖表和清單，巨細無遺地展示各行各業占國民所得的份額比重。

因此，我們要解決問題，就不能只看某一類數據，而要善用所有數據。我們生活在巨量數據的世代。過去幾十年裡，資訊膨脹速度之迅猛，已非任何個人或機構所能同步。實際上，經濟指標趨於過度簡化，恐怕也是因為人們每日被龐大的資訊輪番轟炸，結果不勝負荷，適得其反了。人類認知科學的研究表明，眼前選項越多，人越難抉擇；選項有限，反而容易拿定主意。巨量數據的世代正提醒我們注意：資訊越是豐富，人們就越容易安於一些簡化現實的說法，也越難正視現實的複雜本質。

學會正視，恰恰是唯一的出路。巨量數據的世代催生了大量能夠測量人類生活的人，不論人數和能力，都遠在過去之上；同時，也有比過去更多的人，能夠針對自身疑難和挑戰，設計出獨特的解決方案。我們需要的，不是一堆前所未有但同樣有著局限的指標，而是一組貼合自身需求、專為解決自身疑難而設的指標。如今，電腦工具能提供超乎想像的便利，網路搜尋範圍可以任意延展，每天在大氣遊走的資訊也足夠龐大，專屬指標已是切實可行，且是勢在必行。我們需要的不是以新替舊，然後再次空談單一簡化的數字。我們需要量身訂製，讓政府、企業、社群或個人，都擁有適於自身需求的經濟指標。

專屬指標的用法

「量身訂製」（bespoke）的說法，現在已經不常見了。過去有段時間，闊綽體面的人家喜愛請裁縫來給自己做衣服。做出的衣服剛好合身，也只有自己一人能穿。誠然，人各有異，要想人衣合一，訂做是不二之選。價格當然不菲，花得起錢的人也確實少之又少。

量身訂製的經濟指標卻幾乎不花分毫。只要安裝上一台電腦，你就能自己做裁縫，創造自己專屬的經濟指標，專門解決自己的疑難。現今世界已沒有適於所有經濟活動的指標；量身訂造的指標不是奢侈品，而是必需品。

放眼社會，各行各業要處理自己的問題，也忙於應付各自的需求。沒有任何一套方法或指標能同時滿足各國政府、跨國機構、大小企業以及個人的需要。然而，人們目前仍然依賴於同一套計算方法，這是大錯特錯的。

最能受惠於現行經濟指標的是政府部門和跨國企業。這也在意料之中，因為經濟指標向來是為了協助政策決定者而不斷進化、沿革。儘管如此，經濟指標仍有諸多局限，最嚴重者，是目前還沒有一個全球性的經濟指標，這在本書也多次提到。所謂的國際數據，不過是各國統計的總和，至今沒有一套計量方法能在全球範圍內評估成本和幣值變動，繼而統計商品價格和通貨膨脹。假如我們手上有用之不盡的資金，首先應該新設一個機構，馬上開始不辭勞苦地蒐集金融、貿易等全球性產業的經濟數據。這一機構也一定不能像聯合國，總看各國政府的臉色行事。然後，一些基本數據就會生成。這時，我們仍要時刻警覺，所有數據還需理性解讀，不能再像現在這樣，盲目將數字奉為「真相」。目前已有一些機構循此方向努力，包括世界衛生組織和世界銀行。但總體而言，我們仍然只能依賴國家層次的統計數據。在可見的未來，這似乎也不會改變。

對於政府而言，當務之急，是不能再盡信數字所言，作出預測時亦需倍加小心。各國政府應該參考更多元廣泛的數據，蒐集和分析資料也要更重技巧。前文提到，前任法國總統薩科奇籌組的高層經濟委員會，就曾提議使用「儀錶板」式經濟指標組合；如此一來，制訂政策時，就有更多種類的國家經濟指標可供參考。事實上，一些政策制訂者已有此嘗試。例如，美國聯邦準備理事會已不再依賴有限的幾個總體經濟數據，而是將各種各樣的數據和資料納入決策過程，也會參考局內數百位經濟學家各自的研究分析。這一方向絕對正確，只是還未能普及至各層政府，尤其是立法機構。可以想像，一旦普及，立法機構和國會代表就必須對經濟有更深的認知，只懂皮毛肯定是不夠了，這個要求確實嚴格，但也是必經的考驗。若能順利實行，政策制訂者自然就能藉助更多工具，解決當前疑難，迎接未來挑戰。

不過，只是廣泛採納各類數據，還不足夠。政府對待數據，還要取捨有道，用得聰明。這一點，不少地方政府已有成功示範，例如芝加哥、丹佛、紐約、雪梨、巴黎、新加坡和里約熱內盧。這些城市先廣採各界數據，從交通運輸到旅遊產業，無所不包；繼而總結數據，描繪全景，再針對市內特有問題，精準出擊，有效解決。例如，能源消耗數據不太樂觀，可通過安裝家居智能電錶，幫助民眾節能省錢；同一數據，還可與其他城市相互比較，或在解讀本地經濟指標時用作參考。如果能這樣使用，能源數據對於社會安康的意義，相信會遠遠大於國內生產毛額或失業數字。

公部門的應變和創新能力幾乎總是落後於時代。對於聯邦政府而言，如何運用數據才算聰明？比如，分析來自全國聯邦機構的各種資料時，必須明白數據反映的問題並不真是一個國家內普遍存在的問題。至少，對於一個大國而言，這不太可能。新加坡或挪威也許說得通，美國就不能如此理解了。要找出解決問題的最佳方案，關鍵並不在於參考單一的綜合數字，而是細看數字背後的豐富資料。美國政府多次出手，力求大幅降低失業率，卻不見成效。原因之一，正是華府誤以為全國各地都正面臨失業。其實，政策制訂者如果能仔細研究失業率涉及的各種數據，或許就能對症下藥。例如，他們可以集中觀察失業率特別高的州甚至城鎮，針對房市大跌或教育不足等失業原因，逐一制訂解決方案。這些資料向來存在，只是一直被掩蓋於現行指標之下。只看單一數字的做法，曾經是可行的。在一九三〇年代羅斯福新政時期，沒有人會時時記錄田納西州的工薪水平，再與新罕布夏州相互對比，也沒有人會時刻統計西維吉尼亞州就業模式，再與德州對照觀察。當時政策制訂的方式確實簡單粗疏，但也沒有別的選擇。

時至今日，政策制訂的方式也不見得精細，但新的選擇已經出現。一些聯邦計畫已嘗試「量身訂製」。但總體而言，這些計畫往往遭到冷漠對待，畢竟人們仍認為經濟問題都是全國性問題。沒有全新而切實的經濟指標，政府仍然不能推出有效措施。政府日理萬機，千頭萬緒，經濟指標和數據解讀的問題難以得到優先考慮，這固然可以理解。不過，我們至少可以提議政府改變數據的使用方式，勸說政策制訂者放棄對現行靜態指標的依賴，善用身邊隨手可得的豐富數據，換一種順應時勢、靈活多變的統計思維。

企業量身訂製的需求是不言而喻的。例如，對於開拓重工那種公司來說，不管美國的國內生產毛額上升百分之二或百分之四，還是中國的國內生產毛額上升百分之六或百分之十，可能關係都不大。真正重要的是市場對推土機、挖土機和採礦器械的特定需求，正處於膨脹還是緊縮狀態。傳統上來說，這些產品的需求確實與國內生產毛額密切相關。但當今世界充滿不見於統計的次經濟（subeconomies），沒有一組經濟指標能準確量度全球經濟體系。正因如此，開拓重工儘管以建造和工業活動為主要業務，本身也是國內生產毛額的重要組成，但與國家經濟指標的關聯已不如往日緊密了。

至於更多規模較小的公司，這一關聯就更為薄弱。網路購物平台Amazon.com和eBay或多或少會參考消費者收入水平和就業指數，但依賴程度遠低於你的想像。這些公司一向不太需要根據傳統經濟指標來決定未來開支，這一趨勢日後也將更為明顯。這些公司只需參考來自每位客戶的數據，分析公司內部日益龐大的資料庫，就能為自身的各種問題找到最佳答案。通貨膨脹率是升或降，某一國家的國內生產毛額情況如何、市場表現怎樣，在此意義都不大。

再舉一例。假設你有一家跨國公司。過去幾十年，你的做法大概是儘量蒐集各種經濟指標，據此作出儘量準確的前景預測。公司內部的經濟學家、金融顧問、管理高層在分析經濟指標之後，如果一致認為失業率會持續上升，國內生產毛額面臨緊縮，通貨膨脹加劇，股市表現疲軟，房屋市場也大不如前，那麼理性的決策將是削減人手，暫停增設工廠或生產線，甚至取消年終聖誕派對。

但在今天，這種做法可能會導致決策錯誤。最近美國統計界有一個棘手現象：高居不下的失業率和公司企業大量職位空缺正同時並存。原因何在？顯然，廣大求職者所具備的技能不符合這些職位的需求。工廠裡的職位是最為典型的；過去的工廠都是流水式作業，工作單調重複，凡四肢健全的人都能勝任，即使不懂也不難學會。現在的工廠，工人不僅要懂得操作軟體和自動器械，能夠自學「及時生產」(just in time) 的複雜技術，而且要適應隨時因生產線變動而調整的工廠環境。如此一來，工人必須具備大學學歷，或者至少要考取某些文憑證書，才能應付工作需要。

據此可知，未來公司企業在制訂商業策略時，不應再以國家經濟指標為依據，或者說，我們不能再指望主要指標以從前的方式指引商業決策。需要三思的不只是失業率，還有通膨率等數據。正因缺乏一個全球性經濟指標，價格指數的問題更顯嚴重。價格指數雖是各國政府自行統計，但許多商品或原料價格卻由全球供應鏈決定。例如，現在的任一個零售服裝公司，不論是決定原材料的購入數量和價格，還是成品定價時，都必須以全球價格為基準。

不少經營有道的公司企業，早已不再以傳統經濟指標作為決策依據。可是，聽聽那些行政總監對企業藍圖的高談闊論，卻會赫然發現他們仍然安於使用二十世紀的經濟指標。企業經營方式或已發生實質轉變，但人們的思維模式卻停滯不前。

然後，輪到個人和小型企業。對他們而言，依賴於主要經濟指標絕不是明智之舉。藉助經濟指標，大致瞭解某一時刻的經濟現狀，固然不是壞事；但如果重要決策全然基於經濟指標，就會壞大事了。正如前文有關通膨率的分析所說，各大經濟指標本身，若溯其根源和構思，乃旨在輔助政府的宏觀經濟決策，而不是清晰反映個人的經濟活動。最近出現的一些新指標，也多由產業團體自行推出，只為迎合產業內公司企業的需求而設。又如房屋市場，有關數據也不能替一個私人買家決定何時適合入手。

既然大型企業自行訂制經濟指標更有助於商業決策，那麼個人和小型企業也應該效仿此法。假設你正考慮自己成立一家小公司，國內生產毛額的增減並不影響你的計畫，除非整個經濟正在以自由落體式地下滑。又比如，經濟年成長百分之二，是否能說明這是開設一家美甲店的大好時機？國內生產毛額今年下降百分之二，又是否說明計畫應暫時擱置呢？當然不能。對於絕大多數小型企業而言，國內生產毛額可謂無關要旨。

現在，經濟評論和分析排山倒海而來，卻從不明示這一要點。我們每天聽到無數經濟分析和統計數據，要摒棄雜音談何容易。新聞標題頻頻強調經濟的負面因素，足以影響我們對未來的觀感。市場若充滿焦慮恐懼，創業意願自然受挫；經濟若正在萎縮，銀行貸款也很難爭取到手。這個時候，如果想創立一家美甲店，或者增設幾間分店，或是向親友借錢開網路商店、研發智能手機應用程式，更是難上加難了。

然而，不管國內生產毛額趨於下滑，還是通膨率正在上升（或是相反的情勢），總有許多經濟活動依然蓬勃發展。同樣地，在經濟全面轉好時，也有很多新生企業旋即倒閉。簡而言之，國內生產毛額不是一個有用的指標。銀行應否貸款，創業計畫能否開展，都不應以此為依據。有些公司在國家和本地經濟趨向蕭條之際，仍然業績大好，財源滾滾。例如，星巴克咖啡之類的「輕奢侈品」，無論順境逆境都照樣暢銷。原因很簡單：人們在備受壓力時會買奢侈品，經濟景氣時同樣要買奢侈品。同樣道理，失業率、通膨率或批發價格，一概不應左右你的行動。當然，如果你的業務範圍恰是某個指標統計的對象，那就另當別論。

例如，一個地方仲介求職機構的商機，固然依賴整體就業形勢，但關鍵只在當地就業狀況，而不在全國就業形勢。位於內布拉斯加州奧馬哈市的一家職業介紹所，業務幾乎不會受新聞報導中勞工統計局公布的就業數字所影響。相比之下，近年迅速冒起的職場社交網路平台Linkedin反而會帶來更多變數。同理，如果你正考慮開一家餐廳，消費者物價指數並不重要，重要的是本地商品價格及本地薪資水平，而不是全國的平均收入水平。

簡單來說，幾乎所有小型企業都應棄用國家經濟指標，改用量身訂制的獨家指標。一個承建商即使掌握全國房屋市場數據，也未必會更瞭解其所在的社區人群。當然，像二〇〇八至〇九年那種全線潰敗、全民恐慌的災難時期，每一地區、每一個人都不能獨善其身。但這是非常罕見的。

最後的問題是，個人該如何應對？主要指標畢竟一直為經濟討論提供參考，幫助人們判斷「經濟」態勢，當然不能忽略不計。不過，回到現實生活，這些指標在你一邊吃晚餐一邊大談「經濟」時還能幫上一點忙，除此之外一無是處。每一天，國家經濟數字自各種管道湧來，呼喚大眾關注。不管有意無意，人們都要費神去理解數字的含義。然而，經濟指標對日常生活和個人決策的影響卻微不足道，實在不值得花這麼多時間。

再以失業率為例。一旦關注失業率，就難免大感焦慮。每次全國失業率上升，人們就會自我提醒：是擔心飯碗問題的時候了。況且，還有無數新聞報導渲染「青年就業危機」，大肆散播大學畢業生就業困難的消息。可是，世上根本沒有「個人失業率高達百分之七．二」的說法。

國家經濟數據不能有效解決任何個人需求。全國房市強勁還是疲軟，完全不能用於計算你能否買到安樂窩。真正相關的問題應該是：你有沒有穩定工作？服務的行業是否發展平穩？你是否擁有本地或國內急需的知識技術？能不能申請到銀行貸款？全國平均貸款利率不重要，重要的是你看中的房子能向銀行爭取到的利率是多少。全國平均房價也不用看，你選擇的住宅區的房價才是關鍵。邁阿密或賭城儘管有很多待售房地產，卻與你無關，除非你想在那邊置產。平均物價同樣無關要旨，除非你屬於靠傷殘救助或社會安全給付度日的人群。但即便如此，這些社會紓困金依然會根據物價浮動而同步調整。

簡而言之，每一個人都需要量身訂製的統計方案。值得慶幸的是，現在只要有網路連接，加上一些Google應用程式和簡單數學，就能以極低成本設計專屬方案。首先，要明確知道自己想解決什麼問題，然後才能制訂相應方案，答其所問。日常生活的核心經濟問題包括：應否添購房產，如何選址？應該學習何種技能，目的是什麼？要成家立業，成本是多少？目前收入能否養家糊口？還有，你的生活是否幸福？當然，除非你生活在不丹，否則無法用經濟指標來回答最後一個問題，要另想辦法才行。

目前，人們對於經濟數據的依賴之深，是前所未有的；經濟指標對我們的用處之小，也是前所未有的。一百年前，統計學家、經濟學家和政策制訂者聯手尋找適切的數據指標，努力為經濟體系提出可靠實用的說明。時至今日，人們仍在尋找，但一切努力應始於以下問題：我們需要做什麼？想要做什麼？為此，我們需要知道什麼？

巨量資訊時代的來臨，意味著現在每一個人都有能力自製獨家的數據藍圖。隨著科技日益進步，自製能力只會越來越強。光是現在，我們已能輕而易舉回答任何一個關係重大的問題。所謂「關係重大」，指的是關乎一國政府施政立法、一家企業經營策略以及一個人安身立命的經濟問題。至於人的存在問題，哲學的無盡拷問，當然也重要，但那屬於另一個層面。我們的問題包括：如何以集體行動解決某些問題？如何營運一家成功企業？怎樣才能買得起房子、付得起大學學費？要不要讀大學？何時退休？一切種種，都不是主要經濟指標所能回答；答案全在我們自己手中。

今天，網際網路已有大量免費工具可用於解答疑惑。當然，想要運用到極致，首先還得先學習基本用法。這類知識應該在學校傳授，讓每一個人都學會尋找和分析自己需要的知識。現在確實也有這樣的課程。描述「經濟」的概況時，如果死守二十世紀的主要經濟指標，如同自設障礙。現在任何資訊都能隨手可得，任何問題都能自行解答，方法也簡單快捷；唯一的困難，就是要徹底破除所謂的「經濟」會不分彼此影響所有人的迷思。

回首二十世紀上半葉，主要經濟指標確實是重大發明。比起科技革新也許不夠亮眼，但畢竟有助人們掌握經濟態勢。人類有史以來，經濟歷盡高峰低谷，轉眼風雲變色。現在也不例外，只是經濟危機的殺傷力已大不如前。然而，我們對主要指標的依賴已經太深，而這絕不是指標有效並將持續有效的說明。

放眼當下，人們能輕易從智能手機讀取海量資訊，資源遠比一九五〇年代的任何一組統計學家團隊要豐富，也有能力自行量身訂製經濟指標。自《土地清冊》以來，經濟統計走過漫長發展歷程，成果豐碩。事到如今，我們發問時必須更為精確，求解時也要時刻清醒，明白答案難免受資料的分析方法所左右。答案雖然不盡完美，但「經濟」會因此獲得釋放，逐漸掙脫主要經濟指標的古舊框架。求解過程殊不容易，卻能逐步通往真相。現在，勇敢轉型已是大勢所趨。百年春秋成就的統計王國，早為今日的典範轉向奠定基礎。只要大膽創新，我們必能找到切實有效的統計工具，收穫精準可靠的統計數據，笑迎未來無限挑戰。

鳴謝
Acknowledgments

我主修歷史時，那些精明睿智的教授一再強調，萬物都有故事，凡事皆有緣起。緣起易被淡忘，卻早已決定後事發展。人有生平傳記，國有興衰歷史，我們的經濟指標也大有故事可說。

本書的概念源自多年以前。當時我在基金管理公司Fred Alger Management任投資組合經理兼高層行政人員。Alger公司以質疑和探索精神立身。當時，根據主要經濟指標所制訂的投資策略，大多是失敗收場，發人深省。後來自立門戶，開了一家投資基金公司，也寫一點有關經濟事務的文章，仍然思索不停。多年以來仔細聆聽，小心觀察（現在亦然），見證了業內「經濟」預測的多次失準。這些失敗的預測大多基於主要經濟指標，從而指向兩個核心問題：經濟數據何以成形？最初計算的對象是什麼？

本書的研究過程，幸得幾位優秀研究人員相助，方能搜得珍貴資料，其中包括Caroline Esser, Annie Zhou, Lea Bogner, Nicole Tosh，還有最重要的Charles Bonello。受惠至深，不勝言謝。我也有幸得到美國勞工統計局、經濟分析局、聯合國、學術界、各大智囊團和知名企業一些重要人士的同意，能與他們安排訪談，探討書中課題，包括James Poterba, James Galvin, John Glasser, Eva Jespersen, Hal Varian, Erik Brynjolfsson, Andrew McAfee, Steve Landefeld, Hans Rosling, Alan Greenspan, Steve Haugen, Lew Daly, John Greenless, Dave Dickerson, Ed Dinener以及Alberto Cavallo，謹表誠摯感謝。還有多位官員學者的真知灼見，雖未在書中引述，在此也一併致謝。

執筆寫作時，小書不時需要清澈的雙眼和敏銳的腦袋來批評指正。有賴Timothy Naftali, Eric Olson, Nicole Alger, David Karabell, Phil Powers幾位摯友良朋撥冗閱讀初稿，常讓我茅塞頓開，也鼓勵我重加陶練。

動筆以來，承蒙Simon & Schuster出版社提點，特別是主編Alice Mayhew女士。她是出版界前輩，循循敦促，意見中切，一針見血又不失溫和（有時也頗為嚴厲）。編輯Jonathan Cox不時惠以卓見，小至標題命名，大至宏觀敘事，屢有新鮮見解。堪稱出版社常青樹的總編Jonathan Karp，自本書概念萌芽時起，已完全理解

Acknowledgments
鳴謝

我的所思所想。沒有他，拙作不可能面世。小書工整悅目的外觀，乃源自Beth Maglione, Joel Breuklander, Jason Heuer及Ruth Lee-Mui的精心設計。出版過程一切順利，不曾出現無心觸犯的法律問題，當歸功於法律顧問Elisa Rivlin的悉心諮詢。小書得以推廣，則有賴Maureen Cole與Stephen Bedford在提出創意企劃之餘，還不辭勞苦，四處奔走。

在此，我也要感謝多次合作的Scott Moyers，還有重返出版界後順利接手、積極協助出書的Andrew Wylie。有生之年，恐怕亦再難遇到如此專業、熱心、體貼的兩位出版經理人。另外，還要感謝James Pullen積極促成小書的國外版權事宜。

最後，謹向家人致以深深謝意，感激他們一直以無比耐心（或恰好相反的情緒），給予我足夠的空間與時間，將思想寫作文字。太太Nicole耳聰目敏，常有真知妙語，讓我倍感珍惜。兩個兒子Griffin與Jasper，雖然未能理解我為何寫書，卻一如既往由衷支持，讓我無後顧之憂，竭力化熱情為書稿。

注　釋

引言

1 "Preview of the 2013 Comprehensive Revision of the National Income and Product Accounts: Changes in Definitions and Presentations," http://www.bea.gov/scb/pdf/2013/03%20March/0313_nipa_comprehensive_revision_preview.pdf

第一章

1 引自Victoria King所著、載於*History Magazine*（2001年十月／十一月）之文章"The Domesday Book"。
2 Keith Devlin, *The Unfinished Game: Pascal, Fermat, and the Seventeenth-Century Letter that Made the World Modern* (Basic Books, 2008).
3 Stephen Stigler, *The History of Statistics: The Measurement of Uncertainty Before 1900* (Harvard University Press, 1986), pp. 100-135.
4 Frederick Bohne, "Two Hundred Years of Census Taking," (Washington, 1989)。這份人口普查局報告可參見www.census.gov/history。
5 如欲瞭解普查的歷史和有關爭議，可參考Margo Anderson之著作*The American Census: A Social History* (Yale University Press, 1990) 以及 A. Ross Eckler, *The Bureau of the Census* (New York: Praeger, 1972)。
6 引自*The Story of U.S. Agricultural Estimates* (U.S. Government Printing Office, 1969)，第三十七頁。

第二章

1 Chester McArthur Destler, "A Coffin Worker and the Labor Problem: Ethelbert Stewart and Henry Demarest Lloyd," *Labor History* (1971). Richard Barry, "Human Cussedness Causes Labor Disputes," *New York Times* (August 6, 1916).

Joseph Goldberg and William Moye, *The First Hundred years of the Bureau of Labor Statistics 1884-1984* (U.S. Department of Labor, 1985), chapter 5. Ethelbert Stewart, "Irregularity of Employment," *Annals of the American Academy of Political and Social Science* (March 1931).

2 David Card, "Origins of the Unemployment Rate: The Lasting Legacy of Measurement without Theory," February 2011. Paper prepared for the 2011 meetings of the American Economic Association.
http://davidcard.berkley.edu/papers/origins-of-unemployment.pdf.

3 Udo Sauter, *Three Cheers for the Unemployed: Government and Unemployment Before the New Deal* (Cambridge University Press, 1991).

4 詳情可參見Carroll Wright於1908年1月17日在美國統計學會的致辭，該次演講內容刊登於*Journal of the American Statistical Association* (March 1908)。另外，可參見Goldberg與Moye所著、有關Wright的章節。

5 Joseph Duncan and William Shelton, *Revolution in United States Government Statistics* (U.S. Department of Commerce, 1978), p.168; Janet Norwood and John Early, "A Century of Methodological Progress at the U.S. Bureau of Labor Statistics," *Journal of the American Statistical Association* (December 1984).

6 此為Meeker的言論，Goldberg與Moye曾經於其著作第八十四頁引述。亦可參閱Royal Meeker, "The Dependability and Meaning of Unemployment Statistics in the United States," *Harvard Business Review* (July 1930)。

7 William Leuchtenberg, Herbert Hoover (Times Books, 2009); Herbert Hoover, *The Memoirs of Herbert Hoover – The Great Depression, 1929-1941* (1953); Robert Zeigler, "Herbert Hoover, the Wage-Earner, and the New Economic System," *The Business History Review* (Summer 1977); Ellis Hawley, "Herbert Hoover, the Commerce Secretariat and the Vision of an Associative State," *Journal of American History* (June 1974).

8 此乃Vincent Gaddis於其著作中引用Hoover的言論，可參見Herbert Hoover, *Unemployment, And the Public Sphere: A Conceptual History* (University Press of America, 2005)第十九頁，以及Ellis Hawley主編的*Herbert Hoover as Secretary of Commerce 1921-1928* (University of Iowa Press, 1974)。

9 Joel Best, *Lies, Damned Lies and Statistics* (University of California Press, 2001);

David Salsburg, *The Lady Tasting Tea: How Statistics Revolutionized Science in the Twentieth Century* (Henry Holt, 2001); Michael Blastland and Andrew Dilnot, *The Numbers Game: The Commonsense Guide to Understanding Numbers in the News, in Politics and in Life* (Gotham Books, 2009).

10 此乃Adam Cohen於其著作中引用Hoover的言論，可參見*Nothing to Fear: FDR's Inner Circle and the Hundred Days that Created Modern America* (Penguin Press, 2009)，第六十頁。

11 Michael Hiltzik, The New Deal (Free Press, 2011); Anthony Badger, The New Deal (Hill & Wang, 1989). 如對支持胡佛的觀點感興趣，可參見Amity Shlaes, *The Forgotten Man: A New History of the Great Depression* (HarperCollins, 2007)。

12 Kirstin Downey, *The Woman Behind the New Deal: The Life and Legacy of Frances Perkins* (Anchor Books, 2010).

13 可參見Goldberg與Moye合著中有關Lubin的章節。

14 關於他們所面對的挑戰及拆解辦法，可參見Duncan and Shelton, ibid.; George Arner, "The Census of Unemployment," *Journal of the American Statistical Association* (March 1933); Mary van Kleeck, "The Federal Unemployment Census of 1930," *Journal of the American Statistical Association* (March 1931); Philip Hauser, "The Labor Force and Gainful Workers," *American Journal of Sociology* (January 1949); John Webb, "Concepts Used in Unemployment Surveys," *Journal of the American Statistical Association* (March 1939)。

15 Duncan and Shelton, p.40.

第三章

1 Joel Popkin曾於其著作引用老布希總統的話，參見 "The U.S. National Income and Product Accounts," *Journal of Economic Perspectives* (Spring 2000), pp. 215-224。

2 GDP於世界經濟舞台上舉足輕重，有關其歷史的研究卻不多，可參見Paul Studenski, *The Income of Nations* (New York University Press, 1961); Angus Maddison, *Monitoring the World Economy 1820-1992* (OECD Development Centre, 1995), http://www.ggdc.net/Maddison/Monitoring.shtml。Lornezo Fioramonti曾對GDP的發展做出更全面、批判性較強的討論，可參閱*Gross Domestic Problem:*

The Politics Behind the World's Most Powerful Number (Zed Books, 2013)。另可參見Marc Fleurbaey and Didier Blanchet, *Beyond GDP: Measuring Welfare and Assessing Sustainability* (Oxford University Press, 2013)。

3 Jonathan Schlefer, *The Assumptions Economists Make* (Harvard University Press, 2012).

4 有關顧志耐的資料以及國民會計帳的早期歷史，可參閱顧志耐的著作與以下文獻：Carol Carson, "The History of the United States National Income and product Accounts," *Review of Income and Wealth* (1975); Robert Fogel, "Simon Kuznets," NBER Working Paper 7787 (July 2000), www.nber.org/papers/w7787; Eli Lederhendler, "Orphans and Prodigies: Rediscovering Young Jewish Immigrant Marginals," *American Jewish History* (June 2009); Erik Lundberg, "Simon Kuznets' Contribution to Economics," *The Swedish Journal of Economics* (December 1971); Yoram Ben-Porath, "Simon Kuznets in Person and Writing," *Economic Development and Cultural Change* (April 1988); Vibha Kapuria-Foreman and Mark Perlman, "An Economic Historian's Economist: Remembering Simon Kuznets," *The Economic Journal* (November 1995); Moses Abramovitz, "Nobel Prize for Economics: Kuznets and Economic Growth," *Science* (October 29, 1971)。

5 Thomas McGraw, *Prophet of Innovation: Joseph Schumpeter and Creative Destruction* (Harvard University Press, 2010). 另可參見Joseph Schumpeter, *The Theory of EconomicDevelopment*, 1911 年初版。

6 Patrick Maney, *Young Bob La Follette: A Biography of Robert M. La Follette Jr, 1895-1953* (University of Missouri Press, 1978); Joseph Gownder and David Moss, "The Origins of National Income Accounting," Harvard Business School Case Study 9-799-080 (December 1998).

7 有關早期統計的情況，可參見Studenski, Income of Nations, ibid.。

8 Richard Stone, "The Accounts of Society," Nobel Memorial Lecture (December 8, 1984). 亦可參見Simon Kuznets, "On the Valuation of Social Income," *Economica* (February 1948); Kuznets, *Towards a Theory of Economic Growth* (Norton, 1968); Kuznets, *National Income and Capital Formation, 1919-1935* (National Bureau of Economic Research, 1935)。

9 除了Skidelsky長達三冊的著作，還可參見Robert Skidlesky, *John Meynard*

Keynes:1883-1946: Economist, Philosopher, Statesman (Penguin, 2005); Skidelsky, *Keynes: Return of the Master* (PublicAffairs, 2010); Ben Steil, *The Battle for Bretton Woods: John Maynard Keynes, Harry Dexter White, and the Making of a New World Order* (Princeton University Press, 2013)。另可參見John Meynard Keynes, *The General Theory of Employment, Interest and Money* (Palgrave Macmillan, 1936)。

10 John Kenneth Galbraith, "The National Income Accounts: Arrival and Impact," in *Reflections of America: Commemorating the Statistical Abstract Centennial* (Bureau of the Census, 1990); Rosemary Marcuss and Richard Kane, "U.S. National Income and Product Statistics: Born of the Great Depression and World War II," Paper published by the Bureau of Economic Statistics (February 2007)，擷取自 https://www.bea.gov/scb/pdf/2007/02%20February/0207_history_article.pdf。

11 Milton Gilbert, "Measuring National Income as Affected by War," *Journal of the American Statistical Association* (June 1942); Simon Kuznets, "National Income: A New Version," *The Review of Economics and Statistics* (August 1948); Marcuss and Kane, ibid.

12 "GDP: One of the Great Inventions of the 20th Century," *BEA Survey of Current Business* (January 2000), at www.bea.gov.

第四章

1 引自Andrew Yarrow, *Measuring America: How Economic Growth Came to Define American Greatness in the Late Twentieth Century* (University of Massachusetts Press, 2010), 第一一八頁。

2 Alan Brinkley, *The Publisher: Henry Luce and His American Century* (Knopf, 2010).

3 引自Yarrow, *Measuring America*, 第一一五頁及Michael Augsburger, *An Economy of Abundant Beauty: Fortune Magazine and Depression America*; Kevin Reilly, "Dilettantes at the Gate: Fortune Magazine and the Cultural Politics of Business Journalism in the 1930s," at www.thebhc.org/publications。

4 「富裕社會」(affluent society）一詞由經濟學家高伯瑞所創，他曾經也是《時代》和《財富》的撰稿人。參見John Kenneth Galbraith, *The Affluent Society and Other Writings* (Library of America, 2010)。

5 Schlefer, *The Assumptions Economists Make, ibid. Justin Fox, The Myth of the Rational Markey* (HarperBusiness, 2011); Duncan Foley, *Adam's Fallacy: A Guide to Economic Theology* (Harvard University Press, 2006).

6 Stanley Meisler, *United Nations: A History* (Grove Press, 2011).

7 Brian Urquhart, *Ralph Bunche: An American Life* (W.W. Norton, 1993).

8 Michael Ward, *Quantifying the World: UN Ideas and Statistics* (Indiana University Press, 2004); United Nations Statistical Commission, "Sixty years of leadership and professionalism in building the global statistical system," (United Nations, 2007) at http://unstats.un.org/unsd/statcom/doc07/UN_Stat_Commission_1947-2007_bookmarks.pdf.

9 "Sir Richard Stone and the Development of National Economic Accounts," *Survey of Current Business* (March 1992); M. Hasem Pesaran, "The ET Interview: Professor Sir Richard Stone," *Economic Theory* (1991).

10 "Measurement of National Income and the Construction of Social Accounts," Report of the Sub-Committee of National Income Statistics (United Nations, 1947); Richard Ruggles, "The United States National Income Accounts, 1947-1977," in Murray Foss, ed., *The U.S. National Income and Product Accounts* (University of Chicago Press, 1982), at www.nber.org/chapters/c7783.

第五章

1 Daniel Horowitz, *Anxieties of Affluence: Critiques of American Consumer Culture 1939-1979* (University of Massachusetts Press, 2004), pp. 65-70. Also, *New York Times* obituary of Katona by David Bird (June 19, 1981); Jan Logemann, "George Katona," *Transatlantic Perspectives* (www.transatlanticperspectives.org), October 18, 2011. George Katona, "Psychology and Consumer Economics," *Journal of Consumer Research* (June 1974); Katona, "Analysis of Dissaving," *The American Economic Review* (June 1949).

2 二〇一三年六月，路透社向民眾發布消費者情緒指數前幾秒，先把資訊提供予高薪客戶，引起了不少爭議。

3 George Katona, "Psychology and Consumer Economics," *Journal of Consumer Research* (June 1974).

4 John McNeil, "Federal Programs to Measure Consumer Purchase Expectations," *Journal of Consumer Research* (December 1974).
5 James Tobin, "On the Predictive Value of Consumer Intentions and Attitudes," *The Review of Economics and Statistics* (February 1959); James Smith and Robert Willis, eds., *Work, Wealth and Health: Innovations in Measurement in the Social Sciences* (University of Michigan Press, 1999).
6 Jeff Dominitz and Charles Manski, "How Should We Measure Consumer Confidence?" National Bureau of Economic Research Working Paper 9926 (August 2003, www.nber.org/papers/w9926). Christopher Carroll, Jeffrey Fuhrer, and David Wilcox, "Does Consumer Sentiment Forecast Household Spending? If So, Why?" *The American Economic Review* (December 1994).
7 Fabian Linden, "The Consumer as Forecaster," *The Public Opinion Quarterly* (Autumn 1982).
8 可在美國供應管理學會網頁找到其歷史梗概：www.ism.ws/ismreports/content.cfm?ItemNumber=10742。Also Michael Leenders and Harold Fearon, "Developing Purchasing's Foundation," *Journal of Supply Chain Management* (April 2008)。
9 Geoffrey Moore, "Wesley Mitchell in Retrospect," *Journal of Economic Issues* (June 1978); also see the intriguing essay on Mitchell by none other than Joseph Schumpeter, "Wesley Clair Mitchell," *Quarterly Journal of Economics* (February 1950).

第六章

1 Aaron Steelman, "The Federal Reserve's Dual Mandate: The Evolution of an Idea," (Paper published by the Richmond Federal Reserve, December 2011), http://www.richmondfed.org/publications/research/economic_brief/2011/pdf/eb_11-12.pdf.
2 Joseph Goldberg and William Moye, *The First Hundred Years of the Bureau of Labor Statistics* (U.S. Government Printing Office, 1985), p. 150.
3 Andrew Edmund Kersten, *Labor's Home Front: The American Federation of Labor During World War II* (NYU Press, 2006).
4 引自 *The First Hundred Years*，第一七九頁。

5 James Tobin, "Irving Fisher," *American Journal of Economics and Sociology* (January 2005); William Barber, "Irving Fisher of Yale," ibid. Sylvia Nasar, *Grand Pursuit* (Simon & Schuster, 2011), pp. 281ff. Irving Fisher, *Booms and Depressions: Some First Principles* (Adelphi, 1932), and Fisher, *The Money Illusion* (Adelphi, 1928).

6 Geoffrey Moore, "Wesley Mitchell in Retrospect," *Journal of Economic Issues* (June 1978); Simon Kuznets, "Wesley Clair Mitchell: An Appreciation," *Journal of the American Statistical Association* (March 1949); David Breslau, "Economics Invents the Economy: Mathematics, Statistics and Models in the Work of Irving Fisher and Wesley Mitchell," *Theory ad Society* 32, no.3(June 2003); Wesley Clair Mitchell, *Business Cycles and Their Causes* (University of California Press, 1960).

7 Spencer Banzhaf, "Quantifying the Qualitative: Quality-Adjusted Price Indexes in the United States, 1915-1961," *History of Political Economy, Volume 33, Annual Supplement* (Duke University Press, 2001); Banzhaf, "The Form and Function of Price Indexes: A Historical Accounting," *History of Political Economy, Volume 36* (Duke University Press, 2004).

8 Milton Viorst, "The Burns Kind of Liberal Conservatism," *New York Times Magazine* (November 9, 1969); Leonard Silk, "The Man at the Money Throttle," *New York Times Magazine* (August 10, 1975); Arthur Burns, *Reflections of an Economic Policymaker* (AEI, 1978). Alan Blinder, "The Anatomy of Double-Digit Inflation in the 1970s," in Robert Hall, *Inflations: Causes and Effects* (University of Chicago Press, 1982) at: http://www.nber.org/chapters/c11462.pdf. Edward Nelson, "The Great Inflation of the Seventies: What Really Happened," Federal Reserve Bank of St. Louis Working Paper, January 2004 at: http://research.stlouisfed.org/wp/2004/2004-001.pdf. Also for an overview of the 1970s, see David Frum, *How We Got Here: The Decade that Brought You Modern Life* (Basic Books, 2000).

9 引自 *The First Hundred Years*，第二三二頁。

10 引自 *The First Hundred Years*，第二三一頁。也參考Jerry Hausman, "Sources of Bias and Solutions to Bias in the Consumer Price Index," *Journal of Economic Perspectives* (Winter 2003); F. Thomas Juster, Paul Wachtel, Saul Hymans, James Duesenberry, "Inflation and the Consumer," *Brookings Papers on Economic Activ-*

ity (1972).

11 共分兩個階段：先在都市消費者物價指數（CPI-U）換算為屋主同等租金，然後再到城市工資勞動者和職工的消費者物價指數（CPI-W）。"The effect of rental equivalence on the Consumer Price Index," *Monthly Labor Review* (February 1985); Robert Pool, Frank Ptacek, Randal Verbrugge, "Treatment of Owner-Occupied Housing in the CPI," published by the BLS Office of Prices and Living Conditions (December 2005); Ann Dougherty and Robert van Order, "Inflation, Housing Costs and the Consumer Price Index," *American Economic Review* (March 1982)。

12 Brian Moulton, "Bias in the Consumer Price Index: What is the Evidence?" *Journal of Economic Perspectives* (Fall 1996).

13 Bill Gross analysis, October 2004, at http://www.pimco.com/EN/Insights/Pages/IO_Oct_2004.aspx. Austan Goolsbee, "The Index of Missing Economic Indicators," *The New York Times* (November 30, 2003).

第七章

1 美國商業部經濟分析局的有關說明，見http://www.bea.gov/faq/index.cfm?faq_id=1003.

2 http://www.frbsf.org/publication/economics/letter/2009/el2009-19.html.

3 Noam Scheiber, "The Memo that Larry Summers Didn't Want Obama to See," *The New Republic* (February 12, 2012); Scheiber, *The Escape Artists: How Obama's Team Fumbled the Recovery* (Simon & Schuster, 2012); Ryan Lizza, "The Obama Memos," *The New Yorker* (January 30, 2012). 薩默斯備忘錄原文見http://www.newyorker.com/online/blogs/newsdesk/2012/01/the-summers-memo.html。更多資料見於Michael Gunwald, *The New New Deal* (Simon & Schuster, 2012)。

4 Alan Greenspan, *The Age of Turbulence* (Penguin Press, 2007).

5 見美國農業部數據：http://www.ers.usda.gov/data-products/food-expenditures.aspx#26654.

6 Charles Hulten, "Price Hedonics: A Critical Review," Federal Reserve Board of New York Economic Policy Review (September 2003); Zvi Griliches, "Hedonic Price Indexes and the Measurement of Capital and Productivity: Some Histori-

cal Reflections," in Ernst Berndt and Jack Triplett, eds., *Fifty Years of Economic Measurement* (University of Chicago Press, 1991); Alan White, "Measurement Biases in Consumer Price Indexes," *International Statistical Review* (December 1999); Jerry Hausman, "Sources of Bias and Solutions to Bias in the Consumer PriceIndex," *Journal of Economic Perspectives* (Winter 2003).

7 Milton Friedman, *Capitalism and Freedom* (University of Chicago Press, 1962).

8 引自Adam Fletcher and Trenton Hamilton, "Scoring and Revenue Estimation," Briefing Paper #5, Harvard Law School Federal Budget Policy Seminar 2008, 見於 http://www.law.harvard.edu/faculty/hjackson/ScoringRevenueEstimation_5(rev).pdf.

9 Dudley Jackson, *The New National Accounts* (Edward Elgar Publishing, UK, 2000).

10 Eli Saslow, "Jobs Day", *Washington Post* (March 9, 2012).

11 Kuznets, *National Income 1929–1932: A report to the U.S. Senate, 73rd Congress, 2nd Session* (US Government Printing Office, 1934) quoted in Robert Costanza at al, "Beyond GDP:The Need for New Measures of Progess," published by the Pardee Center at Boston University, 2009 at http://www.bu.edu/pardee/files/documents/PP-004-GDP.pdf.

第八章

1 見美國Pew民調研究中心二〇一二年九月調查概要：http://money.cnn.com/2012/09/19/news/world/china-economic-threat/index.html.

2 在此僅舉一例：Helen Mees, "How China's Boom Caused the Financial Crisis," *Foreign Policy* (January 17, 2012)。

3 Faith Williams, "The Origin and Development of Modern Trade Statistics," *Quarterly Publications of the American Statistical Association* (June 1921).

4 Douglas Irwin, "Historical Aspects of U.S. Trade Policy," *NBER Reporter* (Summer 2006), http://www.nber.org/reporter/summer06/irwin.html.

5 http://www.census.gov/foreign-trade/balance/c0004.html.

6 http://www.oecd.org/finance/financial-markets/1923208.pdf. 也參見Olivier Cadot and Jaimede Melo, "Why OECD Countries Should Reform Rules of Ori-

gin," *The World Bank Research Observer* (Spring 2008), at https://openknowledge.worldbank.org/bitstream/handle/10986/4416/wbro_23_1_77.pdf.

7 http://www.bea.gov/international/pdf/bach_concepts_methods/Travel.pdf

8 Kenneth Kraemer, Greg Linden, and Jason Dedrick, "Capturing Value in Global Networks: Apple's iPad and iPhone," (July 2011), at http://pcic.merage.uci.edu/papers/2011/Value_iPad_iPhone.pdf.

9 "A Better Way to Track Trade Than Made In Labels," *Bloomberg View Editorial* (January 21,2013). 經濟合作暨發展組織資料庫見：http://www.oecd.org/industry/ind/measuringtradeinvalueaddedanoecd-wtojointinitiative.htm. 經合組織和世貿的評估報告見 "Trade in Value-Added: Concepts, Methodologies and Challenges," http://www.oecd.org/sti/ind/49894138.pdf. 以及 Yuqing Xing and Neal Defert, "How the iPhone Widen the United States Trade Deficit with People's Republic of China," Asian Development Bank Institute Working Paper (December 2010).

第九章

1 Karma Ura等著，"An Extensive Analysis of GNH Index," 見www.grossnationalhappiness.com。

2 伊利諾州大學的Edward Diener教授致力研究主觀福祉的進程，幸得他講解該領域的發展史，獲益匪淺。

3 見Ura等人著，同本章註一。

4 薩科奇請來三位經濟學家主持委員會，初步研究成果見Joseph Stiglitz, Amartya Sen, and Jean-Paul Fitoussi, *Mismeasuring Our Lives: Why GDP Doesn't Ad1d Up* (The New Press, 2010).

5 見Donella Meadows, *The Limits to Growth* (Signet, 1972); Herman Daly, *Beoyond Growth: The Economics of Sustainable Development* (Beacon Press, 1997).

6 引自 Timothy Ryback, " The U.N. Happiness Project," *The New York Times* (March 28, 212).

7 見Alan Krueger編，*Measuring the Subjective Well-Being of Nations* (University of Chicago Press,2009)，第十九頁；以及Bruno Frey, *Happiness: A Revolution in Economics* (MIT Press, 2008)。

8 Daniel Kahneman, *Thinking, Fast and Slow* (Farrar, Strauss Giroux, 2011).

9 近年頻頻可見有關論述，例如Derek Bok, *The Politics of Happiness* (Princeton University Press, 2010)，以及Arthur Brooks, *Gross National Happiness: Why Happiness Matters for America and How We Can Get More of It* (Basic Books, 2008).

10 見Carol Graham, "Some Insights on Development from the Economics of Happiness," Economic Studies Program, Brookings Institution (April 2005)，http://www.brookings.edu/~/media/research/files/articles/2005/4/globaleconomics%20graham/200504.

11 Diane Coyle對伊斯特林矛盾提出深度分析，計量方法的探討也非常精彩。見*The Economics of Enough: How to Run the Economy As If the Future Matters* (Princeton University Press, 2011)。同類論述還有Robert Skidelsky and Edward Skidelsky, *How Much is Enough: Money and the Good Life* (Other Press, 2012).

12 Amartya Sen and Sudhir Anand, "Human Development Index: Methodology and Measurement," Human Development Report Office Occasional Papers (July 1994). 沈恩多年著述甚豐，在此僅引述與人類發展指數最為相關的一篇論文。

第十章

1 "Making Data Dance," *The Economist* (December 11, 2010)。羅斯林教授於二〇一二年二月二十七日接受筆者訪問，也提到類似想法。

2 登入www.gapminder.org可觀看更多案例演示

3 Nate Silver, *The Signal and the Noise : Why So Many Predictions Fail – and Some Don't* (Penguin Books, 2013).

4 Erik Brynjolfsson and JooHee Oh, "The Attention Economy: Measuring the Value of Free Goods on the Internet,"（二〇一二年七月的論文草稿，記錄了初步發現，但研究尚未完成）。另見Erik Brynjolfsson and Adam Saunders, "What GDP Gets Wrong (Why Managers Should Care)," *MIT Sloan Management Review* (Fall 2009); Erik Brynjolfsson and Andrew McAfee, *Race Against the Machine*. 此外，筆者在二〇一三年三月也曾訪問布林約爾松，談到相關問題。

5 見Jude Webber, "Argentine statistics: A guessing game with plenty of losers," *Financial Times* (Jul 2, 2010), http://blogs.ft.com/beyond-brics/2010/07/02/argentine-statistics-a-guessing-game-with-plenty-of-losers/#axzz24lqDRds2.

另見Ian Mount, "Argentine inflation: shoot the messenger," *Financial Times* (August 8, 2012).

6 資料來自筆者於二〇一二年一月十九日與卡瓦羅教授的訪談。另見http://bpp.mit.edu/usa/ ，以及Annie Lowery, "Do We Need Google to Measure Inflation?" *Slate* (December 20, 2010) 。

7 資料來自筆者與范里安於二〇一二年二月十三日的訪談。另見Robin Harding, "Google to map inflation using web data," *Financial Times*, October 11, 2010。

8 達利奧《基本原則》全文，見http://www.bwater.com/Uploads/FileManager/Principles/Bridgewater-Associates-Ray-Dalio-Principles.pdf.

9 引言源於知名記者卡西迪（Johm Cassidy）為達利奧悉心撰寫的一篇人物介紹，見"Mastering the Machine: How Ray Dalio Built the World's Richest and Strangest Hedge Fund," *The New Yorker* (July 25, 2011)。此外，不妨坦言，筆者在投資管理公司Fred Alger Management工作那些年，一直留意橋水聯合基金的發展，二〇〇八年曾有機會加入公司，因此前去面談了幾次。

結語

1 參自Aaron Blake, "The Most Overrated Stat of the 2012 Election," *The Washington Post* (September 14, 2012)，見於http://www.washingtonpost.com/blogs/the-fix/wp/2012/09/14/the-mostoverrated-stat-of-the-2012-election/.

當經濟指標統治我們：
從GDP、失業率、通貨膨脹、貿易差額……反思我們的經濟生活
／扎卡里．卡拉貝爾（Zachary Karabell）著；葉家興，葉嘉譯.
－初版. －新北市：左岸文化出版：遠足文化發行，2015.07
面；　公分. －(左岸經濟；224)
譯自：The leading indicators :
a short history of the numbers that rule our world
ISBN 978-986-5727-23-9(平裝)
1.經濟指標 2.經濟史
550.19　　　　　104010242

左岸經濟　224

當經濟指標統治我們

從GDP、失業率、通貨膨脹、貿易差額……反思我們的經濟生活

LEADING INDICATORS

A SHORT HISTORY OF THE NUMBERS THAT RULE OUR WORLD

作　　者　扎卡里·卡拉貝爾（Zachary Karabell）
譯　　者　葉家興、葉嘉
總 編 輯　黃秀如
責任編輯　林巧玲

社　　長　郭重興
發行人暨出版總監　曾大福
出　　版　左岸文化
發　　行　遠足文化事業股份有限公司
231新北市新店區民權路108-2號9樓
電　　話　(02)2218-1417
傳　　真　(02)2218-8057
客服專線　0800-221-029
E-Mail　service@bookrep.com.tw
網　　站　http://blog.roodo.com/rivegauche
法律顧問　華洋法律事務所　蘇文生律師
印　　刷　成陽印刷股份有限公司
初版一刷　2015年7月

定　　價　380元
I S B N　978-986-5727-23-9